Staudte · Ästhetisches Verhalten von Vorschulkindern

Adelheid Staudte

Ästhetisches Verhalten von Vorschulkindern

Eine empirische Untersuchung zur Ausgangslage für Ästhetische Erziehung

Mit einem Vorwort von Gunter Otto

Beltz Verlag · Weinheim und Basel 1977

CIP-Kurztitelaufnahme der Deutschen Bibliothek

Staudte, Adelheid
Ästhetisches Verhalten von Vorschulkindern : e.
empir. Unters. zur Ausgangslage für ästhet.
Erziehung. – Weinheim, Basel : Beltz, 1977.
(Beltz-Monographien : Erziehungswiss.)
ISBN 3-407-54035-3

Gesamtherstellung: Beltz, Offsetdruck, 6944 Hemsbach über Weinheim
Printed in Germany

ISBN 3 407 54035 3

Vorbemerkung

Die vorliegende Arbeit ist im Zusammenhang mit dem Projekt zur wissenschaftlichen Begleitung des Eingangsstufenversuchs in Hamburg und meiner Tätigkeit als Assistentin im Fachausschuß Ästhetische Erziehung des Fachbereichs Erziehungswissenschaft entstanden. Allen Mitarbeitern und insbesondere Herrn Prof. Dr. Helmut Belser danke ich für Anregungen und Unterstützung. Für die kontinuierliche Diskussion bei Konzeption, Planung und Realisation dieser Arbeit danke ich besonders Herrn Prof. Gunter Otto.

Ohne die Mitarbeit von zehn Leiterinnen von Vorschulklassen und ihren Kindergruppen sowie einer Studentengruppe wäre die Durchführung der empirischen Untersuchung nicht möglich gewesen. Ihnen, sowie allen, die mich bei der Datenverarbeitung im Rechenzentrum der Universität Hamburg beraten haben, möchte ich an dieser Stelle danken.

Adelheid Staudte

Inhaltsverzeichnis

Lesehinweis – zur Forschungssituation in der Ästhetischen Erziehung

Trotz eindrucksvollen Engagements vieler Autoren seit Anfang unseres Jahrhunderts ist das Gesamtgebiet der Ästhetischen Erziehung, ihrer Voraussetzungen, Verfahren und Resultate auch heute noch weitgehend unerforscht. Darüber dürfen Hypothesen, Postulate, ja selbst Curricula nicht hinwegtäuschen. Insbesondere fehlen empirische Befunde über Erhofftes und Erstrebtes. Warum das so ist, soll hier nicht fachgeschichtlich erklärt werden. Die Ursachen dürfen nicht nur innerhalb der Theoriebildung für Ästhetik und Ästhetische Erziehung gesucht werden.

In der von Adelheid Staudte vorgelegten Arbeit wird das ästhetische Verhalten von 225 Kindern in 10 Hamburger Vorschulklassen empirisch untersucht. Innerhalb eines mehrmonatigen Untersuchungszeitraumes wurden auf jedes Kind im Durchschnitt 4 Stunden Untersuchungszeit verwendet.

Die Verfasserin liefert Basisinformationen über

- die Ästhetische Produktion von Vorschulkindern
- das Wahrnehmungsverhalten von Vorschulkindern
- über alters-, sozialisations- und milieubedingte Determinanten des ästhetischen Verhaltens von Vorschulkindern.

Ihre Ergebnisse sind einerseits für didaktisch konzeptionelle Arbeit, andererseits für jegliche ästhetische Erziehungspraxis relevant, die den *Sozialisationsfaktor* einbezieht. *Kreativität* ist das andere zentrale Stichwort der Arbeit. Die 'Kreativitätsaufgaben' für die Erfassung quantitativer und kreativer Aspekte der zeichnerischen Produktion wurden von der Verfasserin nach gründlichen Vorversuchen selbst entwickelt und haben sich für den Zweck der Untersuchung als sehr ergiebig erwiesen. Von hier aus sind insbesondere Konsequenzen für die Entwicklung von Medien für den ästhetischen Unterricht zu ziehen. Alle anderen Teiluntersuchungen liefern Determinanten, deren Einfluß auf das Ästhetische Verhalten der Unterrichtsgruppe nachzuweisen war.

Demgegenüber waren Untersuchungen von Kinderzeichnungen, die einer älteren Forschungstradition folgten, in der Regel:

- *monographischer Art*, z.B.: H. ENG (1927), W. STERN (1910), O. WULFF (1927), M. KLÄGER (1974);
- oder bevorzugt *Längsschnitte*, die stärker nach individuellen Entwicklungsprozessen und nach dem Zusammenhang von körperlicher und seelischer Reifung sowie zeichnerischem Verhalten fragen: z.B. R. RABENSTEIN (1962), H. MEYERS (1960), G. MÜHLE (1967[2]), E. WESTRICH (1968);
- oder Arbeiten, deren Akzent vor allem bei der Frage nach den *Merkmalen* der kindlichen Zeichenprodukte liegt: z.B. C. RICCI (1906), J. SULLY (1897), G. BRITSCH (1926), J. VOLKELT (1929), A. BAREIS (1972), M. KOPPITZ (1972).

Die Verfasserin eröffnet für diesen Lernbereich eine neue Forschungsperspektive. Es ging nicht darum, bekannte Fragestellungen zu präzisieren und vorhandene Instrumente zu verfeinern, sondern einen Forschungsansatz in einem Feld zu etablieren, in dem bislang nur zufällige, allenfalls kasuistische bzw. überhaupt keine relevanten empirischen Daten vorliegen. Dementsprechend waren die sozialwissenschaftlichen Methoden z.T. zu modifizieren, z.T. problemorientiert zu entwickeln. In einer solchen Situation kann das Instrument weder komplett noch perfekt sein, ohne in die Gefahr zu geraten, die Problemstellung methodenbedingt einzuengen. Vielmehr erweist sich hier die Qualität des methodischen Instruments in der perspektivischen Eröffnung neuer Problemdimensionen.

Als besondere heuristische Leistung erweist sich angesichts der begrifflichen Inflation die Strukturierung des Problemfeldes 'Ästhetisches Verhalten'. Von Wolf Rainer WENDT (1970) ausgehend, gelingt es, den Zusammenhang mit bisher vorliegenden didaktischen Ansätzen herzustellen, sowie die Begrenztheit bisheriger im wesentlichen gestalttheoretisch fundierter Erklärungsmodelle zu zeigen, mit denen die Kunstdidaktik bis heute arbeitet. Angesichts der ästhetischen Theoriediskussion hat der Rückgriff auf die Dissertation von Wolf Rainer WENDT hier weniger systematische Gründe als vielmehr eine katalysatorische Funktion. Sie hält zugleich die Fragestellung zwischen Kunsttheorie, Kreativitätstheorie und konkreten Umgestaltungsprozessen offen, ohne sie durch zu diesem Zeitpunkt willkürliche Positionsfixierung zu verengen. Die Legitimität dieses Vorgehens zeigt sich in der Kompatibilität des WENDTschen Ansatzes mit Theoriestücken aus dem Bereich der Kreativität und der Didaktik.

Im Blick auf den gegenwärtigen Stand der Theoriediskussion und Theoriebildung im Bereich der Fachdidaktik Ästhetische Erziehung ist die Einführung des mehrdimensionalen Konstrukts Ästhetisches Verhalten ein Beitrag, der die auf Postulaten und Spekulationen gegründete Diskussion versachlichen kann. Von hier aus muß die Frage nach Bedingungen und Strategien Ästhetischer Erziehung jenseits z.B. *nur* emotionaler, *nur* kompensatorischer, *nur* politischer Zielsetzungen neu gestellt werden. Die Verfasserin tut dies im Hinblick auf Vorschulkinder.

Der Ansatz gerade für den Bereich der Vorschule ist im Kontext allgemeinerer Kommunikationsproblematik auf der Ebene der institutionalisierten Erziehungsprozesse zu begrüßen, weil die Arbeiten über das Sprachverhalten hier im Anschluß an BERNSTEIN (1959) bereits viel weiter ausgreifen und immer wieder Anlaß für ungesicherte Übertragungen auf den visuellen Code gegeben haben. Daß solche Übertragungen unzulässig sind, ist ein wichtiges Nebenergebnis der vorliegenden Arbeit.

Schließlich ist der Beitrag der Verfasserin im Kontext sowohl der amerikanischen Diskussion von *Kreativitätskonzepten* als auch der hiesigen Versuche eines pädagogisch motivierten *Kreativitätstrainings* zu lokalisieren. Für die heute in der Praxis von Schule und Vorschule gängige Form elementarisierter Funktionsschulung wird nachgewiesen, daß sie die Förderung von kreativem Verhalten gerade verfehlt, weil sie die notwendige Integration der für das ästhetische Verhalten charakteristischen Teilaspekte nicht leisten kann. Demgegenüber werden die Postulate und Hypothesen von Gisela ULMANN (1968, 1973 und 1974) zum erstenmal operationalisiert und verifiziert. Die Relativität und zielabhängige Begrenztheit von Vorschlägen, die manche Fachdidaktiker der Ästhetischen Erziehung für die Vorschulpraxis anbieten, wird von hier aus aufgedeckt.

Der Verfasserin gelingt es, den verschwommenen Kreativitätsanspruch der Fachdidaktik zu konkretisieren und auf nachprüfbare Weise zu operationalisieren. Im Blick auf den derzeitigen Diskussionsstand und den entweder postularischen Charakter der Kreativitätsdiskussion oder deren verkürzte Umsetzung in 'Trainingsprogramme' fallen besonders die Auswertungsverfahren für zeichnerische Lösungen, die Relativierung der Originalitätskategorie und die Einführung der Flexibilitätskategorie als präzisiertes Kriterium ins Gewicht.

Der Nachweis *starker* geschlechtsspezifischer Differenzen innerhalb der Untersuchungsgruppe und - im Gegensatz zum Sprachverhalten - *geringerer* schichtspezifischer Einflüsse ist angesichts der oben erwähnten bloßen Vermutungen nicht nur von großem fachdidaktischen Gewicht, sondern hat generelle schulpädagogische Bedeutung.

Gunter Otto

0. Problemstellung

Zur Einschätzung der vorliegenden Arbeit erscheint es notwendig, die konkrete Situation umrißhaft darzustellen, in deren Kontext Zielsetzung und Fragestellung der vorliegenden Untersuchung entwickelt wurden:

Mit der "Einrichtung von Versuchen mit Vorschulklassen" in Hamburg Anfang 1970 (vgl. BELSER u.a. 1973, S. 13) und durch die Übernahme der wissenschaftlichen Begleitung des Versuchs durch Prof. Belser waren sowohl die Notwendigkeit als auch die praktischen Voraussetzungen für die Entwicklung eines curricularen Konzepts für diese Vorschulklassen gegeben.

Mit der Veröffentlichung von "Curriculum-Materialien für die Vorschule" (BELSER u.a. 1. Aufl. 1972) wurde versucht, auf die Fragen der im Schulversuch arbeitenden Lehrer und Sozialpädagogen nach *Zielsetzung*, *Inhalten*, *Arbeitsformen* und *Arbeitsmaterialien* zu antworten. Notwendigerweise blieben dabei übergreifende Fragen der Curriculumentwicklung und ihrer theoretischen Begründung sowie die erforderliche Grundlagenforschung für die einzelnen Lernbereiche zunächst weitgehend unberücksichtigt. Es wurde vielmehr versucht, diese Defizite parallel in einzelnen Forschungsprojekten zu bearbeiten.

An dieser Stelle liegt der Ausgangspunkt der vorliegenden Arbeit: Bei dem Versuch, orientiert am Bedürfnis der "Praxis", einen ersten Arbeitsplan für die *Ästhetische Erziehung in der Vorschule* zu konzipieren (STAUDTE in BELSER u.a. 1973), zeigte sich, daß die *Eingangsqualifikationen* der Vorschulkinder für diesen Bereich weitgehend unbekannt sind. Insbesondere didaktische Vorschläge, die die spezifischen Sozialisationsbedingungen der Kinder berücksichtigen wollen, basieren weitgehend auf Vermutungen (vgl. dazu PORTTNER/LIEGLE 1973, S. 177). Die Untersuchung der *Ausgangslage* zu Beginn der Vorschule ist zudem für den

Lernbereich Ästhetische Erziehung besonders schwierig, da die fachdidaktische Diskussion seit Mitte der 60er Jahre zu einer Neuorientierung geführt hat, für die mit den Hessischen Rahmenrichtlinien Kunst/Visuelle Kommunikation eine erste Konkretisierung auf der Lehrplanebene vorgelegt wurde. In Verbindung zu dem obersten Leitziel "Demokratisierung" soll das Fach vier spezifische Funktionen erfüllen: die *gesellschaftskritische* Funktion, die *kommunikative* Funktion, die *kreative* Funktion, die *regenerative* und *hedonistische* Funktion (vgl. Hessische Rahmenrichtlinien Primarstufe Kunst/Visuelle Kommunikation 1972, S. 7 ff.). Darin ist also sowohl die Forderung nach "Politischer Erziehung im ästhetischen Bereich" (GIFFHORN 1971) als auch die Diskussion um eine Kreativitätserziehung enthalten, die nicht auf den "bildnerischen" Bereich beschränkt bleibt, sondern nach der gesellschaftlichen Relevanz ihrer Inhalte fragt. Diese Neustrukturierung und Ausweitung der fachlichen Zielsetzung bedingt, daß das Spektrum vom feinmotorischen Funktionstraining über kognitive Lernziele bis zu Lernzielen im sozialen und politischen Bereich reicht.

Entsprechend umfangreich und vielfältig sind damit auch die Fähigkeiten und Qualifikationen, auf die sich ein so verstandener Unterricht in "Ästhetischer Erziehung" bzw. "Visueller Kommunikation"[1] beziehen muß. Die üblicherweise am Lebensalter orientierten Untersuchungen über den Entwicklungsstand des "bildnerischen Gestaltens" allein sind daher ungenügend zur Beschreibung der Ausgangslage in bezug auf die dargestellten komplexen Fachziele. Während zum Einfluß der familialen Sozialisation auf das *Sprachverhalten* umfangreiche Untersuchungen und Theorien insbesondere zu schichtenspezifischen Unterschieden vorliegen, ist über entsprechende Determinanten des ästhetischen Verhaltens kaum etwas bekannt (zur näheren Bestimmung des ästhetischen Verhaltens vgl. den folgenden Abschnitt). Die vorliegenden Untersuchungen sind meist eingeschränkt auf Entwicklungsstufen und strukturelle Merkmale von Kinderzeichnungen, da sie entweder unter psychologischer Fragestellung konzi-

---

1 Ich verwende im folgenden ausschließlich die Bezeichnung "Ästhetische Erziehung", obgleich die beiden Bezeichnungen in der neueren Diskussion häufig tendenziell gleichsinnig verstanden werden. Der Versuch einer Differenzierung findet sich u.a. bei MATTHIES 1972, S. 36 ff., eine Begründung der Fachbezeichnung bei OTTO 1974, S. 17 f.

piert sind oder - historisch verständlich - von einem engen Fachverständnis wie "Zeichnen" oder "Bildnerisches Gestalten" ausgehen und nur die für dieses Fachverständnis bedeutsamen Informationen geben. Demgegenüber müßten für ein erweitertes Konzept Ästhetischer Erziehung insbesondere mögliche Zusammenhänge zwischen dem "bildnerischen" Verhalten von Vorschulkindern und anderen Faktoren wie Kreativität, Wahrnehmung und Intelligenz sowie schichtenspezifische und geschlechtsspezifische Unterschiede in diesen Bereichen untersucht werden. Unter Berücksichtigung der fortschreitenden schulischen und außerschulischen Sozialisation ergeben sich für alle Schulstufen entsprechend zu differenzierende Fragestellungen.

Ziel der vorliegenden Untersuchung ist, einige Basisinformationen zu erheben, die für eine begründete Curriculumentwicklung Ästhetischer Erziehung sowohl aus der Sicht der Fachdidaktik als auch der Curriculumtheorie notwendig erscheinen[2]. Aus arbeitsökonomischen Gründen wie aus der notwendigen Subjektivität meiner Einschätzung der fachdidaktischen Tendenzen folgt jedoch, daß auch dieser Versuch der "Grundlagenforschung" nur ausschnitthaft *Schwerpunkte* des ästhetischen Verhaltens von Vorschulkindern erfassen kann.

---

2 Vgl. dazu den Entwurf eines Diskussionspapiers des BDK-NRW, vorgelegt beim Kunstpädagogischen Kongreß, Berlin 1976: "Wir brauchen Kunstpädagogische Forschung!" (SCHÜLKE 1976).

1. Dimensionen ästhetischen Verhaltens

1.1 Ästhetisches Verhalten – Wahrnehmung und Produktion

Die Klärung des Begriffs "Ästhetisches Verhalten" ist deshalb besonders wichtig - und schwierig zugleich -, weil der Begriffsanteil "ästhetisch" in seiner umgangssprachlichen Bedeutung an den Ästhetik-Begriff des 19. Jahrhunderts anschließt und positiv wertend mit "schön", "harmonisch", "kultiviert" identifiziert wird. Als kunstdidaktischer Fachterminus wird er hingegen seit 1967 unter Rückgriff auf Schillers Briefe über die ästhetische Erziehung des Menschen in seinem ursprünglichen, umfassenden Rinne von "aisthesis" her begriffen (v. HENTIG 1967, KERBS 1968 u. 1970). Ähnlich wie die etwa gleichzeitig erfolgte Wiederaufnahme des Begriffs "Curriculum" in die allgemeine Didaktik spiegelt die Wiederbelebung dieses Begriffs für die Kunstdidaktik eine grundsätzliche Neuorientierung des Faches. Sie signalisiert die inhaltliche Erweiterung des fachlichen Bezugsfeldes auf generelle Wahrnehmungs-, Realisations- und Interpretationsprozesse und impliziert die Absage an Kunst als Wertbegriff, an Kunst "als einer eigenständigen, letztlich unerklärlichen, im genialen Individuum beheimateten Macht, die beglückt und erhebt und keine Rechenschaft schuldet" (v. HENTIG 1967, S. 590).

Nach von HENTIG heißt "Ästhetische Erziehung" "Ausrüstung und Übung des Menschen in der aisthesis - in der Wahrnehmung" (v. HENTIG 1967, S. 584) mit dem Ziel der systematischen Ausbildung der Wahrnehmungsmöglichkeiten des Menschen, seines Wahrnehmungsgenusses und der Wahrnehmungskritik (v. HENTIG 1971, o.S.). Entsprechend der fächerübergreifenden Tendenz der Ästhetischen Erziehung ist ästhetisches Verhalten also "mehr" als "bildnerisches Verhalten", denn dieser durch seine Verwendung im Kontext der "Musischen

Erziehung" ideologisch besetzte Begriff erfaßt nur die in der Regel altersbedingt oder kunstimmanent begründeten verschiedenen Formen der "gestalterischen" Auseinandersetzung mit optisch-haptischem Material. Ästhetisches Verhalten enthält zwar auch diese an der Realisation und Produktion orientierten Verhaltensanteile, charakteristisch ist jedoch der konsequente Bezug auf Wahrnehmungsprozesse und nicht auf werthaltige Wahrnehmungsobjekte (OTTO 1974, S. 21). "Gemeint ist eine komplexe Verhaltensweise des Menschen, die sich in der Gesellschaft u.a. in den Tätigkeiten des Künstlers, des Interpreten, Kritikers, Zuschauers, Zuhörers, des Teilnehmers manifestiert, - zuallererst die bewußte, ausgebildete *Beachtung*, *Aufnahme*, *Berücksichtigung* und gegebenenfalls *Behandlung* der sinnlichen Welt und ihrer Inhalte in ihrem phänomenalen Charakter sowie deren Herstellung durch den zivilisierten Menschen, zu dem diese Ausbildung usf. nun wesentlich gehört" (WENDT 1970, S. 75). Sowohl die Zuwendung zu ästhetischen Objekten (ästhetische Konsumtion) wie die Rezeption von beliebigen Objekten mit ästhetischer Intention sind Formen der (sinnlichen) *Wahrnehmung*. Die ästhetische *Produktion* ist vergegenständlichter Ausdruck der inneren Produktivität der Anschauung, der Einbildungskraft oder der Phantasie (WENDT 1970, S. 77) - man könnte in aktueller Formulierung hinzusetzen - der Kreativität.

Damit sind auch hier die beiden Pole ästhetischen Verhaltens - Wahrnehmung und Produktion - als wesentliche Dimension enthalten. Sie haben in der Didaktik dieses Lernbereichs eine lange Tradition, die beim Gegenüber von "Kunstbetrachtung" und "Zeichenunterricht" beginnt und von OTTO mit den Begriffen "Produktion" und "Reflexion" in Entsprechung zu der anglo-amerikanischen Formel für Major Goals "Learning to make art" und "Learning to see and to understand art" (BARKAN/CHAPMAN 1967, S. 10) inhaltlich begrenzt auf Kunst in die Diskussion um den Kunstunterricht eingebracht wurde. "In der Phase bis zum Ende der 60er Jahre wurde einer häufig unreflektierten *Praxis* die *Theorie*, also der Produktion die - allzuoft nur auf *bildnerisches* Handeln bezogene - *Reflexion* zugeordnet" (OTTO 1974, S. 328). Konzepte Ästhetischer Erziehung und insbesondere Visueller Kommunikation tendierten hingegen zu einer stärkeren Betonung analytisch-kritischer Aspekte, nunmehr mit der Gefahr eines Theorieüberhangs. In der gegenwärtigen fachdidaktischen Diskussion zeichnet sich hingegen das Bemühen um eine Integration und Neubestimmung der Funktionen praktischer Tätigkeit ab (OTTO 1974, S. 328 ff., ULMANN 1974, S. 628 ff., Kunstpädagogischer Kongreß, Berlin 1976).

Ästhetisches Verhalten als theoretisches Konstrukt umfaßt sowohl Wahrnehmungstätigkeiten als auch produktive Prozesse im weitesten Sinne - es impliziert sowohl die Fähigkeiten, Wahrnehmung und Gestaltung der eigenen Umwelt zu genießen, zu kritisieren und zu verändern (v. HENTIG 1971), wie auch die praktische Tätigkeit, "in der die faktische Herstellung einer ästhetischen Gestaltung, einer sinnlichen Gestaltung, einer sinnlichen Qualität betrieben wird - und wenn dies nur in einem Auffinden besteht" (WENDT 1970, S. 76 - Gemeint ist u.a. die Umgestaltung vorgefundener Objekte und die Verwandlung von etwas zufällig Gefundenem in ein "objet trouvé").

Auch zum zweiten Begriffsanteil *"Verhalten"* sind einige Erläuterungen notwendig, obgleich seine Verwendung in der Kunstdidaktik bereits in Zusammensetzungen wie "bildnerisches Verhalten" (EBERT 1967) gebräuchlich ist.

Ein Verhaltensbegriff impliziert das Paradigma des traditionellen Behaviorismus, daß aus beobachtbaren Handlungen auf generelle Dispositionen geschlossen wird. Jedes spezifische, mehrfach wiederkehrende Verhalten setzt jedoch spezifische Aktualisierungsbedingungen voraus, die ihrerseits ebenso komplexer Art sind wie das Verhalten selbst. Damit ist zwar deutlich, daß komplexe Handlungsmuster nicht deterministisch auf einfache Reiz-Reaktions-Konstellationen zurückgeführt werden können, die Frage nach dem Sinn - nicht nur der Funktion - einer Handlung bleibt jedoch ausgespart. Um das Problem der Sinnhaftigkeit des Verhaltens aufzunehmen, müßten Theorien sozialer Interaktion einbezogen werden. Da jedoch für die folgende empirische Untersuchung der Dispositionen für Ästhetische Erziehung die Sinnhaftigkeit ästhetischer Tätigkeiten nur nachgeordnete Bedeutung hat (dies wäre vordringliches Thema einer fachdidaktischen Analyse), erscheint hier der Verhaltensbegriff angemessen - seine Begrenzung bezeichnet zugleich die Grenzen dieser Untersuchung.

Auch wenn im folgenden vorrangig Aspekte und Bedingungen ästhetischer *Produktion* thematisiert werden, ist damit das Erkenntnisinteresse weniger auf den spezifischen Tätigkeitsprozeß als vielmehr auf die ihm zugrundeliegenden Dispositionen gereichert. Ziel dieser Arbeit ist, die vielfältige Bedingtheit und Abhängigkeit ästhetischer Produktion aufzuweisen. Dies gilt zunächst für die Beziehungen zwischen den beiden Polen ästhetischen Verhaltens - Wahrnehmung und Produktion selbst, dann jedoch im weiteren Sinne im Hinblick auf die Faktoren, die ästhetisches Verhalten beeinflussen: sensumotorische Voraussetzungen sowie altersbedingter und sozialisationsbedingter Entwicklungsstand als Determinanten ästhetischer Produktion.

Zunächst sollen jedoch Dimensionen ästhetischer Produktion entfaltet werden, denen im Hinblick auf Ästhetische Erziehung in der Primarstufe vorrangige Bedeutung zukommt: Bildnerisches Verhalten stellt sozusagen die materielle Basis ästhetischer Produktion dar, Struktur und Funktion insbesondere des zeichnerischen Verhaltens werden daher bezogen auf den Entwicklungsstand im Vorschulalter dargestellt und diskutiert. Da Kreativität als Schlüsselbegriff häufig unreflektiert jeder Ästhetischen Erziehung zugeordnet wird, gleichzeitig als spezielles Ziel Ästhetischer Erziehung in der Diskussion steht, muß zunächst eine Klärung und Abgrenzung dieses Begriffes aus kunstdidaktischer Perspektive vorgenommen werden. Die Präzisierung und Differenzierung kreativer Aspekte ästhetischer Produktion erfolgt dann in Orientierung an Faktorenmodellen der Kreativität.

1.2 Zeichnerisches Verhalten

Die Fähigkeit zur zwei- und dreidimensionalen Darstellung von Zeichen und Formen stellt eine notwendige, wenn auch allein nicht hinreichende Grundlage ästhetischen Verhaltens dar. Im folgenden wird versucht, diesen Komplex einzugrenzen und aufgrund vorliegender Untersuchungen zu konkretisieren.

Die vorliegenden Arbeiten beschränken sich ganz überwiegend auf die beiden von EBERT als wesentlich benannten Bereiche *Zeichnen* und *Malen* (EBERT 1967, S. 7), während dreidimensionale Gestaltungsmöglichkeiten wie Bauen und Formen in der kunstpädagogischen Literatur nur selten unter dem Entwicklungsaspekt systematisch untersucht werden, da man offenbar davon ausgeht, daß die Formprinzipien und Darstellungsmöglichkeiten, die für Malen und Zeichnen gelten, mutatis mutandis auf dreidimensionale Arbeiten übertragbar seien.

Da sich bildnerisches Verhalten - im Gegensatz zu anderen Verhaltensbereichen wie etwa Sprachverhalten oder Sozialverhalten - direkt in materialgebundenen Objekten realisiert, sind Daten über die Bedingungen und den Prozeß bildnerischen Verhaltens relativ selten und ganz überwiegend Kinderzeichnungen die einzige Informationsquelle. Im folgenden sollen daher Aussagen über ästhetisches Verhalten, die allein auf der Analyse von *Kinderzeichnungen* beruhen, mit einem engeren Terminus als Aussagen über *"zeichnerisches Verhalten"* bezeichnet werden, auch wenn die Autoren selbst eher Begriffe wie "bildnerisches Gestalten" (MEYERS 1968) bzw. "zeichnerisches Gestalten" (MÜHLE 1967) verwenden und damit auf die genetische Ganzheitspsychologie als theoretische Grundlage ihrer Arbeit verweisen (MÜHLE 1967, S. 3).

Kinderzeichnungen sind seit dem Ende des 19. Jahrhunderts Gegenstand von wissenschaftlichen Untersuchungen unter kunstpädagogischer wie unter psychologischer Fragestellung[1]. Im Hinblick auf die besondere Fragestellung dieser Arbeit werden insbesondere Merkmale und Struktur der Kinderzeichnung sowie Entwicklungsaspekte des zeichnerischen Verhaltens dargestellt.

1.2.1 Merkmale und Struktur der Kinderzeichnung

In allen Untersuchungen von Kinderzeichnungen nimmt die phänomenologische Analyse der "kindlichen Bildsprache" breiten Raum ein. Da die Beschreibungsbegriffe, die den Zweck haben, die spezifischen Merkmale der Kinderzeichnungen zu kennzeichnen und abzugrenzen, jedoch abhängig sind vom jeweiligen kunsttheoretischen bzw. psychologischen Bezugssystem des Autors und seinem Forschungsinteresse, entstand im Laufe der Zeit ein ganzer Katalog von Beschreibungsbegriffen (RABENSTEIN 1962, S. 2). Für die Klassifikation in historischen Untersuchungen von RICCI (1906) und SULLY (1897) bis BRITSCH (1926) und VOLKELT (1929) findet sich bei BAREIS (1972) ein knapper Überblick.

Generell lassen sich die Merkmalskategorien hinsichtlich ihres *Geltungsbereichs* unterscheiden. So wurden für einige häufige Bildzeichen wie "Mensch",

---

1 Vgl. dazu Bibliographien in MÜHLE 1967, MEYERS 1968, SCHETTY 1974, WIDLÖCHER 1974

"Baum", "Tier", "Haus" sehr detaillierte Kategorien entwickelt wie z.B. die folgenden aus dem "Zeichne-einen-Mann-Test" (KOPPITZ 1972):

Beschreibungskategorien für den *Kopf* sind
Augen, Augenbrauen und Augenwimpern, Pupillen
Nase, Nasenlöcher
Ohr
Mund, zwei Lippen
Haare, Kopfbedeckung
Hals
Profil (KOPPITZ 1972, Anhang A)

Der Vorteil einer so detaillierten Merkmalsbeschreibung liegt in ihrer weitgehenden Operationalisierung, der Nachteil in der Begrenzung der Anwendbarkeit auf ein einziges Bildzeichen. Diese Einschränkung mag für einen psychologischen Test sinnvoll sein, zur Analyse von Kinderzeichnungen unter pädagogischer Fragestellung sind demgegenüber eher formale Merkmalskategorien wünschenswert, die möglichst unabhängig vom Bildinhalt auf *alle* Zeichnungen anwendbar sind, die von Kindern produziert werden.

Als Beispiel für Orientierungskategorien auf einem *mittleren* Abstraktionsniveau können die Gesichtspunkte gelten, die BAREIS unabhängig vom Bildinhalt auf alle gegenständlichen Zeichnungen anwendet und durch die Abbildung "charakteristischer Formen" (BAREIS 1972, S. 36) für verschiedene Motive belegt:

Ausdehnung und Richtung
Größe und Proportion
Bewegung
Farbunterscheidung
Raum und Körper (BAREIS 1972)

Die größtmögliche Allgemeingültigkeit und - damit verbunden - den höchsten Abstraktionsgrad repräsentieren die Merkmalskategorien, die RABENSTEIN zur Analyse von Kinderzeichnungen im Rahmen einer breit angelegten Längsschnittuntersuchung verwendet hat (RABENSTEIN 1962). Seine Erfassungskategorien richten sich auf "das Bild als Ganzes" unabhängig vom jeweiligen gegenständlichen Bildinhalt (RABENSTEIN 1962, S. 10). Er hält die Beschränkung auf einzelne Bildzeichen für eine unzulässige Begrenzung, "denn das Bilddetail erfährt seine Ausgestaltung je nach seiner Stellung im Bildganzen von diesem her" (RABENSTEIN 1962, S. 10).

Weiterhin versucht er, seine Kategorien frei zu halten von der Orientierung an bestimmten Entwicklungs-"Stufen"-Modellen und kunsttheoretischen Vorannahmen etwa im Hinblick auf die Erscheinungstreue der Darstellung. "Die Kategorien, mit denen bei der vorliegenden Untersuchung die Tatbestände der freien Zeichnung erfaßt werden, beinhalten noch keinerlei Hypothesen über Wesen, Ziel und Bedingtheit der Kinderzeichnung. Sie wurden gewonnen durch Sichtung vieler Zeichnungen unter der Fragestellung: Welche Möglichkeiten der statistischen Erfassung der zeichnerischen Entwicklung ergeben sich, wenn man viele Zeichnungen möglichst unvoreingenommen betrachtet" (RABENSTEIN 1962, S. 12).

Als Beispiel für die so entwickelten Kategorien wird hier nur der "Bewertungsmaßstab" für den "Bildtypus" aufgeführt. RABENSTEIN gibt außerdem entsprechend differenzierte Kategorien zur Erfassung des "Darstellungstypus", die dem "klassischen" Schema nach dem Grad der Erscheinungstreue der Darstellung entsprechen, und Kategorien zur Erfassung der als "Flächenqualität" bezeichneten "Raumausnutzung und Füllung" (RABENSTEIN 1962, S. 13-14).

Bildtypus: (Strukturierung, malerische oder zeichnerische Gestaltung)
zeichnerisch - gering strukturiert
zeichnerisch - teilstrukturiert
zeichnerisch - durchstrukturiert
zeichnerisch - Bildstruktur
zeichnerisch - stereotyp
malerisch - gering strukturiert
malerisch - teilstrukturiert
malerisch - durchstrukturiert
malerisch - Bildstruktur
malerisch - diffus
(RABENSTEIN 1962, S. 13)

Die Interpretation der Ergebnisse dieser Merkmalsanalyse zeigt, daß das intendierte Ziel einer möglichst neutralen, wertfreien Erfassung auch mit Hilfe so weitgehend formal reduzierter Kriterien nicht erreichbar ist, denn eine Beurteilung im Hinblick auf "Einheitlichkeit der Gestaltung" und "Ausgewogenheit der Bildglieder auf der Bildfläche" beinhaltet bereits eine Wertung unter gestaltpsychologischem Aspekt (RABENSTEIN 1972, S. 21 ff.).

Der hohe Allgemeinheitsgrad der Merkmale wiederum bedingt, daß auch die Ergebnisse letztlich inhaltsleer sind und keine konkreten Aussagen über das zeichnerische Verhalten ergeben, da nur noch *graduelle* Unterscheidungen (gering strukturierte Zeichnung - teilstrukturierte Zeichnung) getroffen werden.

Das Problem einer möglichst universell anwendbaren und dennoch inhaltlich differenzierten Merkmalsklassifikation wird im Hinblick auf die Fragestellung der eigenen Untersuchung weitergeführt werden müssen (vgl. S. 76 ff.). Als Resumee ist jedoch jetzt bereits deutlich, daß *jede* Kategorisierung nach Merkmalen gleichzeitig *Entscheidungen* impliziert und eine "neutrale" Erfassung "aller" Merkmale der Kinderzeichnung eine Illusion ist.

Im folgenden wird versucht, einige für die Kinderzeichnung charakteristische Strukturmerkmale aufzuzeigen. Der Entwicklungsaspekt wird dabei zunächst zurückgestellt (vgl. dazu 1.2.2).

"Die Linie ist das Formelement der Zeichnung" (EBERT 1967, S. 121) und Kinder*zeichnungen* werden häufig als ausschließlich *lineare* Lösungen dargestellt. Daran ist richtig, daß zum Aufbau und zur Umgrenzung der Form wie zur Binnendifferenzierung der Bildzeichen ganz überwiegend linear gezeichnet wird. Dennoch enthalten sehr viele Kinderzeichnungen auch fleckhafte Anteile, die, sofern sie überhaupt beachtet werden, als Relikte aus der sogenannten "Kritzelphase" gedeutet werden und "vielleicht Lustlosigkeit, Ermüdung, Abgleiten ins bloße Manipulieren mit dem Zeichenstift u.ä. andeuten oder aber dazu dienen, die evtl. in der Vorstellung gegebenen dynamischen Momente zum Ausdruck zu bringen" (BAREIS 1972, S. 12).

Es wäre zu prüfen, ob diese Interpretation ausreicht, und ob nicht vielmehr bei geeigneter Aufgabenstellung und entsprechendem Material auch Kindern grundsätzlich alle möglichen graphischen Mittel zur Verfügung stehen. Möglicherweise richtete sich ja bisher das Interesse der Untersucher zu selektiv auf "reine" lineare Zeichnungen, weil diese am klarsten die Entwicklungsfortschritte insbesondere der Zeichendifferenzierung dokumentieren, und Mischformen oder gar überwiegend fleckhafte Zeichnungen blieben unberücksichtigt.

Ebenso wird die *Farbgebung* bei Kinderzeichnungen häufig in die Analyse nicht einbezogen, obgleich doch mit Ausnahme der reinen Bleistiftzeichnungen in der Regel vom Material her die Möglichkeit zu farblicher

Differenzierung gegeben ist. So entsteht der Eindruck, als sei für die Kinderzeichnung die Farbe zweitrangig, während gerade beim Malen das Gegenteil deutlich wird.

Generell ist jedoch festzustellen, daß die Kinderzeichnung hinsichtlich der Form- wie der Farbdifferenzierung nach dem Prinzip der größtmöglichen *Klarheit und Prägnanz* aufgebaut ist. Dies gilt sowohl für die Struktur eines einzelnen Bildzeichens wie für die Bildordnung mehrerer Bildzeichen auf einem Blatt. Im einzelnen wird diese globale Aussage zur Syntax der Kinderzeichnung von mehreren Autoren anhand unterschiedlicher Merkmalskategorien belegt (z.B. BAREIS 1972, EBERT 1967, MEYERS 1963, MÜHLE 1967).

Die Kinderzeichnung wird - mit Ausnahme der sogenannten Kritzelphase - ganz selbstverständlich als *gegenständliche* Bildordnung behandelt. Für bestimmte, sehr häufig auftretende Motive wie Mensch, Baum, Haus liegen detaillierte Merkmalsanalysen vor (z.B. MEYERS 1963). Motivreihen, die entweder unter vergleichendstrukturellen oder entwicklungspsychologischen Gesichtspunkten untersucht werden, sind an Inhalten orientiert, wie sie als "Themenkreise für den Kunstunterricht in Vorschulklassen" Kurt STAGUHN empfiehlt:

1. Die Familie
2. Selbstdarstellung
3. Die häusliche Umgebung
4. Dörfliche oder städtische Umgebung
5. Natur und Landschaft
6. Tiere
7. Märchen, Geschichten und Gedichte

(STAGUHN 1970, S. 162 ff.).

Nach PFENNIG ist die Untersuchung der ausschließlich gegenständlich bestimmten Kinderzeichnung begründet durch eine an der wahrnehmbaren, dinglichen Welt orientierten Voreinstellung der Erwachsenen, die aus dem umfassenden Bereich der Zeichen die offenen und dynamischen eleminiert, weil sie selten dingliche Assoziationen hervorrufen und folglich nur als Gekritzel verstanden werden können (PFENNIG 1967, S. 128). *Nicht*-gegenständliche Darstellungsabsichten werden allenfalls beim Malen akzeptiert und gefördert (vgl. STAGUHN 1970, S. 157 f., und KOWALSKI 1972, S. 72 f.). Auch EBERT verweist auf die Beobachtung, daß die Formintentionen auch jüngerer Kinder nicht ausschließlich auf die Verwirklichung gegenständlicher Inhalte gerichtet sind (EBERT 1967, S. 59).

Zusammenfassend ist festzustellen, daß die generellen Aussagen zur Struktur der Kinderzeichnung als linearer, gegenständlicher Zeichnung, für die die Farbgebung als unerheblich angesehen wird, im einzelnen nicht unüberprüft übernommen werden können. Vielmehr erscheint eine Relativierung dieser Strukturmerkmale notwendig, um der gesamten Spannbreite der zeichnerischen Produktion von Kindern gerecht werden zu können.

1.2.2 Entwicklung des zeichnerischen Verhaltens

Nach RABENSTEIN stellen viele Autoren, die sich mit dem Kinderzeichnen beschäftigt haben, "nicht nur die Eigenart des kindlichen Gestaltens dar, sondern versuchen darüber hinaus noch *Entwicklungsgesetze* des zeichnerischen Gestaltens herauszuarbeiten. Teilweise beschränken sich diese Versuche darauf, alterstypische Gestaltungsweisen aufzuzeigen, teilweise wird aber auch eine Deutung dieser Gestaltungsfolgen auf dem Hintergrund kunstwissenschaftlicher oder psychologischer Theorien versucht" (RABENSTEIN 1962, S. 3). Als Beispiele hierfür nennt er die "psychogenetische" Deutung von Gustav BRITSCH (1927) und den Versuch von Hans MEYERS (1963), die zeichnerische Entwicklung einem dreistufigen Entwicklungsschema der Kinder- und Jugendpsychologie zuzuordnen.

Abgesehen von der Subjektivität solcher Deutungsversuche und der Abhängigkeit von theoretischen Vorentscheidungen impliziert auch die Darstellung von "allgemeinen" Entwicklungstendenzen, wie sie RABENSTEIN selbst vornimmt, häufig zwei - miteinander korrespondierende - Mißverständnisse:

Zum einen entsteht bei der Beschreibung bestimmter Entwicklungsverläufe häufig der Eindruck, als ob der beschriebene Entwicklungsprozeß die *Norm* der zeichnerischen Entwicklung schlechthin darstellte, an der auch der *individuelle* Entwicklungsstand zu messen sei. Zum anderen verführt die Zuordnung bestimmter Entwicklungsstufen der Kinderzeichnung zu eng umgrenzten Altersstufen zu der Annahme eines überwiegend altersabhängigen ("reifebedingten") Entwicklungsgeschehens.

Diese Interpretationen wurden sicher nicht unwesentlich durch die Verwendung der Kinderzeichnung in

Schulreife- und *Entwicklungstests* unterstützt. Dabei wird selten berücksichtigt, daß sogenannte "Altersnormen", die das zeichnerische Leistungsvermögen des einzelnen Kindes an einem Mittelwert messen, nur auf sehr wenige, operationalisierbare Merkmale eines bestimmten Motivs bezogen sind. Versuche, das zeichnerische Verhalten an einem bestimmten, altersspezifisch fixierten Entwicklungsmodell zu orientieren, verkennen zudem den heuristischen Charakter dieser Darstellungen.

Zwar ist sicherlich nicht zu bestreiten, "daß es so etwas wie Entwicklungsabschnitte" (KLAFKI 1967, S. 32) gibt, empirische Untersuchungen haben jedoch andererseits gezeigt, "daß sowohl der zeitliche Umfang der verschiedenen Entwicklungs- oder Bildungsphasen als auch die inhaltliche Ausprägung durchaus veränderlich sind. Diese Veränderungen aber in der zeitlichen Lage und in der inhaltlichen Struktur solcher Phasen stehen offenbar unter dem Einfluß soziokultureller und damit geschichtlicher Faktoren" (KLAFKI 1967, S. 33).

Damit ist - entsprechend der generellen Revision des Reifekonzepts - darauf verwiesen, daß die Entwicklung der Kinderzeichnung keineswegs als ein "reifebedingter", also überwiegend endogen gesteuerter Entwicklungsprozeß gesehen werden kann. In besonders pointierter Weise formulierte KLAFKI diese Position in einem Recklinghauser Podiumsgespräch 1964:

"Ich glaube nicht an eine gesetzhaft vorbestimmte Entwicklung des Kindes im bildnerischen Bereich, die, wie hier gesagt wurde, als 'natürlich' oder 'urphänomenal' oder ähnlich zu interpretieren wäre. (...) Ich glaube ferner nicht an die Behauptung, die Herr Pfennig aufstellte, daß das Kind Zeichen hervorbringe, die ihm niemand beigebracht habe, ebensowenig wie ich daran glauben kann, daß es sich bei der Zuwendung zur Gegenständlichkeit um ein aus einer vermeintlich rein innerpsychologischen Entwicklung des Kindes selbst hervortretendes Phänomen handelt. (...) Niemals bringt ein Kind ein Zeichen anders hervor als schon mitvermittelt durch die Welt von Zeichen und Formen, die ihm in der objektiven Welt begegnet sind" (KLAFI 1967, S. 143).

Dieses Votum ist inzwischen tendenziell sowohl von der Sozialisationsforschung als auch von einer revidierten Entwicklungspsychologie und Begabungstheorie unterstützt worden (GOTTSCHALCH u.a. 1970, NICKEL 1972, ROTH 1969). Wenn nach wie vor für den Bereich des zeichnerischen Verhaltens *Entwicklungsstufen* abgegrenzt und zur Normorientierung beschrieben werden, so verweist dieser Tatbestand wohl eher auf ein Defizit an wissenschaftlicher Fundierung dieser, häufig für Eltern und Vorschulerzieher konzipierten Schriften (BAREIS 1972, KOWALSKI 1972, SEITZ 1972) als auf eine dezidierte Gegenposition.

Neuere, empirisch belegte Untersuchungen verweisen hingegen vielmehr auf die große Variabilität des zeichnerischen Verhaltens in Abhängigkeit von Faktoren wie Sozialstatus und Intelligenz (vgl. RABENSTEIN 1962, KORTE 1971, HOSSBACH 1971, SCHETTY 1974). Da zudem zeichnerisches Verhalten nicht als isolierte Dimension gesehen werden kann, ist anzunehmen, daß der gesamte Komplex ästhetischen Verhaltens kulturell und gesellschaftlich vermittelt ist und der Anteil eines ausschließlich reifebedingten Entwicklungsgeschehens nicht isolierbar ist.

1.3 Kreativität

Bisher wurde zunächst der Aspekt ästhetischen Verhaltens dargestellt, der üblicherweise als Grundlage für didaktische Überlegungen angesehen wird - das zeichnerische Verhalten, wie es sich in Kinderzeichnungen dokumentiert. Eine ähnliche Plausibilitätsbegründung gilt auch für die Darstellung der kreativen Aspekte ästhetischen Verhaltens, obgleich hier die Beziehung häufig nur *verbal* hergestellt scheint und Ergebnisse der Kreativitätsforschung keineswegs in vergleichbarem Ausmaß in die didaktische Theoriebildung eingegangen sind.

Einerseits wird Kreativität als *Ziel* Ästhetischer Erziehung genannt, andererseits wird häufig bereits jede Form praktischer "bildnerischer" Tätigkeit im Unterricht als kreatives Verhalten angesehen. Gegen diese Verwendung des Begriffs Kreativität zur Bezeichnung des Faktums, daß Kinder selbständig thematisch und formal "bildnerisch gestalten", soll hier sofort Einspruch erhoben werden. Im Anschluß daran wird dann die Begründung und Rechtfertigung von Kreativität als Ziel Ästhetischer Erziehung dargestellt. Vor dem Hintergrund der fachdidaktischen Bezugnahme auf den Kreativitätsbegriff sollen dann Ergebnisse der Kreativitätsforschung dargestellt und auf ihre Relevanz für die Untersuchung ästhetischen Verhaltens von Vorschulkindern befragt werden.

1.3.1 Zur Verwendung des Kreativitätsbegriffes in der Fachdidaktik (Kunstdidaktik)

Die Tatsache, daß generell jedes "bildnerische Verhalten" als kreativ bezeichnet wird, ist historisch als Austausch der ideologisch besetzten Leerformel von den "schöpferischen Kräften" und durch den neuen "Modebegriff mit Schlagwortcharakter" zu erklären (EBERT 1973, S. 26).

Die ideologischen Implikationen sowie die Alibifunktion des Begriffes "schöpferisch" für unkontrollierte, individualisierende und antiintellektuelle Unterrichtspraxis hat zuletzt EBERT (1973) aufgezeigt. Der rasche Austausch dieses Schlüsselbegriffes der Reformpädagogik wie der musischen Erziehung durch den ebenso formalen Begriff der Kreativität "macht mißtrauisch und in der Tat wird vielfach deutlich, daß das neue Fremdwort lediglich den überlieferten deutschen Begriff ersetzt, also nur an dessen Stelle tritt, ohne etwas am bisherigen Befund zu ändern. Die alten Absichten, das gleiche Tun und Handeln, dieselben Verhaltensweisen werden jetzt nicht mehr 'schöpferisch' sondern eben 'kreativ' genannt. Eine neue Leerformel legitimiert dasselbe unreflektierte Geschehen" (EBERT 1973, S. 26).

In Abgrenzung gegen diesen sehr extensiven Gebrauch des Begriffes "Kreativität" für jedes ästhetische Verhalten überhaupt, habe ich bisher ausschließlich von bildnerischem bzw. zeichnerischem Verhalten gesprochen. Damit gehe ich davon aus, daß die Artikulation von Bildzeichen - ebensowenig wie etwa verbale Artikulation schlechthin - bereits per se auch kreativ ist. Sprache wie Zeichnung sind vielmehr Medien, in denen sich kreatives Verhalten realisieren *kann* - die Umkehrung hingegen ist nicht möglich: Nicht jede bildnerische Realisation von Kindern ist gleichzeitig Ausdruck kreativen Verhaltens, zumal viele Bildzeichen über längere Zeit schematisch wiederholt und in dieser Wiederholung gefestigt werden.

Nach dieser Einschränkung soll die folgende Darstellung von Kreativität als Zielperspektive Ästhetischer Erziehung dazu beitragen, nun positiv den möglichen Stellenwert und die Funktion dieses Begriffes für ästhetisches Verhalten zu formulieren.

1.3.2 Kreativität als Ziel Ästhetischer Erziehung

In zielorientierten curricularen Entwürfen, Lehrplänen und Richtlinien erscheint Kreativität sowohl als *allgemeines*, übergreifendes Erziehungsziel als auch als *fachspezifisches* Lernziel für verschiedene Unterrichtsfächer. Im Kontext dieser Untersuchung zum ästhetischen Verhalten beschränke ich mich im folgenden auf die Kreativitätsförderung im Bereich Ästhetischer Erziehung. Zu den unterschiedlichen Implikationen allgemeiner fächerübergreifender Kreativitätsförderung einerseits und fachgebundener Ansätze andererseits, insbesondere im Hinblick auf die zugrundegelegten Hypothesen zum Transfer kreativer Fähigkeiten hat BOROWSKI eine kritische Untersuchung vorgelegt (BOROWSKI 1973).

Bereits in von HENTIGs Aufsatz "Über die ästhetische Erziehung im politischen Zeitalter", mit dem der Begriff "Ästhetische Erziehung" in die Fachdiskussion neuerlich eingebracht wurde, wird "das Schöpferische - Kreativität" (v. HENTIG 1967, S. 588) als Schlüsselbegriff eingeführt. "Gemeint ist - auch mit dem Fremdwort (creativity) - nichts weiter als die fortgesetzte Fähigkeit, Neues, nämlich sowohl Abweichendes wie Unberechenbares, zu schaffen" (v. HENTIG 1967, S. 588; Zus. v. Verf.).

Als pragmatische Ziele unter der Überschrift "Zielsetzungen" erscheinen in der Didaktik der bildenden Kunst von DAUCHER und SEITZ (1969) Sensibilität und Kreativität - ohne jedoch in den Abschnitten, die sich auf Methoden und Inhalte des Kunstunterrichts beziehen, eine angemessene Entsprechung zu haben.

OTTO bezieht in seinen "Prolegomena zu künftigen Lehr- und Bildungsplänen für den Kunstunterricht" (1967) noch unter der Bezeichnung "schöpferisches Verhalten" Kreativitätsfaktoren nach GUILFORD und LOWENFELD in seine Überlegungen ein (vgl. auch PFENNIG 1967, S. 120 ff.).

Auch die Hessischen Rahmenrichtlinien setzen als eine der vier Funktionen, die das Fach Kunst/Visuelle Kommunikation in Anbindung an das oberste Lernziel Demokratie erfüllen soll, die kreative Funktion (Hessische Rahmenrichtlinien 1972, S. 8).

Schon die bisher genannten Quellen für Kreativität als Ziel Ästhetischer Erziehung verweisen darauf, daß auch innerhalb der Fachdiskussion mit dem Terminus Kreativität im Kontext des jeweiligen didaktischen bzw. erziehungswissenschaftlichen Konzepts höchst unterschiedliche Vorstellungen verbunden werden. Relative Einigkeit scheint nur in bezug auf die unterrichts*methodischen* Voraussetzungen zur Ermöglichung kreativen Verhaltens zu bestehen - fragt man jedoch nach den *Inhalten*, an denen sich Kreativität im Unterricht erweisen soll, so spiegelt sich hier die gesamte Spannbreite der didaktischen Diskussion.

Methodische Konsequenzen ergeben sich sowohl aus der Rezeption der Kreativitätsfaktoren als auch aus der Analyse des kreativen Prozesses bei verschiedenen Autoren und in verschiedenartiger Allgemeinheit und Konkretheit. Es scheint jedoch an dieser Stelle nicht sinnvoll, die in der Regel sehr allgemeinen Hinweise zur Kreativitätserziehung zu wiederholen. Schon zu Beginn der deutschen Kreativitätsdiskussion wurden von FLECHSIG (1966, S. 138 f.) und ULMANN (1968, S. 130 ff.) diese allgemeinen Erziehungsprinzipien aufgezeigt und von EBERT neuerlich in bezug auf Ästhetische Erziehung dargestellt (EBERT 1973, S. 60 ff.).

Im Hinblick auf vorschulische Erziehung sei hier nur abschließend noch auf den wiederum auch unterrichtsmethodisch ergiebigen Zusammenhang zwischen *Spiel* und Kreativität verwiesen, der zumindest in diesem Bereich Ästhetischer Erziehung bereits traditionellerweise akzeptiert ist und hier auch nie auf das Spiel mit den bildnerischen Mitteln" (RÖTTGER 1960 ff.) reduziert werden konnte.

Aufgrund der Interdependenz didaktischer Entscheidungen muß mit der Thematisierung von methodischen Konsequenzen zugleich die Frage nach den *Inhalten* kreativen Handelns und Problemlösens in der Ästhetischen Erziehung gestellt werden. Bezeichnend für die Problemhaltigkeit dieser Frage ist, daß sich etwa in dem Buch von EBERT, das sich ausschließlich mit Kreativität und Kunstpädagogik befaßt, kaum inhaltliche Konkretisierungen finden. Letztlich werden als Beispiele für kreative Problemlösungsprozesse *ausschließlich* "bildnerische" Probleme genannt. Es ist sicher kein Zufall, daß die "kreativen Momente beim Gewinn von Einsichten" (EBERT 1973, S. 81) gerade am "Formen mit Ton" dargestellt werden, zumal EBERT in einer Anmerkung dazu ausführt:

"Das hier gewählte Beispiel (es ist das einzige, das im ganzen Buch in dieser Konkretheit dargestellt wird! Hinzufügung vom Verf.) wäre überdies geeignet, deutlich zu machen, daß 'Probleme' oder 'Unterrichtsobjekte', die auch schon um die Jahrhundertwende von den Reformpädagogen gesehen wurden, die von 'jeher' in der Lebenswirklichkeut und auch im heutigen Alltag (Umwelt) anstehen, unter bestimmten Voraussetzungen aktualisiert werden können (müssen), weil ihre Lösung oder Behandlung zu den 'Grundtechniken' der Daseinsbewältigung (Orientierung in der Welt) gehören" (EBERT 1973, S. 177).

Der Verdacht liegt nahe, daß EBERT hier selbst der Gefahr erlegen ist, die er an anderer Stelle diagnostiziert hat (EBERT 1973, S. 27): Die detaillierte Auseinandersetzung mit den Ergebnissen der psychologischen Kreativitätsforschung ergibt letztlich nur eine *neue* Rechtfertigung für das *bisherige* didaktische Konzept. Die Einsichten und Methoden der "dienstbaren" Kreativitätsforschung (KERBS 1970, S. 47) haben Alibifunktion.

KERBS hat diese Kreativität, "die weder ihre Isolation noch ihre Indienstnahme reflektiert" (KERBS 1970, S. 47) als "beschränkte" Kreativität bezeichnet und hält demgegenüber eine "schrankenlose" Kreativität für denkbar, die ihre soziale Bedingtheit problematisiert und "radikal (d.h. an die Wurzeln gehend)" und "respektlos (d.h. kein Frageverbot respektiert)" "als antizipatorische Phantasie" die politische Veränderung der Gesellschaft anstrebt (KERBS 1970, S. 47).

Auch KASTNER versteht "schöpferische Tätigkeit als konkrete Praxis der Menschen (..), als Handeln zum Lösen von Problemen oder Aufgaben (..), die sich im Verlauf der historisch-gesellschaftlichen Entwicklung für den Fortschritt und die Vervollkommnung der Menschen ergeben" (KASTNER 1973, S. 59), er kommt jedoch außer zu methodischen Vorschlägen *inhaltlich* nur zu der Forderung, "fächerübergreifenden Unterricht zu planen und durchzuführen, der gesellschaftliche Widersprüche nicht ausspart" (KASTNER 1973, S. 68).

Weder KERBS noch KASTNER haben bisher präzisiert, an welchen Inhalten - über EBERTs "bildnerische" Probleme hinausgehend - die gesellschaftlichen Widersprüche im Bereich Ästhetischer Erziehung konkret im Unterricht erfahrbar und mit "antizipatorischer Phantasie" kreativ überwunden werden können (vgl. dazu auch KERBS 1973). Ansätze für eine auch den gesellschaftlichen Implikationszusammenhang reflektierende Praxis kreativer Erziehung zeigen sich allenfalls bei neueren Aktivitäten der KEKS-Gruppen (FROMMELT/MAYRHOFER/ZACHARIAS 1972).

Der Rekurs von EBERT auf reformpädagogische Inhalte wie die pädagogische Utopie von KERBS zeigen, daß mit der Diskussion von Kreativität als Ziel Ästhetischer Erziehung keineswegs zwingend eine *bestimmte* inhaltliche Konkretisierung verbunden ist. Die Orientierung an der Zielvorstellung "Kreativität" ergibt bisher ausschließlich Hinweise für Veränderungen methodischer Art. Es können bestimmte situative und personale Voraussetzungen formuliert werden als Bedingungen für die Ermöglichung kreativen Verhaltens - die Art der Probleme, der Gegenstände, des Materials, an denen sich kreatives Verhalten erweisen soll, bleibt in diesem Argumentationszusammenhang offen; die Kreativitätsdiskussion liefert keine zwingende inhaltliche Entscheidungshilfe. In unserem Fall konkretisiert sich kreatives Verhalten daher an den Inhalten, die für ästhetisches Verhalten insgesamt als relevant begründet werden können.

1.3.3 Kreativitätsfaktoren

Im folgenden beschränkt sich die Darstellung im wesentlichen auf die Faktorenkataloge von GUILFORD und LOWENFELD, zumal diese Kreativitätsfaktoren auch bisher schon in die fachdidaktische Theoriebildung einbezogen worden sind (OTTO 1969, S. 211 ff., EBERT 1973, S. 52).

Während GUILFORD als *Psychologe* seine Theorie durch die Bündelung einiger Faktoren aus dem Bereich des divergent-produktiven Denkens und des bewertenden Denkens konzipierte und damit insbesondere auf die Erforschung *wissenschaftlicher* Kreativität abzielte (GUILFORD 1970, S. 34), entwickelte LOWENFELD als *Kunstpädagoge* seine Theorie im Hinblick auf schöpferisches Verhalten in der *Kunst*. Dennoch stimmen sie in der Beschreibung der wesentlichen Dimensionen des kreativen Verhaltens weitgehend überein, wie eine vergleichende Studie von einem Mitarbeiter LOWENFELDs ergab (LOWENFELD/BEITTEL 1959).

Mit der folgenden schematischen Darstellung der Faktoren von GUILFORD und LOWENFELD soll versucht werden, diese weitgehende Parallelität der beiden Modelle zu verdeutlichen. Die später erfolgte Detaillierung der Kreativitätsfaktoren durch GUILFORD wird bei der Darstellung der einzelnen Faktoren einbezogen werden.

Kreativitätsfaktoren

bei GUILFORD (bezogen auf wissenschaftliche Forschung und ihre Umsetzung in die Praxis)		bei LOWENFELD (bezogen auf künstlerisches Verhalten)
Problem-Sensitivität	o——o	Sensitivität
Flüssigkeit	o——o	Aufnahmebereitschaft
Flexibilität	o——o	Beweglichkeit
	\——o	Umgestaltungsfähigkeit
Originalität	o——o	Originalität
analysierende und synthetisierende Fähigkeit	o——o	Analyse und Abstraktion
	\——o	Synthese
Elaboration	o——o	Ästhetische Organisation

o *Sensitivität*
LOWENFELD unterscheidet drei verschiedene Kategorien von sensitivem Erleben, von denen er annimmt, daß sie nicht nur für den "künstlerischen Schöpferprozeß" wichtig sind, sondern für "das Schöpferische im allgemeinen" (LOWENFELD 1960, S. 27):

- geistige Sensitivität
- perzeptuelle Sensitivität
- soziale Sensitivität

Als *geistige Sensitivität* bezeichnet er die Fähigkeit, aus der Menge der möglichen Information und damit potentieller Probleme *das Wesentliche* zu erkennen und herauszufinden. Da LOWENFELD keine Gesichtspunkte angibt, von denen her zu begründen wäre, was als wesentlich bzw. unwesentlich gilt, stellt diese formale Definition die Entscheidung darüber letztlich in das individuelle Belieben des einzelnen Künstlers oder Wissenschaftlers.

Mit *perzeptueller Sensitivität* bezeichnet er die verfeinerte, intensivierte Sensibilität der Sinnesorgane, die wohl insbesondere für kreatives künstlerisches Verhalten als Voraussetzung gesehen wird.

Soziale Sensitivität wird bei LOWENFELD ausschließlich als soziale Empathie verstanden, als Einfühlungsvermögen in die Situation anderer.

In konsequenter Analogie müßte hier jedoch neben die besondere Wahrnehmungsfähigkeit für intellektuelle und sinnliche Probleme die Sensitivität für gesellschaftliche und politische Probleme und Widersprüche gestellt werden. Mit dieser Ausweitung könnte der unpolitische, systemstabilisierende Ansatz der traditionellen Kreativitätskonzepte überwunden werden, da dann neben technischem Fortschritt und Warenästhetik soziale Widersprüche zu Aufgabengebieten für kreatives Problemlösen würden.

GUILFORDs Umschreibung von Sensitivität als der Fähigkeit, Feinheiten zu bemerken, Defekte zu sehen, Dinge wahrzunehmen, die ungewöhnlich sind, Bedürfnisse und Mängel zu entdecken, bezieht sich nur auf LOWENFELDs erste Kategorie der geistigen Sensitivität, obgleich seine Fragen ebenfalls auf perzeptuelle und soziale Sensitivität im erweiterten Sinne ausgeweitet werden können: "Beschränkt sich die angenommene Sensitivität auf eine bestimmte Situationsart oder Problemstellung? Ist sie sowohl eine Wahrnehmungs- als auch eine Denkqualität? Könnte sie eine generelle Eindrucksfähigkeit gegenüber der Umwelt sein? Ist sie unser alter Freund 'Neugier' unter einem neuen Namen? Ist sie eine Fähigkeit, Fragen zu stellen? Ist sie eine allgemeine Hemmung gegenüber endgültigem Abschluß?" (GUILFORD 1970, S. 31).

Da für GUILFORD das "Sehen" von Problemen (sensitivity to problems) eine Bewertung des möglichen Problemgehalts impliziert, ordnet er diesen Faktor nicht in die Matrix der Faktoren des divergenten Denkens ein, sondern führt ihn im Zusammenhang mit anderen Bewertungsfaktoren auf (GUILFORD 1970a, S. 386).

Der Faktor "Sensitivität" repräsentiert also gewissermaßen die erste Phase des kreativen Prozesses, denn die Fähigkeit, selbständig Probleme zu entdekken, ist die *Voraussetzung* für kreatives Problemlösen. Diese Komponente kreativen Verhaltens im *Unterricht* zu realisieren, erscheint besonders schwierig, ist doch Unterricht traditionellerweise gerade dadurch gekennzeichnet, daß Probleme *vor*formuliert, in Lernschritte zerlegt, in den "Fragehorizont des Schülers gerückt werden" (KRAMP 1964, S. 44). Damit wird das *selbständige Finden* von Problemen - im Interesse der Planbarkeit von Lernprozessen - unmöglich gemacht.

Zwar wird insbesondere die *perzeptuelle* Sensitivität als "Verfeinerung der Sinneswahrnehmungen" und "das Aufschließen des Bewußtseins für ästhetische Reize" (DAUCHER/SEITZ 1969, S. 82), als "Sensibilisierung der Perzeption" (v. HENTIG 1972, S. 112) von verschiedensten Vertretern Ästhetischer Erziehung gefordert und erscheint als Zielformel wie "Differenzierung der visuellen, auditiven, haptischen Wahrnehmung (und) Sensibilisierung für Sinnesreize" (WITT 1972, S. 39) fast stereotyp in allen neueren Zielkatalogen und Richtlinien. Doch gerade diese Einmütigkeit läßt GIFFHORN vermuten, daß durch das Schlagwort Sensibilität "alte Dogmen" der Kunsterzehung gerechtfertigt werden sollen. "Wer darauf trainiert ist, die Umwelt nur auf ihre ästhetischen Reize, ihre bildnerischen Fügungsprinzipien usw. hin zu untersuchen, wird um so weniger fähig und bereit sein, andere relevantere Zusammenhänge wahrzunehmen" (GIFFHORN 1972, S. 105).

Die Forderung nach *sozialer* Sensitivität und damit nach Kreativität, die sich *nicht* auf den immanent-ästhetischen Bereich beschränken läßt, ist indessen unabdingbar (vgl. dazu auch KERBS 1970).

o *Flüssigkeit*
Als Flüssigkeit wird von GUILFORD die Fähigkeit bezeichnet, in kurzer Zeit sehr viele Ideen zu produzieren, wobei zunächst die Qualität dieser Assoziationen nicht berücksichtigt wird, da er von der Annahme ausgeht, daß "der Mensch, der in einer Zeiteinheit eine große Menge von Ideen produzieren kann, unter sonst gleichartigen Bedingungen eine größere Chance besitzt, bemerkenswerte Ideen zu haben" (GUILFORD 1970, S. 32). GUILFORD konnte fünf verschiedene Flüssigkeitsfaktoren identifizieren: figurale Flüssigkeit, Wortflüssigkeit und Ideenflüssigkeit bilden die Voraussetzung für künstlerische Produktion mit den entsprechenden Inhalten, "die Assoziationsflüssigkeit ermöglicht dem Künstler, Gedanken oder andere Inhalte rasch miteinander zu verbinden, und die Expressionsflüssigkeit läßt ihn angemessene Ausdrucksformen für seine Gedanken finden" (ULMANN 1968, S. 48).

LOWENFELD benennt die inhaltlich gleich definierte Fähigkeit etwas mißverständlich als "Aufnahmebereitschaft" oder auch als "assoziative Wandelbarkeit", da er die Menge der Assoziationen auf die größere Aufnahmebereitschaft des Kreativen für die vielfältigsten Anregungen zurückführt (LOWENFELD 1960, S. 29). Die Aufgabe, möglichst viele Verwendungsmöglichkeiten für einen Ziegelstein zu nennen, wird auch von ihm als Beispiel angeführt.

Mit sogenannten Kreativitätstechniken wie Brainstorming, Attributen- und Checklisten, Bionik und Synektik (LINNEWEH 1973, S. 50 ff.) wird der Faktor

Flüssigkeit häufig *isoliert* zur Ideenproduktion eingesetzt; bewußt werden nur Assoziationen und Variationen zum Problem zugelassen, während Fragen nach den Ursachen des Problems oder den Folgen bestimmter Lösungen im Interesse des Verwertungszusammenhanges bewußt ausgeklammert bleiben. Die gleichen Techniken können zwar als Lern- und Übungsmöglichkeiten durchaus sinnvoll im Unterricht angewandt werden, sofern gesichert ist, daß ihr Stellenwert und ihre Aussagemöglichkeit zielorientiert reflektiert werden, eine Gleichsetzung gerade dieses Faktors mit Kreativität schlechthin muß jedoch zu einem verkürzten Verständnis von kreativem Verhalten führen.

o *Flexibilität und Originalität*
"Die geistige *Flexibilität* des Menschen, die Leichtigkeit, mit der er Ordnungen wechselt" (GUILFORD 1970, S. 32) wird von GUILFORD neben Flüssigkeit und Elaboration als die wichtigste Voraussetzung für divergentes Denken angesehen. Er unterscheidet zwei Gruppen von Flexibilitätsfaktoren, die mit zwei Faktoren bei LOWENFELD korrespondieren:

Die *spontane* Flexibilität (GUILFORD 1970, S. 374 f.) - bei LOWENFELD "Beweglichkeit" genannt - zeigt sich z.B. darin, daß die Antworten zum Ziegelstein-Verwendungs-Test sehr vielen verschiedenen Antwort*klassen* angehören (semantische Spontanflexibilität) oder in der Tendenz zur besonders raschen optischen Inversion bei sogenannten Umschlagbildern (bildliche Spontanflexibilität). Spontane Flexibilität korreliert negativ mit Rigidität.

Den Transformations-Faktoren der *adaptiven* Flexibilität bei GUILFORD (1970a, S. 378) entspricht der Faktor "Umgestaltungsfähigkeit" bei LOWENFELD (1960, S. 32). Beide Bezeichnungen verweisen auf die hier erforderliche Fähigkeit zur *Umstrukturierung*, *Umgestaltung*, *Transformation* eines Problems oder einer Situation.

GUILFORDs Matrix sieht generell eine Differenzierung nach der Art des Denkinhalts als "bildlich", "symbolisch", "semantisch" vor, die er später um die Verhaltenskategorie erweiterte (GUILFORD 1970a, S. 388). Aus der Faktorengruppe der adaptiven Flexibilität isolierte er spezifische Faktoren für die drei erstgenannten Bereiche: die bildliche adaptive Flexibilität (figural adaptive flexibility) und die symbolische adaptive Flexibilität (symbolic adaptive flexibility) beziehen sich auf den Umgang mit *figura-*

lem und *symbolischem* Material. Die Fähigkeit, ungewöhnliche, weitläufig assoziierbare oder geistreiche Antworten mit *semantischen* Inhalten zu finden, wird von GUILFORD mit *Originalität* bezeichnet. Er beschränkt damit seinen Originalitätsfaktor ausschließlich auf sprachlich formulierte Lösungen (GUILFORD 1970a, S. 380 ff.).

Mit der folgenden Darstellung wird versucht, das komplexe Faktorenbündel "Flexibilität" und insbesondere die überraschende Plazierung von Originalität in diesem Zusammenhang zu verdeutlichen.

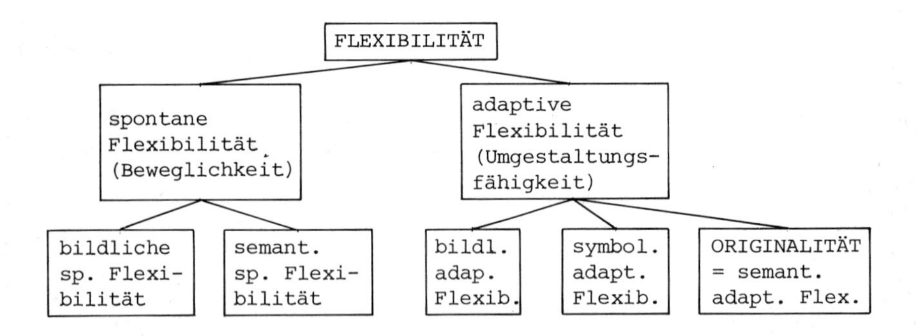

Mit dem Begriff der Originalität werden verschiedenartige Erwartungen in bezug auf den Grad der Neuheit verbunden - vom situationsbedingten, spontanen Einfall über Veränderung und Umfunktionalisierung von Vorhandenem zu innovativen Neuleistungen, die das Bestehende in elementarer Form verändern bis zu der höchsten Stufe der Kreativität, die als revolutionärer Anstoß ganze Epochen und Gesellschaften beeinflußt (LINNEWEH 1973, S. 15).

Materialien und didaktische Perspektiven für die Reichweite der Umgestaltungskategorie finden sich bei OTTO/WIENECKE 1974 und OTTO 1974, S. 328 ff.

LOWENFELD beschränkt sich mit seinem Anspruch an Originalität auf die Anregung außergewöhnlicher Reaktionen und die Förderung individueller Ausdrucksmöglichkeit im Unterricht, wenn er auch Michelangelo und Beethoven als Leitbilder nennt. Da Originalität dennoch immer in der Gefahr steht, als Qualitätsurteil am Kriterium der Einzigartigkeit und gesellschaftlichen Neuheit gemessen zu werden, sollte als Lernziel evtl. nicht Originalität, sondern - im Sinne von GUILFORD - Flexibilität mit allen ihren Dimensionen angestrebt werden. Das hätte zudem den Vorteil, daß Bewertungskategorien, wie etwa die Zuordnung der Lösungen zu verschiedenen Klassen, transparent gemacht werden können, während Originalität letztlich entweder vom subjektiven Urteil des Lehrers oder der Lerngruppe abhängt, oder in Konkurrenz zu den Lösungen der Mitschüler als "einzigartig" bewertet wird.

o *Analysierende und synthetisierende Fähigkeit*
Da kreatives Denken häufig die Organisation von Ideen in umfassenderen Ordnungen erfordert, hatte GUILFORD hypothetisch eine synthetisierende Fähigkeit erwartet, da symbolische Strukturen oft zerlegt werden müssen, bevor neue gebaut werden können (GUILFORD 1970, S. 33). Entsprechend nennt auch LOWENFELD Analyse und Abstraktion einerseits und Synthese andererseits als Kreativitätsfaktoren. Da diese Faktoren jedoch nicht spezifisch für kreatives Verhalten sind, sondern grundlegende Fähigkeiten für alle Denkoperationen darstellen, werden sie hier nicht weiter ausgeführt.

o *Elaboration*
GUILFORD zählt Elaboration als die Fähigkeit, etwas sorgfältig ausarbeiten zu können, zu den Faktoren des divergenten Denkens. Offenbar genügt es für eine kreative Leistung nicht, viele und neuartige Ideen zu haben, vielmehr ermöglicht erst die detaillierte, präzise Ausarbeitung die Artikulation aller Implikationen.

Bezogen auf künstlerische Probleme sieht LOWENFELD die "ästhetische Organisation" als notwendiges Kriterium für Schöpfertum. "Das Äußerste mit den geringsten Mitteln und geringster Anstrengung so auszudrükken, daß nichts überflüssig erscheint" (LOWENFELD 1960, S. 34) ist nur durch sinnvolle, geplante Ausarbeitung unter dem Gesichtspunkt der Ökonomie zu erreichen.

Dieser Aspekt kreativen Verhaltens verweist damit nicht mehr nur auf spielerisches Assoziieren und lokkere Umstrukturierung, sondern auf planendes, zielorientiertes, angestrengtes Arbeiten am Detail - Verhaltensweisen, die durch die Betonung von Flüssigkeit und Flexibilität üblicherweise nicht mit Kreativität assoziiert werden.

1.3.4 Kreativität und ästhetisches Verhalten

Mit der bisherigen Darstellung wurde versucht, die grundlegende Übereinstimmung der kreativen Fähigkeiten bei GUILFORD und LOWENFELD aufzuzeigen. Abschließend ist nun die *Relevanz dieser Faktoren für ästhetisches Verhalten* zu untersuchen. Dabei stellt sich hier erneut die Frage nach möglichen *inhaltlichen* Schwerpunkten, wie sie etwa bei einer Differenzierung nach wissenschaftlicher, künstlerischer und sozialer Kreativität deutlich wird.

Zur Beantwortung dieser Fragen werden die Faktoren Sensitivität, Flüssigkeit, Flexibilität und Originalität untersucht, während die Fähigkeiten zur Analyse und Synthese sowie der Elaboration in diesem Zusammenhang nicht weiter verfolgt werden, da sie nicht ausschließlich für kreatives Verhalten charakteristisch sind und daher im Zusammenhang mit dem zeichnerischen Verhalten genauer präzisiert werden können.

o *Problemsensitivität im ästhetischen Bereich*
Faßt man Sensitivität vereinfachend als die Fähigkeit, Probleme zu erkennen, so ist in bezug auf ästhetisches Verhalten zu fragen, auf *welche* Probleme sich diese Fähigkeit hier richten soll.

Die Ausweitung des Gegenstandsbereiches und der Zielsetzung Ästhetischer Erziehung bedingen, daß hier nicht nur ästhetische Probleme im engen Sinne gemeint sein können. Vielmehr erfordern Unterrichtsinhalte, die auf Lebenssituationen wie z.B. Arbeit, Freie Zeit, Familie und Öffentlichkeit bezogen sind, zunächst wohl geistige und soziale Sensitivität, ehe etwa zur Realisation alternativer Modelle perzeptuelle Sensitivität für formalästhetische Probleme relevant wird. Nach HARTWIG stellte eine Beschränkung auf das Lernziel "Sehen-Lernen" eine ideologische Verengung des Lernprozesses dar, da "es keine visuelle Information gibt, ohne daß sie in Verbindung mit sozial relevanten Informationen erschiene" (HARTWIG 1971, S. 337). Sensibilisierung bezieht sich also grundsätzlich - entsprechend dem veränderten Fachverständnis - sowohl auf gesellschaftlich-soziale Probleme als auch auf Strukturfragen verschiedener Bildsorten (z.B. Kunst, Massenmedien, eigene Resultate) und reicht über eine Verfeinerung und Intensivierung der sinnlichen Wahrnehmung allein weit hinaus.

o *Quantitative Aspekte ästhetischer Produktion*
Der Faktor Flüssigkeit bezeichnet den *quantitativen* Aspekt der kreativen Produktion. Die Fähigkeit, in relativ kurzer Zeit möglichst viele Ideen zu produzieren, stellt jedoch nur eine notwendige, aber nicht hinreichende Voraussetzung kreativen Verhaltens dar und bedarf immer der mit den Faktoren Flexibilität, Originalität und Elaboration bezeichneten *qualitativen* Ausprägung.

Für die Ästhetische Erziehung lassen sich hier einige unterrichtsmethodische Konsequenzen andeuten: *Viele* Assoziationen können nur zustande kommen, wenn einerseits Zeit und Material genug vorhanden sind und andererseits kein Zwang zu "fertigen" Lösungen besteht. Auch die sogenannten Kreativitätstechniken zur Ideenproduktion betonen in diesem Zusammenhang die Notwendigkeit einer weitgehend druckfreien Gruppensituation und zeigen zudem - im Gegensatz zum sogenannten "Geniekult" -, daß sich Kreativität sinnvoll auch in Gruppen entwickeln kann. Da selten nur *eine* "richtige" Lösung der Visualisierung eines Problems möglich ist, vielmehr in der Regel *mehrere* adäquate Lösungen gefunden werden können, muß dem einzelnen wie der Arbeitsgruppe Gelegenheit zu experimentierendem Verhalten, zu "Probelösungen" gegeben werden. Zwangsläufig wird die Mehrzahl der Ergebnisse eines solchen Unterrichts eher den Charakter von Skizzen oder Studien haben, aus denen dann evtl. einzelne Entwürfe ausgewählt und - sofern es die Zielsetzung der Aufgabe erfordert - elaborierter ausgeführt werden.

o *Flexibilität und Originalität als Kategorien ästhetischen Verhaltens*
Flexibilität als die Fähigkeit zur *Um*gestaltung beinhaltet nicht den Anspruch der einmaligen künstlerischen "Gestaltung", sondern geht davon aus, daß vorhandenes Material und/oder Wissen transformiert wird. In einfachster Form wird diese Fähigkeit bei jeder praktischen Veränderung von vorgefertigtem Material verlangt (z.B. Collagen, Assemblagen), sie kann sich jedoch auch unabhängig von der praktischen Tätigkeit in *geistiger* Beweglichkeit oder in unkonventioneller *Wahrnehmung* erweisen.

Der enge Zusammenhang zwischen Flexibilität und Originalität, auf den GUILFORD aufgrund seiner faktorenanalytischen Untersuchungen verweist, kann auch durch die Verwendung von LOWENFELDs Begriff der Umgestaltung verdeutlicht werden.

Da auch die originale Lösung nur als neue Integration bereits vorhandener Elemente denkbar ist - das gilt sowohl für technische Erfindungen wie für künstlerische Originalität - markieren die Faktoren Flexibilität und Originalität ein Kontinuum, das von einfacher Umstrukturierung bis zur Erfindung einmaliger neuer Lösungen reicht. Es bleibt zu prüfen, inwieweit es in bezug auf Ästhetische Erziehung sinnvoll ist, den Faktor Originalität mit dem Anspruch der absoluten Neuheit im gesellschaftlich-kulturellen Kontext zu verbinden - andererseits enthält die Reduktion von Originalität auf "Neuheit" für die persönliche Erfahrung die Tendenz, daß jeder individuelle selbständige Lernprozeß als kreatives Verhalten bezeichnet werden kann.

Auf keinen Fall soll damit "der alte Wunschtraum der Kunsterzieher, daß Kinder und Jugendliche originale, d.h. noch nie dagewesene Leistungen vollbringen" (EBERT 1973, S. 32), aktualisiert werden, vielmehr ist zu überlegen, ob nicht mit dem "Prinzip Umgestaltung" (OTTO/WIENECKE 1974) die unter dem didaktischen Gesichtswinkel relevanten Elemente bereits hinreichend erfaßt sind und daher in bezug auf das ästhetische Verhalten von Vorschulkindern auf den zum Mißverständnis verleitenden Begriff der Originalität verzichtet werden sollte (vgl. S. 57 ff.).

2. Fragestellung der Untersuchung

Das eingangs formulierte Ziel der vorliegenden Arbeit ist, *das ästhetische Verhalten von Vorschulkindern* zu untersuchen, um die *Ausgangslage* für institutionalisierte *Ästhetische Erziehung* in Vorschule und Schule zu erfassen.

Dies ist in jenem Sinne *Grundlagenforschung*, in dem versucht wird, grundlegende Informationen über die *vor* Beginn der Einflußnahme durch die Erziehungsinstitutionen vorhandenen Qualifikationen der Adressaten von Unterricht in einem ganz bestimmten Lernbereich zu erheben. Wie die historischen Untersuchungen zur Kinderzeichnung zeigen, hat diese Zielsetzung Tradition. Auch hier wurde jeweils im Hinblick auf ein ganz bestimmtes Fachverständnis (Zeichenunterricht, Kunsterziehung, Bildnerisches Gestalten, Kunstunterricht) gefordert, die als relevant erachteten Voraussetzungen auf der Seite der Adressaten zu untersuchen; meist war es das "bildnerische" Verhalten des Kindes in verschiedenen Alters- oder Entwicklungsstufen (vgl. S. 22).

Ästhetisches Verhalten in unserem Sinne konnte dabei nicht erfaßt werden, solange es eine entsprechende didaktische Fragestellung gar nicht gab. Mit der Ausweitung des *Inhaltsbereiches* und der Umorientierung der *Zielsetzung* in Richtung auf Ästhetische Erziehung (vgl. S. 19) entsteht auch ein *neuer*, ein *andersartiger* Bedarf an Grundlageninformation.

Die Umstrukturierung des Faches bedingt z.B., daß die bisher überwiegend *psychologisch* orientierte Fragestellung durch *soziologische* Fragen ergänzt werden muß. So kann es heute nicht mehr genügen, etwa die "psychologischen Voraussetzungen der Kunsterziehung in der Volksschule" (Untertitel von MEYERS 1968) zu untersuchen, nun sind gleichermaßen die *sozialisationsbedingten* Voraussetzungen ästhetischen Verhaltens sowohl auf der Seite der Fähigkeiten und Fertigkeiten wie auf der Seite der Einstellung und Motivation der Schüler zu erfassen.

Daß diese Erweiterung der Fragestellung ebenso wie der generelle Bedarf an Basisinformation nicht nur für Vertreter der *Ästhetischen Erziehung* gilt, belegt die folgende Forderung von HELMUT HARTWIG im Hinblick auf das Ziel *"Visuelle Kommunikation"*:

"Wenn die Sprachsoziologie gezeigt hat, daß die Klassenlage das Sprachverhalten beeinflußt, dann muß dasselbe für jene Verhaltensmomente untersucht werden, auf deren Entwicklung sich Kunsterziehung erklärtermaßen bezieht (Wahrnehmungsvermögen, Motorik, Farb- und Formsinn). Dabei müssen diese Fähigkeiten als Momente einer komplexen Entwicklung betrachtet werden. Motorik, Sinnlichkeit und Sprachverhalten entwickeln sich nicht in gesonderten Strängen, sondern ineinander; und entscheidende Voraussetzungen werden in der frühen Kindheit geprägt. Deshalb muß auch ein größeres Gewicht auf die Anfangsbedingungen von Unterricht gelegt werden: mit welchen Voraussetzungen kommen die Kinder in die Schule?" (HARTWIG 1972, S. 81).

Die weitgehende Übereinstimmung dieses Votums mit der eigenen Fragestellung berechtigt zu der Annahme, daß auch in bezug auf die Verwertbarkeit der Ergebnisse dieser Untersuchung keine wesentlichen Unterschiede zwischen den beiden gegenwärtigen Tendenzen der Fachdidaktik "Ästhetische Erziehung" und "Visuelle Kommunikation" bestehen. Dennoch ist an dieser Stelle darauf hinzuweisen, daß der hier entwickelte Begriff von ästhetischem Verhalten an einem eher pluralistischen als dezidiert materialistischen Fachverständnis orientiert ist und bestimmte Fragen, die etwa von einem marxistischen Standpunkt her unumgänglich wären, nicht gestellt werden. So erscheint es mir z.B. nicht möglich, in diesem Zusammenhang konkret nachzuweisen, wie sich der historische Stand der Produktionsweise und der Produktionsverhältnisse auf das ästhetische Verhalten von Vorschulkindern auswirkt (vgl. dazu HARTWIG 1972, S. 81). Man muß dazu sagen, daß auch die Vertreter materialistischer Positionen diesen Nachweis bisher nur *gefordert* haben.

Was im folgenden als ästhetisches Verhalten definiert und in Untersuchungsverfahren operationalisiert wird, ist also abhängig von meinen - notwendigerweise subjektiven - Vorstellungen über Inhalt und Struktur des Lernbereichs Ästhetische Erziehung. Unter diesem Vorbehalt müssen die Fragenkomplexe gesehen werden, die sich grob gegliedert auf folgende Aspekte ästhetischen Verhaltens beziehen:

(1) ästhetische *Produktion*
  o zeichnerisches Verhalten
  o kreatives Verhalten
(2) *Wahrnehmung*
  o Form- und Farbwahrnehmung
  o kognitives Verhalten im optischen Bereich
(3) sensumotorische, altersbedingte und sozialisationsbedingte *Voraussetzungen* für ästhetisches Verhalten

2.1 Ästhetische Produktion

Unter dem Begriff der ästhetischen Produktion (vgl. S. 20 ff.) werden im folgenden alle jene Verhaltensweisen subsumiert, die auf optische *Darstellung* gerichtet sind und sich in *Produktion* realisieren. Aus heuristischen Gründen werden zwei durchaus nicht gleichwertige und einander überschneidende Aspekte ästhetischer Produktion getrennt untersucht: *zeichnerisches Verhalten* und *kreatives Verhalten*. Im einleitenden Abschnitt zum Problem der Kreativität unter kunstpädagogischer Fragestellung wurde bereits ausgeführt, daß zeichnerisches Verhalten *nicht gleichbedeutend* mit kreativem Verhalten ist: Mit dem Begriff "zeichnerisches Verhalten" werden vielmehr die Voraussetzungen im weitesten Sinne für das Realisieren von Vorstellungen bezeichnet. Ebenso wie gewisse Sprach- und Sprechfertigkeiten die Voraussetzung der Möglichkeit von kreativem Sprachverhalten darstellen, ist analog die Fähigkeit zur Artikulation von Bildzeichen eine Voraussetzung für kreatives ästhetisches Verhalten. Dabei sind neben der einen hier ausgewählten Verhaltensweise "zeichnen" sehr viele andere Produktionsverfahren (z.B. malen, formen, bauen - um nur die konventionellsten Techniken zu nennen) prinzipiell ebenso geeignet zur Realisation ästhetischen Verhaltens. Die grundlegende Bedeutung der Kinder*zeichnung* zur Artikulation im optischen Bereich wurde eingangs dargestellt und die Auswahl gerade dieser Realisationsmöglichkeit begründet (vgl. S. 22) - es ist jedoch festzuhalten, daß damit auch das Spektrum möglicher Fragestellungen eingeschränkt und z.B. ästhetische Produktion mit vorgefertigten, "gefundenen" Materialien (Collage, Assemblage) ausgeklammert wird. Im folgenden können also nur Aspekte *zeichnerischer* Produktion untersucht werden, da ausschließlich Kinderzeichnungen als Untersuchungsmaterial analysiert werden.

Inwieweit diese Produkte *kreatives* Verhalten dokumentieren, ist anhand von Kriterien zu entscheiden, die insbesondere aus der Diskussion der *Kreativitätsfaktoren* abgeleitet werden. Mit der Untersuchung kreativer Aspekte zeichnerischer Produktion wird also versucht, eine zusätzliche qualitative Dimension des zeichnerischen Verhaltens zu erfassen.

Damit ist die Funktion der beiden Aspekte "zeichnerisches Verhalten" und "Kreativität" umschrieben, die weitere Konkretisierung dieser beiden unterschiedlichen Frageperspektiven muß durch die Präzisierung der Fragen selbst erfolgen.

2.1.1 Fragen zum zeichnerischen Verhalten von Vorschulkindern

o *Quantitative Aspekte zeichnerischer Produktion*
Über die quantitativen Aspekte des zeichnerischen Verhaltens von Vorschulkindern bestehen nur sehr allgemeine Vorstellungen. Hinsichtlich der zumutbaren *Arbeitszeit* wird für Zeichnen ebenso wie für andere Aktionsformen im Anfangsunterricht eine relativ *kurze* Zeitspanne angegeben. Bei EBERTs Untersuchungen zum bildnerischen Verhalten betrug die Arbeitszeit im Vorschulalter zehn bis zwanzig Minuten (EBERT 1967, S. 15) und auch "in den Anfangsklassen ist die Konzentrationsfähigkeit begrenzt. Eine halbe Stunde angespannter Arbeit bedeutet auf dieser Altersstufe schon viel" (EBERT 1967, S. 132). Die "pädagogische Faustregel", daß Vorschulkinder selten länger als eine Viertelstunde intensiv an einer Zeichnung arbeiten, wird jedoch von EBERT selbst relativiert. "Schon im Vorschulalter wurde zeitweise eine beträchtliche Ausdauer an den Tag gelegt, wenn es die angestrebte Lösung verlangte" (EBERT 1967, S. 15).

Da im Vorschuljahr bereits wie auch in der Grundschule Lernsituationen für Kindergruppen *geplant* werden, wäre eine genaue Information sowohl über die durchschnittliche und maximale Belastbarkeit als auch über interindividuelle Unterschiede wünschenswert. Dies erfordert jedoch eine offene, zeitlich nicht limitierte Untersuchungssituation, in der jedes einzelne Kind selbst über die Arbeitsdauer entscheiden kann. Eine Gruppensituation erscheint daher bereits im Hinblick auf diese erste, sehr formale Frage zur *Untersuchung* des zeichnerischen Verhaltens nicht geeignet - inwieweit sie zur *Förderung* zeichnerischer Produkte notwendig ist, bleibt in diesem Zusammenhang unberücksichtigt.

Im Zusammenhang mit der statistischen Erfassung der Arbeitszeit sind vor allem Annahmen über mögliche Zusammenhänge zwischen *Ausdauer* und *Konzentration*, die sich in langer Arbeitszeit manifestieren kann, und der *Qualität der Ergebnisse* zu überprüfen. Während Lehrer und Erzieher häufig von der Annahme ausgehen, daß eine längere Beschäftigung mit einem Thema eine Verbesserung bewirke, argumentiert hier z.B. MEYERS gerade entgegengesetzt. Er vermutet eher einen positiven Zusammenhang zwischen hohem Zeitaufwand und "Anzeichen der Ermüdung, der Vergeßlichkeit, des leeren Schematismus, der Routine" (MEYERS 1968, S. 65) in der Zeichnung. "Je länger die Zeit ist, die ein Bildwerk für seine Entstehung benötigt, desto schwieriger die gestalterische Konzentration" (MEYERS 1968, S. 65).

In Folge dieser widersprüchlichen Einschätzung des Zusammenhanges zwischen Arbeitszeit und Qualität der Zeichnung ist zunächst zu fragen, ob *überhaupt* ein derartiger Zusammenhang besteht. Erst wenn diese Frage positiv beantwortet ist, kann die Art der Beziehung weiter untersucht werden.

Ein weiterer quantitativer Aspekt der zeichnerischen Produktion ist die *Anzahl* der Zeichnungen, die zu einem Problem (Thema) von einem Kind angefertigt werden. Während für die Arbeitsweise von Künstlern häufig wiederholte Auseinandersetzungen mit dem gleichen Objekt, planmäßige Variationen, verschiedene Versionen oder langwierige Bearbeitungsprozesse charakteristisch sind, ist für das Verhalten von Kindern eher das "neue" Anfangen bezeichnend. Eine entsprechende Beobachtung beschreibt EBERT: "In den seltensten Fällen blieb es bei der Anfertigung nur einer Zeichnung. Meist wurde nach der Fertigstellung eines Blattes ein weiteres, oft sogar ein drittes gewünscht" (EBERT 1967, S. 14).

Nach STAGUHN ist dieses Verhalten notwendig für die *schrittweise* Klärung der Vorstellung mit Hilfe der Zeichnung. Er beschreibt einen "Draw-a-man-Test", bei dem ein Kind "zur Überraschung des Psychologen" den "Mann" viermal nacheinander zeichnete und dabei einen deutlich ablesbaren Fortschritt in der Formdifferenzierung erreichte (STAGUHN 1970, S. 109) und damit also genau entgegengesetzt zum künstlerischen Arbeitsprozeß, der häufig eher *Abstraktion* von der Erscheinungsform anstrebt, eine zunehmende Annäherung an die *Realität* intendierte. Möglicherweise ist dieses mehrmalige Ansetzen nach Beenden einer Zeichnung tatsächlich das für Kinder angemessene Verfahren schrittweiser Differenzierung, Präzisierung und/oder Ausgestaltung, das nur häufig in institutionalisierten Erziehungssituationen sowohl aus ökonomischen Gründen wie infolge einer - unreflektierten - Forderung nach *einem* Produkt überformt wird.

Die Untersuchungssituation sollte also die Chance enthalten, daß jedes Kind selbst über die Anzahl der Zeichnungen zu einem Problem entscheiden kann. Diese Möglichkeit einer Vielzahl von Lösungen wird unter dem Kreativitätsaspekt der Ideenflüssigkeit noch einmal aufzugreifen sein.

o *Strukturelle Aspekte zeichnerischer Produktion*

Mit der Wahl des Mediums "Zeichnung" zur Untersuchung des ästhetischen Verhaltens werden die bildnerischen Mittel weitgehend eingeschränkt. Einfache Zeichengeräte wie Bleistift, Kugelschreiber, Buntstift oder Filzschreiber, die für Vorschulkinder in Frage kommen, bieten zwar nur einen verhältnismäßig geringen Materialreiz, wenn man sie mit bildnerischem Material wie Ton oder Fingerfarben vergleicht, sie begünstigen jedoch die prägnante Artikulation des vorhandenen Zeichenbestandes, auf den die Untersuchung gerichtet ist. Zugunsten der Fragestellung, die vor allem auf die *Erfassung* der *Formbestände* abzielt, wird also der Materialaspekt zurückgestellt, obgleich in didaktischer Absicht zur Förderung des Zeichenrepertoires gerade die Stimulation durch anregendes Material notwendig ist.

Da die Untersuchung das ästhetische Verhalten erfassen will, das *vor* dem Beginn institutionalisierter Vorschul- und Schulerziehung präsent ist, muß ein möglichst allen Kindern gleich vertrautes Material ausgewählt werden, damit nicht bereits durch das Zeichenmaterial die Benachteiligung bzw. Bevorzugung bestimmter Kindergruppen hergestellt wird. (Auf die generelle Frage der unterschiedlichen materiellen wie motivationalen Voraussetzungen wird an anderer Stelle weiter eingegangen; vgl. S. 73.) Dennoch sollte auf die Möglichkeit, farbig zu *zeichnen*, nicht verzichtet werden, da damit eine zusätzliche Bereicherung der bildnerischen Mittel gegeben wird.

Entsprechend den Überlegungen zur Struktur der Kinderzeichnung (vgl. S. 26 f.) sind einerseits mehrfarbige, aber ausschließlich lineare Lösungen denkbar, andererseits könnten durch ein Angebot von farbigen Stiften fleckhafte Elemente evoziert werden. Diese Vermutungen über den Zusammenhang zwischen Farbigkeit und grafischen Mitteln ist zu überprüfen, ebenso wie jedes weitere noch zu beschreibende Merkmal in Beziehung zu den bildnerischen Mitteln zu setzen ist, um die These von der "Einheit von Form und Inhalt" bereits auf dieser syntaktischen Ebene empirisch zu prüfen.

o *Inhaltliche Aspekte zeichnerischer Produktion*
Sofern nicht die "freie" Kinderzeichnung untersucht wird, wie etwa bei RABENSTEIN (1962), ist in der Regel der Inhalt der Zeichnung bereits durch die Aufgabenstellung weitgehend vorgegeben: dies gilt für die Motivreihen seit KERSCHENSTEINER (1908) über die verschiedenen Zeichentests (Mann-, Baum-, Haus-zeichen-Test) bis zu neueren Untersuchungen zum ästhetischen bzw. kreativen Verhalten von KORTE (1971) und HOSSBACH (1971). Eine mögliche Präferenz für bestimmte Gegenstände kann hier nicht zum Ausdruck kommen, denn die Vorauswahl der Aufgabe verengt die potentielle Spannbreite der verschiedenen Bildzeichen auf einen schmalen Ausschnitt von Reaktionen, die dem Thema entsprechen. Um die Frage nach dem Spektrum der Bildinhalte und möglichen Schwerpunkten zu beantworten, muß also eine Untersuchungssituation gefunden werden, die jedem Kind die *freie Wahl des Bildinhaltes* ermöglicht.

Im Zusammenhang mit Stereotypen wie "Jungen beschäftigen sich lieber mit technischen Sachverhalten - Mädchen eher mit dem sozialen Umfeld" ist zudem zu fragen, ob sich eventuell *geschlechtsspezifische Unterschiede* in der Wahl der Bildgegenstände nachweisen lassen. Denkbar wäre hier z.B. eine Vorliebe bei Jungen für die Darstellung von Autos, und eine Häufung von Bildthemen bei Mädchen, die sich auf die familiale Situation beziehen. Denkbar wären auch schichtenspezifische Unterschiede, die etwa die unterschiedliche Wohn- und Spielsituation, Größe der Familie, Einfluß von Massenmedien und gezielte Anregungsangebote betreffen könnten (vgl. dazu S.

Über diese Analyse der einzelnen Bildgegenstände hinaus ist jedoch - wie die Überlegungen zur Struktur der Kinderzeichnung gezeigt haben (vgl. S. 61 ff.), grundsätzlich danach zu fragen, inwieweit überhaupt mit der bisher in der Literatur artikulierten Selbstverständlichkeit davon ausgegangen werden kann, daß Kinderzeichnungen immer eine *gegenständliche* Darstellung intendieren. Erst wenn geklärt ist, in welchem Ausmaß tatsächlich bei freier Wahl des Themas gegenständliche Bildinhalte beabsichtigt werden, kann die Frage, *welche Gegenstände* Inhalt der Kinderzeichnung sind, weiter verfolgt werden. Da häufig der intendierte Bildinhalt nicht zweifelsfrei aus dem fertigen Produkt ablesbar sein wird, ist zur Kontrolle und Spezifizierung die *verbale* Erläuterung des Kindes zum Bildthema erforderlich.

Zu Beginn dieses Abschnittes wurde darauf hingewiesen, daß die bisher formulierten Fragen die freie Wahl des Bildgegenstandes vom Kind voraussetzen. Dies kann in letzter Konsequenz die Folge haben, daß jedes Kind einen anderen Bildinhalt für sich auswählt und somit Vergleiche unterschiedlicher Darstellungsweisen des *gleichen* Motivs unmöglich sind. Denn auch wenn vorhersehbar ist, daß bestimmte Bildzeichen wie Mensch, Haus, Baum häufig auftreten werden, so sind sie funktional für ganz verschiedene Inhaltszusammenhänge und mit möglicherweise ganz unterschiedlicher Darstellungsabsicht und Gewichtung in den Bildzeichenzusammenhang integriert.

Das Spektrum möglicher Bildmotive kann daher im folgenden nur global *deskriptiv* dargestellt werden, die vergleichende *Analyse* bezieht sich - da der Inhaltsfaktor "unberechenbar" variiert - notwendigerweise überwiegend auf *formale* Probleme. Bereits bei den Fragen nach den bildnerischen Mitteln, die nur im Hinblick auf Farbwahl sowie die Art der grafischen Artikulation formuliert werden konnten, wurde die Einschränkung offenkundig. Sie zeigt sich auch bei den folgenden Fragen zur Bildordnung der Kinderzeichnungen.

o *Kompositorische Aspekte zeichnerischer Produktion*
Die Bildordnung - MEYERS verwendet dafür die kunstwissenschaftliche Bezeichnung "Komposition" (MEYERS 1968, S. 189) - ist im Einzelfall nur in Relation zum Bildinhalt angemessen zu diskutieren. Da dies, wie bereits ausgeführt, nicht möglich sein wird, bleibt nur ein quasi "über"-inhaltlicher Vergleich der Bildelemente und ihres Zusammenhangs. Ein äußeres, aber möglicherweise strukturell aufschlußreiches Merkmal ist dafür die *Anzahl der Bildzeichen* auf einem Blatt.

Sofern eine Zeichnung *ein* Bildzeichen enthält, sind nur Aussagen über die Plazierung dieses Zeichens in Relation zur Gesamtfläche möglich. Pauschalforderungen, daß etwa das "ganze Blatt genutzt" oder "ausgefüllt"sein soll, erscheinen jedoch zur Beurteilung wenig geeignet, sie können im Einzelfall der Intention des Zeichners durchaus widersprechen. Gegen die isolierte Darstellung nur eines Bildzeichens wendet sich z.B. EBERT mit der Begründung, daß auf jüngeren Altersstufen ein Einzelgegenstand nicht mehr hergeben würde als ein sehr einfaches Liniengebilde und darum in der Regel besser als "Motivbestandteil" in einen größeren Formzusammenhang eingeordnet werden sollte (EBERT 1967, S. 131). Ich neige demgegenüber eher zu der Hypothese, daß *ein* Bildzeichen prinzipiell nicht "besser" oder "schlechter" ist als *mehrere* Bildzeichen, obgleich diese erst die Voraussetzung für einen *Bildaufbau* darstellen. Entsprechend wäre also zu prüfen, ob ein Zusammenhang zwischen der Anzahl der Bildzeichen, den verwendeten bildnerischen Mitteln und der Qualität der Zeichnung besteht.

Bei der Darstellung *mehrerer* Bildzeichen ist weiter zu differenzieren zwischen annähernd gleichwertigen Elementen, die etwa in einem Handlungszusammenhang zueinander stehen, und Bildzeichen, die als Attribute evtl. sehr schematisch (z.B. Sonne, Blumen) dem eigentlichen Bildgegenstand beigefügt werden. Eventuell kann sich hier eine weitere Unterscheidung nach der Anzahl der Bildzeichen als sinnvoll zur Differenzierung der Bildstruktur erweisen.

Nach EBERT geht es bei der Beziehung zwischen dem Gesamtmotiv und seinen Einzelbeständen "im wesentlichen um das Verhältnis von Haupt- und Nebenform, um Gliederung und Aufbau des Formgebildes, um die Einordnung der Teilformen in das Gesamtgefüge, um Teilstrukturen im Rahmen von Teilzusammenhängen und um ihre Unterordnung unter die Ganzform der Gesamtgestalt" (EBERT 1967, S. 35). Bei mehreren Bildzeichen kann also von einem *Bildaufbau* im Sinne von EBERT erst dann gesprochen werden, wenn die einzelnen Gegenstände nicht nur zufällig, additiv auf dem Blatt verstreut sind, sondern wenn entweder ein *inhaltlicher Zusammenhang* zwischen den Einzelformen erkennbar ist oder der Versuch zur *räumlichen Darstellung* ablesbar ist.

Auch hier scheint mir zunächst offen, ob die unterschiedlichen Weisen der Raumdarstellung, die bei der Analyse von Kinderzeichnungen gefunden werden (vgl. dazu BAREIS 1973, S. 29 ff.; MEYERS 1968, S. 83 ff.; MÜHLE 1967, S. 107 ff.), verschiedene, aber in Abhängigkeit zum jeweiligen Inhalt qualitativ *gleichwertige* Lösungen des Raumproblems darstellen, oder ob etwa eine Stufenfolge vom "Streubild" über die Verwendung der Blattkante als Grundlinie zum Streifen- oder Steilbild nachweisbar ist. Präzisieren läßt sich diese Frage allerdings nur, wenn ein anderes, eindeutig qualitativ gestuftes Merkmal zum Vergleich herangezogen werden kann. Vorgreifend sei daher hier auf den Artikulationsgrad der Bildzeichen als möglichen Vergleichswert verwiesen. Ziel des Vergleichs wäre dann festzustellen, ob mit einer bestimmten Artikulationsstufe der Bildzeichen ein bestimmter Typ des Bildaufbaus korrespondiert.

o *Qualitative Asepkte zeichnerischer Produktion*
Mehrfach wurde bereits unter vergleichender Fragestellung auf die Notwendigkeit einer *qualitativen* Aussage über das zeichnerische Verhalten hingewiesen. *Eine* Möglichkeit zur qualitativen Einstufung der Zeichnungen ist m.E. mit dem *Artikulationsgrad* der Bildzeichen gegeben. Die entwicklungspsychologische Differenzierungshypothese läßt sich insofern auf das zeichnerische Verhalten anwenden, als hier ein Entwicklungsfortschritt in der zunehmenden Detaillierung und Strukturierung der Bildzeichen nachweisbar ist. Dieser Differenzierungsprozeß ist für *bestimmte* Zeichen - Mensch, Baum, Haus - häufig dargestellt worden (z.B. MEYERS 1963). Doch auch motivunabhängig lassen sich unterschiedliche Bildzeichen z.B. grob danach differenzieren, ob eine Grundform erkennbar ist und, wenn ja, in welchem Maße diese Grundform eines Bildzeichens durchgliedert und durch Attribute ergänzt ist.

Diese *entwicklungsabhängigen* Stufen der Zeichendifferenzierung werden im folgenden als *qualitativ* unterschiedliche Formen der Artikulation bewertet; die "frühere" einfachere Form wird "späteren" differenzierteren Artikulationsstufen gegenübergestellt.

Um zu prüfen, ob die Ableitung von "Qualitätsstufen" aus "Entwicklungsstufen" legitim ist, muß die Beziehung zwischen dem Artikulationsgrad der Zeichnungen und dem Alter der Kinder untersucht werden, ebenso wie der mögliche Einfluß anderer Variablen wie Sozialstatus und Geschlecht auf dieses "Qualitätsmaß" geprüft werden muß. Für den Fall, daß von einem Kind mehrere Zeichnungen vorliegen, ist zudem zu untersuchen, ob diese notwendig den *gleichen* Artikulationsgrad aufweisen oder ob z.B. nachlassende Motivation bei Ermüdung auch eine abnehmende Differenziertheit der Bildzeichen bewirken kann. Dies wiederum ist in bezug auf die Reihenfolge der Zeichnungen und die Arbeitszeit zu prüfen.

In der Terminologie der Kreativitätsforschung entspricht dieses Merkmal etwa dem Faktor *Elaboration*, in diesem Sinne könnte der Artikulationsgrad auch als Aspekt *kreativen* Verhaltens beurteilt werden. Damit leitet dieses eindeutig qualitative Merkmal von der mehr *deskriptiven Erfassung* zeichnerischen Verhlatens zur eher *qualitatigen Beurteilung* aus der Kreativitätsperspektive über.

2.1.2 Kreative Aspekte zeichnerischer Produktion

An dieser Stelle sind nun die Fragen zu stellen, deren Beantwortung darüber entscheidet, ob überhaupt im Zusammenhang mit ästhetischer Produktion von Vorschulkindern von Kreativität gesprochen werden kann. Wenn die These richtig ist, daß auch kreatives Verhalten im ästhetischen Bereich mit *allgemeinen* Prinzipien kreativen Verhaltens korrespondiert, so müßten sich in der ästhetischen Produktion Entsprechungen zu den in Anlehnung an LOWENFELD und GUILFORD formulierten Faktoren auffinden lassen (vgl. S. 35 ff.).

Im Ansatz ähnelt diese Fragestellung der Untersuchung von HOSSBACH, der zur Erfassung der "bildnerischen Kreativität" "vorwiegend die kreativen Fähigkeiten der Problemsensitivität, der Flexibilität, der Produktionsflüssigkeit und der Elaboration" berücksichtigt und diese Faktoren sich "an dem gegebenen bildnerischen Problem 'Palast' als Multiplikation, Variation und Differenzierung des Zeichens 'Haus' zum Zeichengefüge Palast im bildnerischen Prozeß" (HOSSBACH 1971, S. 163) realisieren läßt. Allerdings werden hier durch Limitierung von Arbeitszeit (30 Minuten), Anzahl der Lösungen (1 Blatt) und Vorgabe des Themas ("Palast") so enge Grenzen gesetzt, daß sich diese "bildnerische Kreativität" ausschließlich in der formalen und farblichen Differenzierung des Zeichens "Haus" erweisen kann. Damit kann nahezu *jedes* zeichnerische (bei HOSSBACH: bildnerisches Verhalten) Verhalten als Ausdruck "bildnerischer Kreativität" bewertet werden, es bleibt nur noch ein *gradueller* Unterschied zwischen durchschnittlichem und "über"-durchschnittlichem bildnerischen Verhalten (= bildnerischer Kreativität) und kein qualiativer Unterschied. Demgegenüber möchte ich strenger zwischen zeichnerischem Verhalten einerseits und bestimmten Merkmalen kreativer Produktivität andererseits unterscheiden, da mir der inflatorische Gebrauch des Attributes "kreativ" wenig aussagekräftig scheint.

Auch die von mir erfaßten kreativen Aspekte zeichnerischen Verhaltens müssen - jedoch in einem anderen Sinne - "eingeschränkt" sein: Um die Komplikation der gegenseitigen Stimulation und Beeinflussung aus dieser Untersuchung auszuklammern, wird nur das *individuelle* zeichnerische Verhalten erfaßt. Damit können nur Aspekte *individueller Kreativität* sichtbar werden, und das gesamte Spektrum kreativer Verhaltensweisen, die sich in *sozialer* Interaktion entwickeln und potenzieren, bleibt unberücksichtigt.

o *Sensitivität*

Wie die Ausführungen zum Faktor der Sensitivität und zur Anfangsphase des kreativen Prozesses gezeigt haben, ist das *selbständige Entdecken von Problemen* integraler Bestandteil des kreativen Verhaltens (vgl. S. 36 f.). Da für eine Test- oder Befragungssituation jedoch notwendigerweise eine Problemstellung *vorgegeben* wird, kann diese Fähigkeit hier nur bedingt erfaßt werden. Problemsensitivität zeigt sich hier nur in der Art und Weise, in der der vorgegebene Impuls aufgenommen wird und nicht im Finden des Problems selbst.

Damit stellt sich hier die grundsätzliche Frage, ob das Verhalten, das mit einem sogenannten "Kreativitäts"-Test ausgelöst wird, im strengen Sinne überhaupt als kreativ bezeichnet werden kann, da es immer *Re*-aktion auf eine vorstrukturierte Problemstellung bedeutet. Es scheint mir allerdings legitim - und jeder Kreativitätstest geht implizit davon aus - anzunehmen, daß sich bei einer sehr *offenen* Aufgabenstellung Sensitivität auch im Eingehen auf ein gestelltes Problem zeigen kann, wenn sowohl enges, einseitiges Problemverständnis als auch flexibles, unkonventionelles Interpretieren der Aufgabe möglich ist.

Damit ist die Fragestellung eingegrenzt auf die Erfassung unterschiedlicher Weisen des Aufgabenverständnisses, die sich in ästhetischer Produktion abbilden. In Relation zum vorgegebenen Reiz verbaler oder optischer Art ist zu beurteilen, ob die Reaktion sensibel alle Möglichkeiten der Problemstellung ausschöpft oder mit einem relativ stereotypen Verhaltensrepertoire antwortet. So wäre - um bei dem Beispiel "Palast"[1] zu bleiben -, eine ausführliche Darstellung des üblichen Hauszeichens mit Fenstern, Schornstein, Gartenzaun und weiteren "gängigen" Attributen ein Hinweis auf geringe Problemsensitivität. Das Beispiel macht jedoch deutlich, daß die genaue Formulierung der Beurteilungskriterien für Sensitivität nur in enger Korrespondenz zur Aufgabenstellung erfolgen kann.

o *Ideenflüssigkeit*
Assoziationsfülle als eine notwendige, wenn auch nicht hinreichende Bedingung für Kreativität (vgl. S. 38 ff. und S. 43) könnte sich bei ästhetischer Produktion sowohl in der *Anzahl der Bildzeichen* auf einem Blatt sowie in der *Gesamtzahl der* insgesamt produzierten *Zeichnungen* dokumentieren. Beide Merkmale zeichnerischer Produktion sind unter diesem Aspekt auch als Hinweise auf kreatives Verhalten zu interpretieren.

o *Flexibilität und Originalität*
Im Zusammenhang mit dem Faktor Flüssigkeit wurde bereits darauf hingewiesen, daß allein die Menge der produzierten Ideen noch nicht hinreichend für kreatives Verhalten ist, auch wenn im Rahmen sogenannter Kreativitätsprogramme dieser Faktor häufig isoliert trainiert wird. Die Entscheidung über die Qualität kreativer Produktion kann vielmehr erst im Zusammenhang mit den Kreativitätsfaktoren Flexibilität und Originalität erfolgen.

Flexibilität wurde bereits allgemein als Fähigkeit zur Umgestaltung, Umstrukturierung und Transformation beschrieben (vgl. S. 39 f.), konkretisiert auf zeichnerisches Verhalten könnte hier die Fähigkeit zur Umformung der gleichen Ausgangssituation in unterschiedliche Zeichensysteme verstanden werden. Die Flexibilität eines Kindes ist daher nur dann feststellbar, wenn von ihm *mehrere* Lösungen zu einem Problem vorliegen, damit die *Verschiedenartigkeit* der Lösungen beurteilt werden kann. Dabei sind die zeichnerischen Lösungen in Analogie zu entsprechenden sprachlich formulierten Lösungen zu differenzieren nach Variationen, die der gleichen Antwortklasse angehören und Variationen über verschiedene Antwortklassen (vgl. GROTE u.a. 1969, S. 150 f.).

---

1 HOSSBACHs Aufgabenstellung "Palast" taucht bereits 1970 in einem Unterrichtsmodell von NAGEL-WESTHÄUSER/OTTO auf.

Auf die Feststellung von *Originalität* im Sinne von Einmaligkeit muß meines Erachtens verzichtet werden, da Bildzeichen nicht so eindeutig auswertbar sind wie verbalisierte Assoziationen. Jede Zeichnung ist einerseits "einzigartig", andererseits muß jede Zeichnung aus elementaren Zeichen (z.B. Punkt, Linie) aufgebaut sein, die allgemein verwendet werden. Zwar könnte man die *Benennung* der Zeichnung zur Beurteilungsbasis machen, damit würde jedoch nur die Originalität der Benennung und nicht die Originalität der Zeichnung erfaßt werden.

Da auch Einzigartigkeit nur eine Relation zur Stichprobe ausdrückt (d.h. eine Lösung kommt bei der untersuchten Gruppe nur einmal vor), könnte die prozentual zu bestimmende *Seltenheit* einer zeichnerischen Lösung als Kriterium für Originalität definiert werden. Da hier jedoch prinzipiell die gleichen Bewertungsschwierigkeiten gelten wie für die Feststellung von "Einzigartigkeit", wird hier darauf verzichtet, die Frage der Originalität ästhetischer Produktion weiter zu verfolgen.

Diese Reduktion der Fragestellung scheint zum gegenwärtigen Zeitpunkt unter *kunsttheoretischen* wie *didaktischen* Gesichtspunkten begründet: Entgegen der Überbewertung der künstlerischen Originalität, die als Relikt der Fehlinterpretation des Geniebegriffs im 19. Jahrhundert bis heute nachwirkt, beginnt sich - wie das Beispiel MARCEL DUCHAMP bereits um 1910 zeigt - ein neues Selbstverständnis des Künstlers abzuzeichnen. Unter weitgehendem Verzicht auf den individuellen Originalitätsanspruch begreift sich der Künstler immer häufiger als "Macher zweiten Grades" (HONNEF 1969 über RAUSCHENBERG), an die Stelle der individuellen Selbstverwirklichung des Künstlers in seinem Werk tritt zunehmend die Vermittlungs- und Hinweisfunktion des engagierten Künstlers. Nach dem Verlust der "Aura des Kunstwerks" durch seine technische Reproduzierbarkeit (BENJAMIN 1963) wird Originalität - allerdings innerhalb einer exakt abgesteckten Spannbreite bestimmter favorisierter "Stile" - viel häufiger vom Kunstmarkt als von Künstlern, und zwar aus ökonomischen Gründen als Wert zur Produktdifferenzierung gefordert (STAUDTE 1974, S. 422 ff.).

Auch in der *Kunstdidaktik* wird der Originalitätsanspruch - in Parallele zur skizzierten Tendenz der Kunstentwicklung - seit der Propagierung des Kunst*unterrichts* durch PFENNIG und OTTO relativiert. Die Realisate, die im Kunstunterricht entstanden, wurden als Ergebnisse geplanter *Lernprozesse* nicht als Ausdruck individueller Originalität bewertet. Unter der Zielformel "Emanzipation" für Ästhetische Erziehung und visuelle Kommunikation tritt der *kollektive* Lernprozeß noch stärker in den Vordergrund, Originalität von einzelnen muß sich als funktional für das Ergebnis der Lerngruppe erweisen und ist kein "Wert an sich".

Diese relativ ausführliche Begründung dafür, daß eine Frage im Rahmen dieser Untersuchung *nicht* gestellt wird, erschien notwendig, weil zumeist mit der Aufnahme des Richtzieles "Kreativität" in Lehrpläne für dieses Fach unter der Hand "Selbstentfaltung" und "Selbstverwirklichung" in "originären" Leistungen unter einem ausschließlich individualistischen Aspekt wieder hereinkommen.

o *Elaboration*
Für das Ergebnis kreativen Verhaltens ist nicht nur die kreative Idee erforderlich, sondern auch die detaillierte Artikulation und Darstellung der Lösung (vgl. S. 41 f.). Das bedeutet bezogen auf zeichnerisches Verhalten, daß auch die Differenziertheit der Bildzeichen als Hinweis auf kreatives Verhalten interpretiert werden kann. Allerdings gilt hier, wie für den Faktor "Flüssigkeit", daß Elaboriertheit der Produkte ein notwendiges, aber nicht hinreichendes Merkmal für Kreativität ist.

Art und Enge der Beziehungen zwischen *Artikulationsgrad* der Bildzeichen als Merkmal für *Elaboration*, sowie *Anzahl* der Bildzeichen und *Anzahl* der Zeichnungen als Merkmale für *Flüssigkeit* sind zunächst festzustellen, da bei der begrenzten Arbeitskapazität von Vorschulkindern diese beiden Faktoren sich möglicherweise gegenseitig ausschließen: wer sehr "viel" zeichnet, kann vermutlich nicht jede Zeichnung so detailliert ausformulieren wie jemand, der insgesamt nur eine Zeichnung anfertigt. Beide Aspekte sind also auch in Abhängigkeit von der individuellen Arbeitszeit zu sehen.

Damit ist ebenso auf die enge Verflochtenheit zwischen den Merkmalen zeichnerischen Verhaltens und den Aspekten, die unter dem Gesichtspunkt der Kreativität analysiert werden, verwiesen wie auf die Abhängigkeit der verschiedenen Kreativitätsfaktoren untereinander. Die detailliertere Untersuchung dieses Beziehungsgefüges ist jedoch nur in Relation zur konkreten Aufgabenstellung möglich, so daß erst im Zusammenhang mit der Darstellung der Untersuchungsinstrumente diese Fragen präzisiert werden können.

2.2 Wahrnehmung

Ästhetisches Verhalten manifestiert sich außer in ästhetischer Produktion, auf die sich alle bisherigen Fragen beziehen, nach WENDT zuallererst in der bewußten, ausgebildeten Beachtung, Aufnahme, Berücksichtigung der sinnlichen Welt und ihrer Inhalte (WENDT 1970, S. 75; vgl. S. 20). Dieses Verständnis des Wahrnehmungsprozesses umfaßt sowohl die elementaren Sinnesfunktionen als auch die sinnliche Erkenntnis als bewußte, kognitive Anstrengung.

Die Fragestellung dieser Untersuchung richtet sich entsprechend sowohl auf die Erfassung einfacher Differenzierungsleistungen wie etwa die Form- und Farbwahrnehmung als auch auf anschauliches *Denken* (ARNHEIM 1972). Im Unterschied zu Fragen, die die ästhetische Produktion betreffen, geht es hier weniger um die deskriptive Erfassung eines möglichst breiten Verhaltensspektrums, sondern um die Erhebung *einiger ausgewählter Aspekte*, deren Bedeutsamkeit für die ästhetische Produktion zu untersuchen ist.

Dabei gehe ich - in Analogie zu linguistischen Theorien zum Sprachverhalten - davon aus, daß auch für ästhetisches Verhalten die Unterscheidung zwischen *Kompetenz* und *Performanz* relevant ist. Entsprechend der Differenzierung von CHOMSKY (1969) zwischen "grammatical competence" als dem Repertoire der linguistischen Regelsysteme, die die Bedingung der Möglichkeit des Sprechens bilden, und "grammatical performance" als dem aktuellen Sprach*gebrauch* wäre auch für ästhetisches Verhalten zu unterscheiden zwischen der *Decodierungsfähigkeit*, die sich im Wahrnehmungsprozeß erweist, und der *Artikulationsfähigkeit* (analog: Codierungsfähigkeit), die sich in ästhetischer Produktion äußert.

So erscheint es nach NICKEL "wenig gerechtfertigt, aus den Reproduktions- und Gestaltungsleistungen von Kleinkindern auf die Art ihrer Wahrnehmung zu schließen" (NICKEL 1967, S. 87), da z.B. die Kompetenz zur einheitlichen Wahrnehmung komplexer optischer Information vermutlich früher und differenzierter ausgebildet ist als die Darstellung differenzierter Bildzeichen.

Welcher Art die Beziehungen zwischen bestimmten Aspekten der Wahrnehmung einerseits und der Produktion andererseits sind, soll zunächst in bezug auf elementare Probleme der Form- und Farbwahrnehmung und ihrer Darstellung untersucht werden. Im Anschluß daran wird die Möglichkeit von Fragestellungen erörtert, die dem Anspruch der bewußten, kognitiven Auseinandersetzung im Wahrnehmungs- und Artikulationsprozeß gerecht werden können.

2.2.1 Farb- und Formwahrnehmung

o *Farbunterscheidung*

Die Kompetenz zur Farbunterscheidung wurde bereits bei Neugeborenen nachgewiesen (LODGE u.a. 1969), während die Performanz - d.h. die bewußte Verwendung von verschiedenen Farben in der Zeichnung - erst relativ spät zu beobachten ist. Nach BAREIS ist das Kind in der sogenannten Kritzelphase völlig willkürlich in der Wahl seiner Farben. "Auch wenn das Kind bereits die Grundgestalt der verschiedenen Dinge zu bilden vermag, ist es ihm noch immer gleichgültig, ob es dazu Bleistift oder Pinsel und Farbe verwendet. Es geht ihm zunächst immer nur um die Form, um die Gestalt eines Dinges; es genügt ihm deshalb für lange Zeit eine beliebige Farbe für sein Gestalten. Häufig ist es die 'Lieblingsfarbe'" (BAREIS 1972, S. 27).

Wenn das Kind zur gegenständlichen Darstellung übergeht, wird nach WIDLÖCHER "die Wahl der Farben zunächst von dem Wunsch diktiert, dieses oder jenes Objekt möglichst eindeutig zu bezeichnen (das Blau des Meeres, das Rot des Daches usw.), dann aber auch von viel allgemeineren Bedürfnissen nach Ausdruck" (WIDLÖCHER 1974, S. 106) wie Traurigkeit, Freude, Harmonie oder Spannung.

Obgleich man also davon ausgehen kann, daß im Regelfall 5- bis 6jährige Kinder die Grundfarben optisch unterscheiden können[2], ist damit nicht gesichert, daß

---

2 Die im Zusammenhang mit der Diskussion um die Mengelehre geäußerten Vermutungen, daß bei einem erheblichen Prozentsatz der Vorschulkinder die physiologischen Voraussetzungen der Farbunterscheidung nicht gegeben sind, da sie partiell oder generell "farbenblind" sind, wird in diesem Zusammenhang nicht als gesonderte Fragestellung verfolgt. In jedem Fall würden jedoch bei der Prüfung der optischen Farbunterscheidung derartige Fälle erkennbar werden.

diese differenzierte Wahrnehmung ihre Entsprechung in der zeichnerischen wie in der verbalen Artikulation findet. Vorliegende Untersuchungen verweisen vielmehr auf eine Diskrepanz zwischen dem Wahrnehmungsvermögen und der entsprechenden Fähigkeit, Farben differenziert zu benennen (DALE 1969). Ein Kind "kennt die Farben" erst dann, wenn es sowohl die optische wie die verbale Kompetenz zur Unterscheidung erworben hat und damit die Voraussetzungen zur bewußten Verfügung vorhanden sind. Bezogen auf die Situation zu Beginn der Vorschule ist also zunächst das Verhältnis zwischen dem optischen Unterscheidungsvermögen sowie der richtigen Benennung der Farben und ihrer Verwendung in der eigenen zeichnerischen Produktion zu untersuchen. In Parallele zu schichtenspezifischen Differenzen im Sprachgebrauch ist dabei nach möglichen entsprechenden Unterschieden sowohl in der verbalen wie in der zeichnerischen Performanz zu fragen.

o *Formdifferenzierung*
Die optische Gliederungsfähigkeit von Vorschulkindern ist insbesondere im Hinblick auf den Anfangsunterricht im Lesen und Schreiben mit ganz besonderer Intensität untersucht und diskutiert worden. Entgegen den Annahmen der genetischen Ganzheitspsychologie, denen zufolge die Wahrnehmung im Kleinkind- und Vorschulalter durch die Dominanz undifferenzierter, diffuser, gliederungsarmer Ganzheiten gekennzeichnet ist, wurde insbesondere durch die Untersuchungen von NICKEL nachgewiesen, "daß auch schon Vorschulkinder zu einer differenzierenden Wahrnehmung fähig sind und daß im frühen Kindesalter keineswegs eine diffus-synkretische Wahrnehmung dominiert" (NICKEL 1972, S. 195).

Für das zeichnerische Verhalten ist die zunehmende Gliederung und Differenzierung der Bildzeichen als das bedeutsamste Entwicklungsmaterial überhaupt untersucht worden (vgl. entsprechende Motivreihen). Im Unterschied zur Farbdifferenzierung wird hier in der Regel eine zeitliche Parallelität zwischen der *Gliederungsfähigkeit in der visuellen Wahrnehmung* und *in der zeichnerischen Artikulation* angenommen. So schließt z.B. SCHMALOHR aufgrund einer Untersuchung der zeichnerischen *Darstellung* vier- bis sechsjähriger Kinder auf ganzheitliche bzw. einzelheitliche Auffassung in der visuellen *Wahrnehmung* dieser Kinder, ohne diese Gleichsetzung auch nur zu diskutieren (SCHMALOHR 1969, S. 371).

Entsprechend der eingangs formulierten Hypothese von der Differenz zwischen Wahrnehmungsfähigkeit einerseits und zeichnerischem Verhalten andererseits ist also zu prüfen, ob diese Behauptung auch im Hinblick auf die Formdifferenzierung aufrecht erhalten werden kann. Wenn auch in jedem Fall ein *positiver* Zusammenhang zwischen zeichnerischer und optischer Gliederungsfähigkeit zu erwarten ist, erscheint doch die angenommene Enge dieser Beziehung zumindest zweifelhaft.

2.2.2 Kognitives Verhalten im optischen Bereich

Obgleich die Unterscheidung zwischen "einfachen" Wahrnehmungsleistungen und "höheren", anspruchsvolleren Formen der sinnlichen Erkenntnis sehr problematisch ist, erscheint zur Präzisierung der Fragen eine Abgrenzung hilfreich:

Während Form- und Farbdifferenzierung als stark entwicklungsbedingte (- wenn auch erwiesenermaßen durchaus trainierbare -) Aspekte des ästhetischen Verhaltens gelten (vgl. entsprechende Entwicklungs- und Schulreifetests), werden intellektuelle Operationen mit optischem Material eher als Hinweise auf die allgemeine Kapazität der Denkfähigkeit eingeschätzt und z.B. als *nicht-verbale Intelligenztests* in dieser Funktion verwendet. Form- und Farbdifferenzierung sind zwar häufig als *Voraussetzung* für Denkoperationen mit optischem Material unerläßlich, das Finden von optischen Analogien und Ergänzungen erfordert jedoch zusätzliche intellektuelle Fähigkeiten wie logisches Denken.

Auch für die *intellektuelle Kompetenz*, die sich an optischem Material erweist, ist die Beziehung zur zeichnerischen Performanz zu untersuchen, denn möglicherweise sind diese kognitiven Fähigkeiten noch weniger eng mit den Darstellungsmöglichkeiten verbunden als die Wahrnehmungsleistungen der Farb- und Formdifferenzierung. Vergröbert entspricht diese Hypothese der alten Antinomie zwischen Intelligenz und Kreativität - zumindest in der Weise, daß logisch-schließendes Denken als weniger bedeutsam für die zeichnerische Artikulation angesehen wird als Farbunterscheidung und Gliederungsfähigkeit, obgleich generell wohl ein positiver Zusammenhang erwartet wird und intelligentes Verhalten nicht geradezu als schädlich für die zeichnerische Darstellung angesehen werden kann.

Für die bisher formulierten Fragen wurde kognitives Verhalten im optischen Bereich eingeschränkt auf *logische* Denkoperationen, wie sie etwa zur Lösung nichtverbaler Intelligenztests erforderlich sind. Damit ist jedoch nur ein spezifischer Teilbereich der sinnlichen Erkenntnisprozesse erfaßt, die für ästhetisches Verhalten relevant sind. Insbesondere enthält diese kognitive Verarbeitung optischer Information nicht die Dimension der kritischen, urteilenden Auseinandersetzung mit optischen Phänomenen. Im Hinblick auf die kritische Funktion Ästhetischer Erziehung (KERBS 1970; Hessische Rahmenrichtlinien 1972) erscheint jedoch gerade das *Urteilen über ästhetische Sachverhalte* als besonders bedeutsamer Teilbereich ästhetischen Verhaltens.

Bisher liegt zu diesem Problem nur ein Versuch vor: MANFRED KORTE (1971) hat neben der bildnerischen Produktion (Zeichnen und Malen) von Vorschulkindern auch deren *ästhetisches Urteil* in die Untersuchung einbezogen. Wegen der Bedeutung dieser Fragestellung für die eigene Untersuchung wird KORTEs Ansatz im folgenden kurz dargestellt.

KORTE forderte von der Versuchsgruppe zwei Typen ästhetischen Urteils: einerseits Beurteilungen vom Typ "Das paßt!" für die Auswahl von gegenständlichen Bildvorlagen nach formal-ästhetischen Gesichtspunkten (Aufgabenbeispiel: "Zu welchem Haus paßt der Giebel?") und andererseits Urteile vom Typ "Das ist schön!" für formalästhetisch unterschiedlich differenzierte gegenständliche und nichtgegenständliche Vorlagen. Kriterien für die Auswahl gerade dieser Vorlagen werden von KORTE nicht gegeben, mögliche Gründe für die Beurteilung nicht diskutiert. Die Auswertung ergab folgende Resultate:

- "Schüler mit einem IQ über dem Mittelwert (= 114,2), N=58, urteilen differenzierter als die weniger intelligenten Schüler, N=56 (s. 5%)" (KORTE 1971, S. 77).
- "Mädchen urteilen wesentlich differenzierter als Jungen (s. 1%)" (KORTE 1971, S. 77).
- Es zeigten sich signifikante schichtenspezifische Unterschiede in der Differenziertheit des Urteils, allerdings wider Erwarten derart, "daß die statushöheren Schüler hier den status-niedrigsten unterlegen sind" (KORTE 1971, S. 81).

Diese Darstellung der Ergebnisse läßt erwarten, daß die Schüler die Möglichkeit zur Abgabe von mehr oder weniger differenzierten Urteilen hatten - tatsächlich kann jedoch nur die Entscheidung für die nach Auffassung der Versuchsleiter mehr oder weniger differenzierten Vorlagen gemeint sein. Diese Entscheidung der Kinder kann zwar als Indiz für eine bestimmte ästhetische Geschmacksrichtung gelten, über die Art des Urteilens kann jedoch damit keine Aussage gemacht werden. Die Vorliebe der status-höheren Kinder für die formalästhetisch einfacheren Vorlagen ist möglicherweise weniger ein Hinweis auf schichtspezifische Lernstrukturen, wie der Verfasser annimmt (KORTE 1971, S. 81), als vielmehr ein Indiz für schichtspezifisch unterschiedliche ästhetische Normen und Wertmaßstäbe. Sowohl die Fragen nach schichtenspezifisch unterschiedlichen Rezeptionsweisen wie nach den möglicherweise unterschiedlichen ästhetischen Normvorstellungen von Kindern mit unterschiedlichem Sozialstatus bedürfen jedoch dringend der weiteren Untersuchung. Die pilot-study von KORTE zeigt mögliche Ansatzpunkte auf - sie macht jedoch auch deutlich, daß das Problem des ästhetischen Urteils sinnvollerweise nur von einer sehr viel komplexeren Materialbasis her untersucht werden kann.

Da erkennbar ist, daß ein derartiger Versuch im Rahmen dieser Untersuchung nicht geleistet werden kann, werden Fragen zum ästhetischen Urteil von Vorschulkindern hier nicht weiter verfolgt, obgleich sie integraler Bestandteil des Gesamtkomplexes ästhetischen Verhaltens sind. Eine sinnvolle Auswahl des Erhebungsmaterials erscheint jedoch nur in bezug auf ganz bestimmte curriculare Entscheidungen möglich - eine quasi ahistorische, "allgemeine" Untersuchung verbietet sich aus der Natur der Sache.

2.3 Determinanten des ästhetischen Verhaltens

2.3.1 Sensumotorische Voraussetzungen

Zeichnerisches Verhalten ist, wie nahezu jede Form der ästhetischen Produktion, auf die Fähigkeit zur Kontrolle der feinmotorischen Operationen angewiesen.

"Beim Zeichnen dominieren zunächst noch große, verhältnismäßig ungesteuerte Bewegungen, die überwiegend aus dem Schultergelenk mit dem ganzen Arm ausgeführt werden. Die Strichführung bei den Kritzeleien und ersten darstellenden Zeichnungen ist daher noch vorwiegend rundlich, erst allmählich gelingt es dem Kind, waagerechte und dann auch senkrechte Linien zu ziehen. Die zunehmende Steuerung führt dazu, daß die Striche weniger über das Ziel hinausschießen oder es gar weit verfehlen, wie das noch im dritten Lebensjahr vorwiegend der Fall ist. Das Vierjährige vermag nach GESELL et al. (1940) bereits ein Kreuz zu zeichnen und zwischen zwei vorgegebenen Parallelen eine diagonale Verbindung zu ziehen. Kleine Zeichenbewegungen, die ein größeres Maß an Steuerung verlangen, bereiten auch dem Fünfjährigen noch Schwierigkeiten, so z.B. das Nachzeichnen kleiner Dreiecke, wie es bei einigen Schulreifetests verlangt wird (vgl. HETZER u. TENT 1969)" (NICKEL 1972, S. 166). Nach WIDLÖCHER spielt die motorische Kontrolle noch nach dem eigentlichen Kritzelstadium zwischen vier und zwölf Jahren eine wichtige Rolle (WIDLÖCHER 1974, S. 53).

Es ist also zu vermuten, daß Kinder zu Beginn des Vorschuljahres zum Teil noch erhebliche Schwierigkeiten bei der zeichnerischen Darstellung haben werden, die auf ihre noch mangelhafte feinmotorische Bewegungskoordination zurückzuführen sind. Die Ausführungen von NICKEL zur sensumotorischen Entwicklung könnten zu dem Mißverständnis führen, daß die feinmotorische Leistungsfähigkeit ausschließlich reifebedingt sei. Zwar trifft zu, daß die fortschreitende Ausreifung des Nerven- und Muskelsystems die notwendige Voraussetzung für die sensumotorische Koordination bildet, die individuelle Leistungsfähigkeit ist jedoch zunehmend auch das Ergebnis von *Lernprozessen*. Erfahrungen mit sogenannten Papier- und Bleistift-Schulreifetests zeigen, daß Kinder, die im Umgang mit Zeichen- und Schreibgeräten ungeübt sind, deutlich durch das Verfahren benachteiligt werden und eine gewisse Geschicklichkeit dann in relativ kurzer Trainingszeit erwerben können.

Zur angemessenen Beurteilung des zeichnerischen Verhaltens von Vorschulkindern erscheinen daher Informationen über die Vertrautheit mit dem Zeichenmaterial erforderlich. Insbesondere mögliche schichtspezifische Unterschiede sowohl in der Art als auch im Umfang der vorherigen Erfahrungen sind zu kontrollieren.

Die visuomotorische Koordination, d.h. die Fähigkeit, das *Sehen* mit *Bewegungen* des Körpers oder Teilen des Körpers zu koordinieren (REINARTZ 1973, S. 27), beeinflußt jedoch nicht nur die zeichnerische *Darstellungsfähigkeit*, sondern auch die visuelle *Wahrnehmung*.

PIAGETs Beschreibung der sensumotorischen Intelligenz stellt in den ersten beiden Lebensjahren dieses Zusammenwirken von motorischen Leistungen und visuellem Eindruck in den Vordergrund (PIAGET 1946). Offenbar sind für die Entwicklung der Wahrnehmung nicht allein sensorische Eindrücke maßgebend, zur Verstärkung und Rückkoppelung sind auch sensumotorische Erfahrungen erforderlich, die sich aus dem explorativen, manipulatorischen Umgang mit den Wahrnehmungsobjekten ergeben (GIBSON 1973, S. 325 ff.). Es muß also auch ein positiver Zusammenhang zwischen der Fähigkeit zur visuomotorischen Koordination und den visuellen Wahrnehmungsleistungen angenommen werden, wobei hier sozialbedingte Unterschiede möglicherweise geringer sind, da im Gegensatz zur zeichnerischen Produktion *spezifische* Materialerfahrungen nicht erforderlich erscheinen.

2.3.2 Altersbedingter Entwicklungsstand

Die Bedeutung ausschließlich reifebedingter Entwicklungsvorgänge nimmt mit zunehmendem Lebensalter progressiv ab (vgl. die Abflachung der Reifungskurven bei LENNEBERG 1967). Dennoch könnte zu Beginn der Vorschule ein Altersunterschied von acht oder zehn Monaten durchaus bedeutsam sein, wenn auch im einzelnen nicht trennbar ist, ob für interindividuelle Leistungsunterschiede zwischen Kindern des gleichen Jahrgangs überwiegend sozialisationsbedingte oder eher endogene Faktoren verantwortlich sind. Das Lebensalter des Kindes ist wohl mit Sicherheit *ein* relevanter Faktor. Insbesondere um Fehlinterpretationen von Unterschieden des ästhetischen Verhaltens zu vermeiden, ist daher der Leistungsstand in den verschiedenen Bereichen in Relation zum Lebensalter zu setzen, damit mögliche reifebedingte Anteile ästhetischen Verhaltens angemessen eingeschätzt werden können.

KORTE, der in seiner Untersuchung analog die Leistungsdifferenzen zwischen den jüngeren und den älteren Kindern seiner Versuchsgruppe überprüfte, fand allerdings zwischen den beiden verschieden alten Gruppen keinen Unterschied in der zeichnerischen Leistung (KORTE 1971, S. 73) und keinen signifikanten Unterschied in der Differenziertheit des Urteils (KORTE 1971, S. 78). Dieses Ergebnis steht in Widerspruch zu den Altersnormen von Schulreifetests, für die die Annahme ausschließlich reifebedingter Leistungsunterschiede in der Gliederungsfähigkeit sowohl beim Zeichnen wie in der optischen Wahrnehmung geradezu konstitutiv sind, denn das Konzept der Schul-"Reife" impliziert, daß ältere Kinder bessere Testleistungen zeigen müssen als jüngere. Da zur Standardisierung von Schulreifetests in der Regel relativ große Stichproben untersucht werden und die empirische Überprüfung der Konstruktvalidität durchgängig zu positiven Ergebnissen kommt, erscheint es gerechtfertigt, entgegen den Befunden von KORTE die Hypothese zu formulieren, daß auch innerhalb des Altersjahrgangs der fünf- bis sechsjährigen Kinder in der Vorschule ein positiver Zusammenhang zwischen dem Lebensalter und dem Leistungsstand in den verschiedenen Bereichen des ästhetischen Verhaltens besteht.

Prinzipiell ist damit für alle untersuchten Aspekte des ästhetischen Verhaltens die Variable Lebensalter zu kontrollieren, um ausschließlich altersbedingte Differenzen festzustellen. Insbesondere sind jedoch Unterschiede im Bildaufbau und im Differenzierungsgrad der Bildzeichen zu überprüfen, da diese beiden Aspekte in besonderem Maße zur Charakterisierung von Entwicklungsstufen des zeichnerischen Verhaltens verwendet wurden (vgl. S. 25).

2.3.3 Sozialisationsbedingter Entwicklungsstand

Sowohl für die Entwicklung des zeichnerischen Verhaltens als auch für die Wahrnehmungsentwicklung wurde bereits auf die Bedeutsamkeit von Lernprozessen hingewiesen. Neben den *direkt* auf verschiedene Bereiche des ästhetischen Verhaltens (zeichnerisches Verhalten, Kreativität, Wahrnehmung) bezogenen Lernvorgängen sind jedoch auch *indirekte* sozialisationsbedingte Einflüsse auf diesen Verhaltenskomplex zu vermuten.

o *Geschlechtsspezifische Unterschiede*
So sind mögliche geschlechtsspezifische Unterschiede im ästhetischen Verhalten von Vorschulkindern nicht anlagebedingt, sondern das Ergebnis der Geschlechtsrollenidentifikation im Verlauf der primären Sozialisation (vgl. zum Rollenkonzept HABERMAS 1968, S. 17 f.). Das Ausmaß geschlechtsspezifischer Unterschiede wiederum ist offenbar vom sozioökonomischen Status der Familie abhängig: "Je niedriger die soziale Position, um so ausgeprägter tritt das in unserer

Gesellschaft herrschende Geschlechtsrollenstereotyp hervor" (MOLLENHAUER 1969, S. 284).

Für das zeichnerische Verhalten richten sich geschlechtsspezifische Erwartungen sowohl auf den Umfang und den Entwicklungsstand des Zeichnens wie auf Motive, Struktur und Duktus der Zeichnungen, wie das folgende Zitat zeigt:

"Im allgemeinen geht die zeichnerische Entwicklung bei den Mädchen *schneller* vor sich als bei den Knaben und das kommt daher, daß die Mädchen eher dazu neigen, *fertige Formen* von außen *zu übernehmen* und daher früher über einen festgefügten Formenkreis verfügen. Nicht nur die Formen, auch die Vorstellungen scheinen *'konventioneller'*, *gefälliger* und *artiger* zu sein. Aber der *Anschauungsgehalt* und die *Ausdruckskraft* sind *geringer*, die Zeichnungen dafür *pünktlicher*, *sauberer* und *gewandter*. Dem Knaben bleibt die Formgebung länger ein Problem. Seine Zeichnungen erscheinen daher weniger fertig und ausgeschrieben, sie sind manchmal *derb*, *unpünktlich*, *unbeholfen*, aber dafür *ausdrucksvoller*, *vitaler* und *entwicklungsfähiger*" (KIENZLE 1951, 1. Aufl. 1932, S. 43; Hervorhebungen v. Verf.).

Das Stereotyp vom braven, angepaßten, weniger qualifizierten Mädchen und vom weniger disziplinierten, aber dafür vitaleren und intelligenteren Jungen wird in dieser relativ alten Darstellung besonders deutlich ausgesprochen. Immerhin zeigt jedoch auch zwanzig Jahre später der Kunstpädagoge Kurt SCHWERDTFEGER eine mindestens ebenso starke Identifikation mit ähnlichen Stereotypen, wenn er schreibt:

"Das Mädchen - 13 Jahre - (Tafel 24) zeigt schon in der ganzen Art der Strichführung, daß hier naturgegebene Kraft vorliegt. Die Gestaltung ist daher auch mit einem gewissen Druck vorgetragen. Die Einzelformen selbst weisen fast alle eine gewisse *Schwere* und *Rundlichkeit* auf: die Formen sind voll und zeigen *anschaulichen Sinn* und *Gestaltungsgabe*. Man möchte meinen, es spräche auch eine sich andeutende *Mütterlichkeit* aus dem Ganzen; ein *gesundes*, *natürliches* Kind mit Sinn für *Farbe* und *Licht*, mit *seelischer Wärme*, in sich *ruhend* und *harmonisch*" (SCHWERDTFEGER 1957, S. 58).

"Die Tafel 21 stammt von einem Jungen, Alter 7 Jahre, man würde auch schwerlich auf ein Mädchen schließen. *Temperamentvoll* ist die kleine Gestaltung vor sich gegangen, man sieht dies hier und da an dem Druck, der angewandt würde, doch scheint eine Differenzierung in der Gefühlsfähigkeit vorzuliegen. (...) Allerdings tritt auch *Sprunghaftigkeit* auf. Es fehlt die *restlose* Durchführung der *Einzelheiten*. (...) Es folgt die Arbeit eines

Pubertierenden (Tafel 22). Von temperamentvoller Lebhaftigkeit ist hier wenig spürbar, wir haben den *verstandesmäßig technischen* Typ vor uns, den wir bei Knaben dieses Alters häufig finden; das *konstruktive* Gefüge herrscht vor. ... Die *gradlinigen Konstruktionen* kündigen den *nüchternen Verstandesmenschen* an" (SCHWERDTFEGER 1957, S. 56 f.; alle Hervorhebungen in den Zitaten v. Verf.).

Daß sich die so oder ähnlich formulierten geschlechtsspezifischen Erwartungen tatsächlich auf das zeichnerische Verhalten auswirken, belegen sowohl die empirischen Untersuchungen von RABENSTEIN und KORTE als auch die von KOPPITZ zur Standardisierung des ZEM (Zeichne-einen-Menschen-Test) ausgewerteten Zeichnungen. So zeigten bei RABENSTEINs Untersuchung generell "die Mädchen auf der Volksschulgrundstufe ... einen leichten Vorsprung und eine etwas stärkere Differenzierung in ihrer zeichnerischen Entwicklung" (RABENSTEIN 1962, S. 37). Insbesondere die "Tendenz zur Buntheit" ist bei den Mädchen stärker ausgeprägt, während die Jungen eher bei "unbunter Farbgebung" verbleiben oder realistische Gegenstandsfarben verwenden (RABENSTEIN 1962, S. 36).

Zu ähnlichen Ergebnissen kommt auch eine neuere Untersuchung einer Stichprobe von 180 acht- bis zehnjährigen Kindern (90 Jungen, 90 Mädchen) mit dem Familienzeichnungstest: "Die Mädchen der drei Altersstufen sind in den Ausführungen ihrer Zeichnungen sorgfältiger und ordentlicher, sie widmen meistens jedem Zeichnungselement dieselbe Aufmerksamkeit und Sorgfalt, während die Knaben in der Sorgfalt ihrer Ausführungen Unregelmäßigkeiten aufweisen" (SCHETTY 1974, S. 169).

KORTE fand, daß auch Mädchen im Vorschulalter bereits wesentlich besser zeichnen als Jungen und Bildvorlagen wesentlich differenzierter beurteilen, nur im Bereich des Malens konnte er keine geschlechtsspezifischen Unterschiede feststellen (KORTE 1971, S. 73, 75 und 77).

KOPPITZ traf beim Vergleich der Entwicklungsmerkmale von Jungen und Mädchen im ZEM eine Unterscheidung zwischen den eher "maskulinen" Einzelheiten wie das Zeichnen von Profil, Knie und Ohr und eher "femininen" Einzelheiten wie Haare, Pupillen, zwei Lippen und Kleidung (KOPPITZ 1972, S. 37). "Die Zeichnungen von Mädchen neigen dazu, ihr Wissen um und ihr Interesse an weiblicher Kleidung und Schönheit erkennen zu lassen. Im Gegensatz dazu erwartet man von den Jungen in unserer Gesellschaft, daß sie selbständiger als die Mädchen sind und mehr aus sich herausgehen ... Knaben sind öfter als Mädchen geneigt, Gestalten in körperlicher Aktivität zu zeichnen" (KOPPITZ 1972, S. 37).

Bei KOPPITZ wird, im Unterschied zu den anderen zitierten Autoren, deutlich, daß die festgestellten geschlechtsspezifischen Unterschiede des zeichnerischen Verhaltens wohl kaum anlagebedingt sind, sondern das Ergebnis sozialer Erwartungen. Dieses Erklärungsmodell stützt auch OERTER mit der folgenden Aussage über geschlechtsspezifische *Interessen*:

"Sehr vieles an den spezifisch männlichen und weiblichen Interessen hat sich durch Reizauslese der Umwelt entwickelt. Mädchen erhalten Puppen, Kleidchen und Artikel, die mit dem Haushalt zusammenhängen, zum Geschenk, Jungen gibt man technisches Spielzeug, Baukästen, Autos, Flugzeuge" (OERTER 1972, S. 150 f.).

In bezug auf Vorschulkinder ist also zu fragen, ob sie diese geschlechtsspezifischen Erwartungen bereits soweit übernommen haben, daß tatsächlich Verhaltensdifferenzen im ästhetischen Bereich zu beobachten sind. Aufgrund der vielfältigen und z.T. sehr detaillierten Einzelaussagen über geschlechtsspezifische Unterschiede in der Kinderzeichnung lassen sich einige Fragen zum *zeichnerischen Verhalten* von Vorschulkindern präzisieren, auch wenn sich die Angaben teilweise auf ältere Schüler beziehen.

So ist aufgrund des Befundes von RABENSTEIN zu prüfen, ob auch Mädchen im Vorschulalter mehr Farben verwenden als Jungen, ob die Zeichnungen von Mädchen differenzierter und elaborierter sind (RABENSTEIN, KORTE) und ob die geschlechtsspezifisch unterschiedliche Interessenbildung in bezug auf die Motivwahl dazu führt, daß Jungen eher technische, konstruktive Themen bevorzugen und Mädchen eher Vorgänge aus der häuslichen Lebenssituation illustrieren.

Für die kreativen Aspekte ästhetischer Produktion sind demgegenüber geschlechtsspezifische Unterschiede in weit geringerem Maße zu erwarten. Nach TORRANCE leiden Jungen und Mädchen "auf verschiedene Weise in ihrer kreativen Entwicklung darunter, daß die Gesellschaft die Unterschiede in Geschlechterrollen so unangebracht betont. (...) Seiner besonderen Natur nach erfordert kreatives Verhalten sowohl Sensitivität als auch Unabhängigkeit des Denkens. In den Vereinigten

Staaten gelten Sensitivität und Empfänglichkeit als weibliche Tugenden, während Unabhängigkeit des Denkens eine männliche ist" (TORRANCE 1970, S. 185).

In empirischen Untersuchungen konnten generell praktisch keine Geschlechtsunterschiede bei den Mittelwerten von Jungen und Mädchen nachgewiesen werden (WALLACH/KOGAN 1965, S. 56), da sich hier vermutlich die verschiedenen Aspekte kreativen Verhaltens gegenseitig aufheben. Es erscheint jedoch möglich, daß in bezug auf *einzelne* kreative Aspekte zeichnerischer Produktion dennoch geschlechtsspezifische Unterschiede bestehen. Da für die Aspekte Flexibilität und Problemsensitivität im beschriebenen Sinne (vgl. S. 36 ff.) eher Persönlichkeitseigenschaften relevant sind, die traditionellerweise mit der männlichen Geschlechtsrolle verbunden sind (Unabhängigkeit, Wißbegierde, Problembewußtsein), ist hier evtl. eine Überlegenheit der Jungen zu erwarten, während die beiden Faktoren Flüssigkeit und Elaboration eher dem weiblichen Geschlechtsrollenstereotyp entsprechen.

Da für die vorschulische Entwicklung insgesamt ein "reifebedingter" Vorsprung der Mädchen angenommen wird, ist sowohl in bezug auf die "einfachen" Wahrnehmungsleistungen der Farb- und Formdifferenzierung als auch für kognitives Verhalten im optischen Bereich zu prüfen, ob auch hier geschlechtsbedingte Unterschiede vorliegen.

o *Schichtspezifische Unterschiede*

Neben den geschlechtsspezifischen Differenzen sind vor allem schichtspezifische Unterschiede in den Sozialisationsprozessen nachgewiesen, da mit unterschiedlichem sozio-ökonomischen Status (der gewöhnlich als Maß für die soziale Schichtenzugehörigkeit verwendet wird[3]) unterschiedliche Erziehungswerte und Erziehungspraktiken verbunden sind.

Für die familiäre Erziehungspraxis der Unterschicht wird in der Literatur mit großer Übereinstimmung ein Syndrom von Einstellungen und Verhaltensweisen als charakteristisch angenommen, das durch ein hohes Maß an Konformitätstendenzen, Kontrollierungen und Disziplinierungen gekennzeichnet ist, während

3 Im folgenden wird nicht der Klassenbegriff, sondern der Begriff "soziale Schicht" verwendet, da auch die Untersuchungen, auf die sich die Aussagen beziehen, in der Regel mit dem Schichtenmodell arbeiten und dementsprechend ihre Stichproben nach dem sozio-ökonomischen Status klassifizieren.

Selbständigkeit und Selbstkontrolle, Unabhängigkeit vom Urteil anderer, Wißbegierde und Kreativität nur eine verschwindend geringe Rolle spielen (MOLLENHAUER 1969, S. 280). "Die Kinder der Unterschicht sind vorwiegend passivistisch, gegenwartsorientiert und familistisch; die der Mittelschicht überwiegend aktivistisch, zukunftsorientiert und individualistisch" (MOLLENHAUER 1969, S. 280).

Gegen eine Überbewertung der sozialen Position der Eltern für den Sozialisationsprozeß spricht allerdings, daß auch steigende Kinderzahl, und zwar unabhängig von der sozio-ökonomischen Situation, mit einer starken Betonung der Regelhaftigkeit des sozialen Lebens, der Disziplin und geringer Individualisierung in der Erziehungspraxis der Eltern einhergeht. Entsprechend zeigt sich bei den Kindern größere Konformität, geringere Leistung, geringeres Aspirationsniveau (MOLLENHAUER 1969, S. 283). Da jedoch kinderreiche Familien in der Unterschicht überrepräsentiert sind, ist dennoch zu vermuten, daß sich die dargestellten Sozialisationseinflüsse insbesondere bei Kindern der Unterschicht auswirken.

In Analogie zu den schichtenspezifischen Formen des Sprachverhaltens erscheint die Annahme berechtigt, daß auch das ästhetische Verhalten von den schichtenspezifischen Sozialisationsprozessen erheblich beeinflußt wird. So ist in bezug auf das zeichnerische Verhalten anzunehmen, daß einerseits bei beschränkten ökonomischen Mitteln und beengten Wohnverhältnissen Kinder im Vorschulalter weniger Material und Raum zum Zeichnen und Malen haben und darüber hinaus die dargestellte Erziehungspraxis der Unterschicht wenig Anregungen zur freien Entfaltung zeichnerischer Produktion vermuten läßt. Entsprechend fand KORTE bei der Untersuchung von insgesamt 114 Vorschulkindern, daß das ästhetische Verhalten von status-höheren Schülern differenzierter ist als das der übrigen Mitschüler (KORTE 1971, S. 81).

Wenn den Eltern allgemein "an der ständigen Kontrolle, an der direkten Anleitung - daß etwas so und nicht anders gemacht wird -, am Gehorsam und an der Ein- und Unterordnung mehr gelegen ist als an Neugier, Originalität, Selbstkontrolle und Unabhängigkeit" (ROTH 1969, S. 40), ist sehr wahrscheinlich, daß insbesondere die kreativen Bereiche ästhetischen Verhaltens bei niedrigem Sozialstatus wenig gefördert werden.

Mit seinem Untersuchungsergebnis, "daß Kinder aus Mittel- und Oberschichten in ihrer zeichnerischen Produktion variabler, origineller und vielfältiger, in unserem Sinne als kreativer sind" (HOSSBACH 1971, S. 167), verweist HOSSBACH auf die gleiche Tendenz.

Ganz generell müssen sowohl für die zeichnerische Produktion wie in bezug auf die kreativen Aspekte ästhetischen Verhaltens schichtenspezifische Unterschiede vermutet werden. Da kein theoretisches Erklärungsmodell wie etwa für das differente Sprachverhalten mit der Annahme differenter linguistischer Codes vorliegt und damit keine präziseren Hypothesen über die Art und mögliche Schwerpunkte der Unterschiede formuliert werden können, ist zunächst für *alle* untersuchten Aspekte die Abhängigkeit vom sozialen Status zu kontrollieren.

Mit der sozio-ökonomischen Situation - bestimmt nach der beruflichen Position des Vaters - wird nur ein Teil der Aspekte erfaßt, die sich auf das zeichnerische Verhalten der Kinder auswirken können. *Direktere* Einflüsse wie etwa der Besuch eines Kindergartens mit vielen Anregungen zum Malen und Basteln oder die Einstellung der Mutter zu diesem Tätigkeitsbereich des Kindes determinieren möglicherweise das ästhetische Verhalten des Kindes viel stärker als der soziale Status der Familie.

In Erweiterung des notwendigerweise sehr groben Index "Sozialschicht" ist daher zusätzlich nach dem *Anregungsmilieu* in bezug auf ästhetisches Verhalten zu fragen. Hier muß *Kindergartenbesuch* wohl als zusätzliche Erfahrungsmöglichkeit generell positiv bewertet werden. Die Einstellung der Eltern - insbesondere der Mutter - zu zeichnerischen Versuchen des Kindes, ihre *Wertschätzung*, die sich in *Aufmerksamkeit* für diese Tätigkeit, in der *Beurteilung* und *Behandlung* der Zeichenprodukte äußern kann, sind vermutlich für die *Motivation* des Kindes für diesen Bereich besonders bedeutsam.

Die Untersuchung kann sich also nicht auf die Erhebung des ästhetischen Verhaltens der *Kinder* beschränken, sondern muß versuchen, das soziale Anregungsmilieu in bezug auf diesen Verhaltensbereich mit einzubeziehen. Eine Befragung der *Eltern* - zumindest der Mütter - erscheint daher also unerläßlich.

3. Darstellung und Diskussion der Anlage der empirischen Untersuchung

3.1 Untersuchungsverfahren

Im folgenden werden die zur Untersuchung der verschiedenen Dimensionen des ästhetischen Verhaltens von Vorschulkindern verwendeten Verfahren einzeln vorgestellt. Soweit es sich um standardisierte Testverfahren handelt, wird jeweils überprüft, inwieweit der Test den Kriterien der Objektivität (in Durchführung und Auswertung), der Gültigkeit und der Zuverlässigkeit genügt und ob vorhandene Normen zur Beurteilung der Leistungen unserer Untersuchungsgruppe angemessen sind.

Die Verfahren, deren Aufgabenstellung eigens für diese Untersuchung konzipiert wurden (die sogenannten Kreativitätsaufgaben) bzw. für die nur die Aufgabenstellung adaptiert wurde (Farbtest), erfüllen nicht die Gütekriterien eines standardisierten Tests; sie haben vielmehr den Charakter einer Aufgabensammlung. Hier muß insbesondere eine Begründung der Aufgabenstellung sowie der Auswertungskriterien gegeben werden. Auch Durchführung und Auswertung dieser informellen Verfahren werden möglichst umfassend dargestellt, um zumindest die Objektivität dieser Verfahren belegen zu können.

Da die Auswahl der Untersuchungsinstrumente aus der Fragestellung abgeleitet ist, erfolgt die Darstellung in enger Anlehnung an die Reihenfolge der dort entwickelten Fragenkomplexe.

3.1.1 Verfahren zur Untersuchung der zeichnerischen Produktion

3.1.1.1 Aufgabenstellung

Die aufgezeigten Fragen zur ästhetischen Produktion von Vorschulkindern (S. 47 ff.) bedingen eine Untersuchungssituation, die sowohl geeignet ist, das *zeichnerische Verhalten* der Kinder sichtbar werden zu lassen als auch Gelegenheit für die Verwirklichung *kreativer Aspekte* zeichnerischer Produktion zu geben. Unter dieser Zielperspektive stehen die folgenden Überlegungen zu einer möglichst diesen Ansprüchen genügenden Aufgabenstellung.

Wie bereits dargestellt, basieren Aussagen über das zeichnerische Verhalten von Kindern in der Regel auf der Analyse der *Produkte* dieses Verhaltens - den Kinderzeichnungen (vgl. S. 22 ff.). Diese Kinderzeichnungen können sowohl Resultate der *freien* zeichnerischen Tätigkeit von Kindern sein als auch Ergebnisse aufgrund einer *bestimmten* Aufgabenstellung im Rahmen etwa des Schulunterrichts oder einer experimentellen psychologischen Untersuchung, wobei häufig Motiv, Material, Format und Arbeitszeit determiniert werden.

Die Vorteile einer möglichst *engen* Zeichenaufgabe für die Auswertung der Kinderzeichnungen sind offensichtlich - wenn im sogenannten "Zeichne-einen-Menschen"-Test (KOPPITZ 1972) ausschließlich einzelne Bildzeichen für "Mensch" produziert werden, so sind diese sehr viel leichter vergleichbar als "freie" Kinderzeichnungen zu beliebigen Themen, die mit beliebigen Zeichenmaterialien entstanden sind (z.B. bei RABENSTEIN 1962).

Andererseits sollte die Aufgabenstellung jedoch im Interesse der aufgezeigten Fragestellung geeignet sein, möglichst das gesamte Spektrum zeichnerischen Verhaltens zu erfassen und die zeichnerische Produktivität gerade nicht auf die bereits häufig untersuchten Schemata für Mensch, Haus, Baum usw. einschränken. Eine weitgehend *offene* Aufgabenstellung scheint zudem insbesondere im Interesse der Fragen erforderlich, die sich auf die *kreativen* Aspekte zeichnerischer Produktion beziehen (s.o.).

Grundsätzlich bieten sich für eine offenere Aufgabe zur Erfassung des zeichnerischen Verhaltens in Anlehnung an verschiedene kunstdidaktische Vorschläge für die Vorschule bzw. Grundschule (EBERT 1967, BAREIS 1972, KAISER 1973, STAUDTE 1975) zwei Möglichkeiten: Entweder wird die zeichnerische Lösung durch *verbale* Impulse wie "Die Hexe Mimikri reitet auf ihrem Besen" (KORTE 1971) und eine entsprechende Erzählung sowohl thematisch wie formal vorstrukturiert, oder es wird nur ein möglichst attraktives *Materialangebot* als Auslöser verwendet (z.B. Fingermalfarben, Versandhauskataloge, Verpackungsmaterialien).

Die Nachteile der ausschließlich *verbalen* Aufgabenstellung liegen nicht nur in der bereits diskutierten Begrenzung des Umfangs der möglichen Ideenproduktion und der Variationsbreite möglicher Lösungen. Darüber hinaus entsprechen sie vermutlich einseitig dem Erfahrungsrepertoire der Kinder aus mittlerem und gehobenem sozio-ökonomischen Kontext und benachteiligen durch den zumeist verwendeten mittelschichtorientierten linguistischen Code Kinder aus der Unterschicht. Aber auch die ausschließlich auf den *Materialreiz* vertrauende Aufgabenstellung bevorzugt vermutlich Kinder mit Vorerfahrungen im Umgang mit entsprechenden Materialien und Aufgaben - also wiederum die Kinder aus dem anregungsreicheren Milieu der Mittelschicht.

Um eine möglichst schicht-neutrale Ausgangssituation für die zeichnerische Prudktion zu gewährleisten, müßte vielmehr ein Impuls gegeben werden, der für *alle* Kinder *neuartig* ist und zugleich auf der Materialseite für alle Kinder einen etwa *gleichen Schwierigkeitsgrad* besitzt.

Eine Lösung, die geeignet scheint, den formulierten Bedingungen zu genügen, besteht nach einer Vorerfahrung in einer Kinderzeitschrift mit 150 eingesandten Zeichnungen in der Vorgabe eines *optischen Impulses* (OTTO/STAUDTE 1972). Ähnlich wie der Wartegg-Zeichentest, der in acht umgrenzten Feldern jeweils "verschiedene Anfänge, die zu zeichnerischer Fortführung anregen sollen" (RENNER 1953, S. 11), enthält, soll durch einfache graphische Zeichen eine zeichnerische Reaktion ausgelöst werden. Zur Erläuterung dieser Aufgabenstellung werden im folgenden Auszüge aus der Testanweisung für die Versuchsleiter wiedergegeben:

Das Kind sitzt an einem Tisch dem VL gegenüber. Es erhält einen Satz verschiedenfarbiger Filzschreiber.

Es gibt drei verschiedene Ausgangsimpulse (DIN A 4 Format):

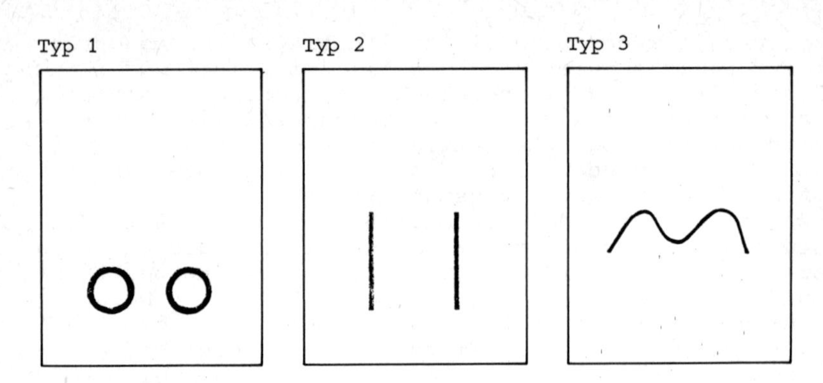

Abb. 1: Optische Impulse

Der VL legt dem Kind das erste Blatt (vgl. Skizze) vor: *"Du bekommst jetzt diese Stifte und ein Blatt Papier zum Malen. Du siehst, auf dem Blatt ist schon etwas angefangen. Mach etwas draus - male weiter, was du willst!"*

Sobald das Kind zu erkennen gibt, daß es mit seiner Zeichnung fertig ist, notiert sich der VL unauffällig die Zeit und fragt: *"Sag mir, was Du da gemalt hast."* Er vermerkt die Antwort *sofort wörtlich* auf dem Schülerbogen und trägt die berechnete Arbeitszeit in Minuten ein. Dann zeigt er dem Kind ein zweites Blatt des *gleichen* Aufgabentyps und fragt: *"Möchtest Du noch etwas anderes daraus machen?"*

Alternative 1: Wenn das Kind verneint, bleibt es für diese Aufgabe bei einer Lösung und erhält nun ein Blatt mit dem nächsten Aufgabentyp. Sollte es auch hier nur eine Lösung zeichnen, kann auch der dritte Aufgabentyp gegeben werden.

Alternative 2: Wenn das Kind das zweite Blatt annimmt, verhält sich der VL wie beim ersten Mal, d.h. er notiert die Zeit, füllt den Schülerbogen aus und trägt die Erläuterungen ein. Er wiederholt das Verfahren so lange, bis das Kind ein neues Blatt zu diesem Aufgabentyp ablehnt.

Jedes Kind kann also zu jedem Aufgabentyp soviele neue Blätter zeichnen, wie es will. Es sollte pro Tag nur ein Typ bearbeitet werden, mit Ausnahme von Kindern, die nur ein Blatt pro Typ zeichnen. Hier scheint es gerechtfertigt, dann einen anderen Impuls zu geben.

Dabei muß die *Reihenfolge der Typen* genau beachtet werden.

Die dargestellte Zeichenaufgabe entspricht weitgehend der Anforderung nach schichtenunabhängiger Aufgabenstellung, da sie nicht vorrangig verbal vermittelt wird, keine spezifischen Erfahrungen oder Kenntnisse voraussetzt und ein für alle Kinder gleich unbekannter Aufgabentypus ist. Die mit jeder Testaufgabe notwendig verbundene Einschränkung und Fremdbestimmung ist weitgehend reduziert, da jedes Kind aus seiner subjektiven Bedürfnislage entscheiden kann, *was*, *wie* und *wieviel* es zeichnet. In diesem Sinne und in Analogie zu Items vorliegender Kreativitätstests scheint es gerechtfertigt, diese Zeichenaufgabe auch als *Kreativitätsaufgabe* zu bezeichnen, die geeignet ist, kreatives Verhalten im ästhetischen Bereich zu provozieren.

3.1.1.2 Auswertungskriterien

Die Auswertung der Kinderzeichnungen bezieht sich in Übereinstimmung mit der dargestellten Fragestellung überwiegend auf *formale* Aspekte wie Anzahl der Bildzeichen, verwendete bildnerische Mittel und Arbeitszeit. *Inhaltsaspekte* hingegen können nur innerhalb eines vergleichsweise groben Rasters berücksichtigt werden, da jedes Kind über den Inhalt seiner Zeichnung selbst entscheidet und somit keine vergleichbaren Motivreihen u.ä. vorliegen.

Eine zusätzliche Schwierigkeit für die Auswertung ergibt sich aus der Tatsache, daß die Kinder selbst über die *Anzahl* der Zeichnungen zu jedem Impuls entscheiden können. Mit dem folgenden Auswertungsschema wird versucht, jeweils die *Gesamtleistung* eines Kindes zu den in der Fragestellung aufgezeigten Aspekten ästhetischer Produktion zu erfassen, indem bei jedem einzelnen Auswertungsgesichtspunkt die Gesamtzahl der zu jedem Impuls gezeichneten Blätter mitberücksichtigt wird.

Die Auswertung erfolgt für *jeden Impulstyp getrennt* nach folgenden Punkten[1]:

o *Quantitative Aspekte zeichnerischer Produktion*

(1) Gesamte *Arbeitszeit* zu diesem Impuls in Minuten: Während der Versuchsdurchführung wird zwar die Arbeitszeit *pro Blatt* festgehalten, da sich die Auswertung insgesamt jedoch auf die Gesamtleistung zu einem Impuls bezieht, wird bei mehreren Zeichnungen die Arbeitszeit zusammengefaßt.

---

1 Da sich die Beschreibungskategorien weitgehend auf die in der Fragestellung formulierten Aspekte zeichnerischen Verhaltens beziehen, wird bei der folgenden Darstellung versucht, in etwa die Gliederung der Fragestellung beizubehalten.

(2) Gesamtzahl der Blätter zu diesem Impuls:
In die Auswertung werden nur Kinder einbezogen, die mindestens *ein* Blatt zu jedem Impuls gezeichnet haben, die Mindestzahl beträgt hier also 1.

o *Strukturelle Aspekte zeichnerischer Produktion*

(3) Anzahl der Blätter, die mit je *einer Farbe* gezeichnet wurden

(4) Anzahl der Blätter, die mit *2 bzw. 3 Farben* gezeichnet wurden

(5) Anzahl der Blätter, die mit *mehr als 3 Farben* gezeichnet wurden

(6) Anzahl der Blätter, die ausschließlich *Strichzeichnungen* sind (vgl. Abb. 3)

(7) Anzahl der Blätter, die sowohl Strichzeichnungen als auch fleckhafte Elemente enthalten *(Mischtyp)* (vgl. Abb. 2, 4)

(8) Anzahl der Zeichnungen, die ganz überwiegend *fleckhaft* sind (vgl. Abb. 8, 9)

Für die Beschreibung der *Farbverwendung* wurden drei Kategorien gebildet, um neben den monochromen und polychromen Zeichnungen auch diejenigen zu erfassen, die von den zur Verfügung stehenden zehn Farben nur einen geringen Anteil enthalten.

Ebenso wurden zur Beschreibung der *grafischen Mittel* nicht nur zwischen ausschließlich linearen und überwiegend fleckhaften Zeichnungen unterschieden, sondern in einer Zwischenkategorie die sogenannten Mischformen erfaßt. Damit sollte zugleich die Entscheidung der Beurteiler erleichtert werden, die nun nicht mehr alle Zwischenformen einer der beiden Extremgruppen zuordnen müssen.

o *Inhaltliche Aspekte zeichnerischer Produktion*

Da jedes Kind über die Inhalte seiner Zeichnungen selbst entscheiden kann, erscheint zunächst eine Sammlung der überhaupt gewählten Inhalte notwendig. In einem gesonderten Auswertungsgang werden dazu die Inhalte aller Zeichnungen unter Berücksichtigung der verbalen Erläuterungen der Kinder festgehalten. Dabei wird zugleich vermerkt, zu welchem Bildteil die Ausgangsimpulse verarbeitet wurden (vgl. dazu S. 92 ff.).

Im Rahmen der Beschreibungskategorien kann zudem die Frage nach dem Anteil gegenständlicher bzw. nicht-gegenständlicher Zeichnungen untersucht werden.

(9) Anzahl der Blätter mit überwiegend *gegenständlicher* Zeichnung (vgl. Abb. 3)
(10) Anzahl der Blätter, die aus der Zeichnung erkennbar überwiegend nicht gegenständlich sind im Sinne von *"Muster"* (vgl. Abb. 5)
(11) Anzahl der Blätter, bei denen entweder aufgrund der unklaren Darstellungsintention oder durch das zeichnerische Unvermögen des Kindes *nicht erkennbar* ist, ob ein Gegenstand oder ein Muster dargestellt ist (vgl. Abb. 2)

Da bei Kindern im Vorschulalter wahrscheinlich nicht jede Zeichnung so artikuliert ist, daß überhaupt entscheidbar ist, ob eine gegenständliche oder eine nicht-gegenständliche Zeichnung intendiert ist, wird für diese Fälle die dritte Kategorie gebildet. Dabei ist nicht auszuschließen, daß auch Kinder, die durchaus in der Lage sind, differenziertere Bildzeichen zu produzieren, in einzelnen Fällen so zeichnen, daß das Ergebnis dieser dritten Kategorie zugerechnet werden muß. Ebenso kann es Kinder geben, die gar keine differenziertere Zeichnung beabsichtigen, bei denen also nicht zeichnerisches Unvermögen, sondern eine andere *Absicht* der zeichnerischen Repräsentation die Ursache für eine entsprechende Zeichnung ist.

o *Kompositorische Aspekte zeichnerischer Produktion*
(12) Anzahl der Blätter, die nur *ein Bildzeichen* enthalten (vgl. Abb. 6)
(13) Anzahl der Blätter, die *2 bzw. 3* deutlich unterscheidbare Bildzeichen enthalten (vgl. Abb. 7)
(14) Anzahl der Blätter, die *mehr als drei* Bildzeichen enthalten (vgl. Abb. 8, 9)
(15) Anzahl der Blätter, bei denen mehrere Bildzeichen über das Blatt verteilt sind, ohne daß irgendein räumlicher Zusammenhang erkennbar ist *(Streuung)* (vgl. Abb. 4)
(16) Anzahl der Blätter, die eine vom Kind gezeichnete *Grundlinie* enthalten oder bei denen eine Blattkante als Grundlinie verwendet wurde (vgl. Abb. 8)
(17) Anzahl der Blätter, die als *Steilbild* aufgebaut sind (vgl. Abb. 9)
(18) Anzahl der Blätter, auf denen Bildelemente in einem *inhaltlichen* Zusammenhang stehen (hierbei sind die verbalen Erläuterungen der Kinder zu ihren Zeichnungen zu berücksichtigen, die in den Schülerbögen festgehalten sind (vgl. Abb. 7)

Bereits in der Fragestellung wurde darauf verwiesen, daß sich eventuell Zeichnungen mit wenigen Bildzeichen strukturell von Zeichnungen mit mehreren Bildzeichen in der Weise unterscheiden, daß bei weniger Bildzeichen eher *ein zentraler* Gegenstand durch einige Attribute ergänzt wird, während bei mehreren Bildzeichen diese als gleichwertige Zeichen in einem situativen Zusammenhang stehen.

Zur Beschreibung der *Bildordnung* werden sowohl Kategorien verwendet, die erste Formen der räumlichen Darstellung erfassen (Grundlinie, Steilbild), als auch mit der Kategorie "Streuung" die einfachste Form der Anordnung mehrerer Bildzeichen auf der Fläche überhaupt, da nach vorliegenden Untersuchungen zur Entwicklung der räumlichen Darstellung bei der Altersgruppe der Fünf- bis Sechsjährigen gerade der Übergang von der einfachen Streuung zur räumlichen Darstellung zu erwarten ist (vgl. S. 53).

Zur weiteren Differenzierung werden die Zeichnungen, die einerseits noch als "Streubilder" eingestuft werden müßten, andererseits jedoch einen *inhaltlichen Zusammenhang* zwischen den Bildelementen erkennen lassen, gesondert erfaßt. Um für die Beurteiler die Zuordnung der einzelnen Zeichnungen zu den verschiedenen Kategorien der Bildordnung zu erleichtern und vor allem um die hier notwendige Klassifikation zu vereinheitlichen, werden für die Auswertung möglichst typische Beispiele für jede Kategorie vorgegeben. Alle übrigen bisher genannten Auswertungsaspekte lassen sich anhand der Zeichnungen einigermaßen zweifelsfrei ohne weitere Hilfsmittel feststellen: die Anzahl der Bildzeichen und der verwendeten Farben wird ausgezählt, die Arbeitszeit wurde bereits während des Versuchs festgehalten, und auch die Frage nach den grafischen Mitteln erscheint relativ leicht entscheidbar, zumal hier für Mischformen eine gesonderte Kategorie gebildet wurde.

In der Fragestellung wurde jedoch auch bereits auf die Notwendigkeit einer "qualitativen" Klassifikation der Zeichnungen hingewiesen und als Indikator dafür der Artikulationsgrad der Bildzeichen vorgeschlagen (vgl. S. 54 f.).

o *Qualitative Aspekte zeichnerischer Produktion*

(19) Anzahl der Blätter auf unterster Differenzierungsstufe (keine Grundform erkennbar) (vgl. Abb. 2)

(20) Anzahl der Blätter der 1. Qualitätsstufe (bei gegenständlichen Bildzeichen soll die *Grundform* deutlich erkennbar sein) (vgl. Abb. 3)
(21) Anzahl der Blätter der 2. Qualitätsstufe (bei gegenständlichen Bildzeichen soll die *Grundform* durch wenige, einfache *Attribute* erweitert sein) (vgl. Abb. 6)
(22) Anzahl der Blätter der 3. Qualitätsstufe (*höchster Differenzierungsgrad* der Grundform) (vgl. Abb. 8)

Der Differenzierungsgrad soll sowohl bei gegenständlichen wie bei nicht-gegenständlichen Bildzeichen beurteilt werden. Bei mehreren Bildzeichen auf einem Blatt wird das beste gewertet.

Motivunabhängig soll also untersucht werden, wie weit einzelne Bildzeichen differenziert sind, ob etwa eine Grundform erkennbar ist und, wenn ja, in welchem Maße die Grundform eines Bildzeichens durchgliedert und durch Attribute ergänzt ist. Zur Erfassung dieser Merkmalsausprägung wird eine *Einschätzung* des Artikulationsgrades erforderlich. Die Differenzierungsstufe kann nicht durch Aufzählung *bestimmter* Details operationalisiert werden, wie sie etwa von KOPPITZ (1972) für den "Zeichne-einen-Menschen"-Test zusammengestellt wurden, da hier verschiedene Bildzeichen mit unterschiedlicher Grundform und entsprechend variierenden Details und Attributen eingestuft werden müssen. Um die *Auswertungsobjektivität* bei dieser Klassifizierung zu erhöhen, erhalten die Beurteiler zu jeder Differenzierungsstufe *Bildbeispiele* als Orientierungs- und Entscheidungshilfe. Zu jeder Kategorie wurden sechs Zeichnungen ausgewählt, die möglichst auch "fragliche" Fälle repräsentieren, da ja gerade hier der Entscheidungsspielraum verringert werden soll. Zudem wurden jeweils sowohl gegenständliche wie nicht-gegenständliche Zeichnungen zusammengestellt, da die verbale Erläuterung der Kategorien insbesondere für die nicht-gegenständlichen Zeichnungen nicht ausreichend erscheint.

Beispiele für die Auswertung der Kinderzeichnungen mit Hilfe der Beschreibungskategorien

Abb. 2:
Keine Grundform erkennbar; Mischtyp; nicht erkennbar, ob gegenständlich oder "Muster"; ein Bildzeichen

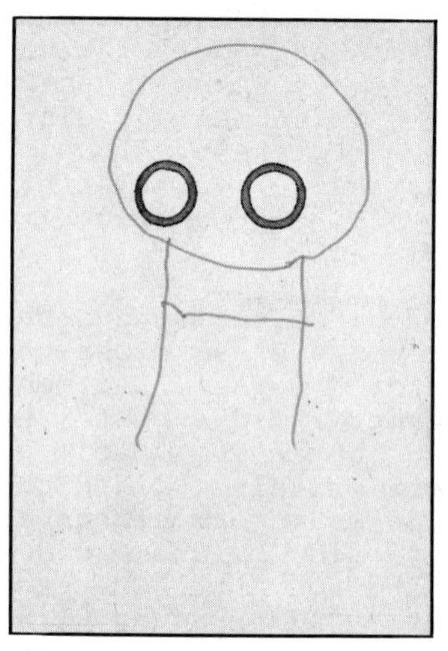

Abb. 3:
Grundform erkennbar; Strichzeichnung; gegenständlich; ein Bildzeichen

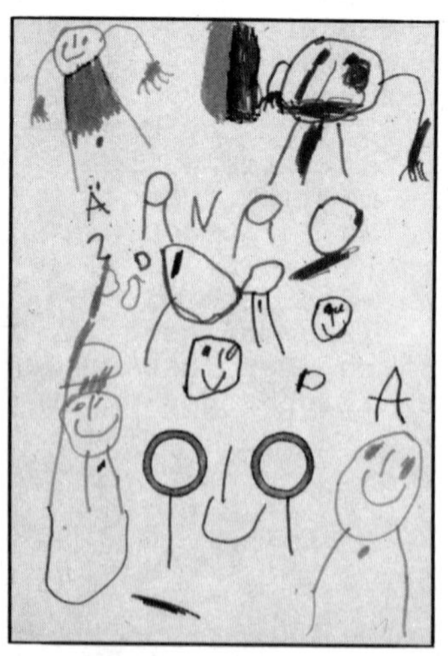

Abb. 4:
Grundform erkennbar; Mischtyp; gegenständlich; mehr als drei Bildzeichen; Streuung

Abb. 5:
Grundform mit Attributen; Strichzeichnung; "Muster"; mehr als drei Bildzeichen; Streuung

Beispiele für die Auswertung der Kinderzeichnungen mit Hilfe der Beschreibungskategorien

Abb. 6:
Grundform mit Attributen; Mischtyp; gegenständlich; ein Bildzeichen

Abb. 7:
Grundform mit Attributen; Mischtyp; gegenständlich; zwei bis drei Bildzeichen; inhaltlicher Zusammenhang

Abb. 8:
Höchster Differenzierungsgrad; fleckhaft; gegenständlich; mehr als drei Bildzeichen; Grundlinie

Abb. 9:
Höchster Differenzierungsgrad; fleckhaft; gegenständlich; mehr als drei Bildzeichen; Steilbild

o *Kreative Aspekte zeichnerischer Produktion*
Die bisher aufgeführten Auswertungskategorien ermöglichen eine weitgehend inhaltsunabhängige Beschreibung zeichnerischer Produktion. Sie sind damit auch prinzipiell auf Zeichnungen von Vorschulkindern anwendbar, die nicht im Rahmen dieser Untersuchung entstanden sind. Insbesondere zur Auswertung *kreativer* Aspekte zeichnerischen Verhaltens sind nun jedoch die Reaktionen zu untersuchen, die durch die besondere Art der Aufgabenstellung - die optischen Impulse - verursacht wurden. Die drei verschiedenen optischen Impulse stellen die einzigen Inhalte dar, die allen Zeichnungen gemeinsam sind. Daher kann hier unabhängig vom jeweiligen individuell gewählten Bildinhalt untersucht werden, in welcher Weise diese vorgegebenen Bildelemente von den Kindern in ihren Zeichnungen formal verarbeitet wurden:

(23) Anzahl der Blätter, bei denen der Impuls in einen Zeichenzusammenhang *integriert* wurde (vgl. Abb. 10)
(24) Anzahl der Zeichnungen, bei denen der Impuls *beachtet* wurde (anmalen, ausmalen), aber nicht in einen Zeichenzusammenhang integriert wurde (vgl. Abb. 11)
(25) Anzahl der Blätter, bei denen der Impuls nicht integriert bzw. beachtet wurde, aber in der Zeichnung deutlich erkennbar *verwendet* wurde (vgl. Abb. 12)
(26) Anzahl der Blätter, die *gedreht* wurden (vgl. Abb. 13)

Mit Hilfe der vorstehenden Kategorien wird versucht, möglichst differenziert die verschiedenen Formen der Verarbeitung der drei optischen Impulse zu erfassen. Da alle Kinder die Blätter in gleicher Weise vorgelegt bekommen, stellt auch das Drehen des Blattes um 90° oder 180° eine besondere Reaktionsweise auf diese Aufgabe dar. Dabei ist noch nicht festgelegt, in welcher Form nun bei gedrehtem Blatt die Kreisringe, Parallelen oder die Wellenlinie in die eigene Zeichnung aufgenommen wurden. Vorversuche hatten jedoch ergeben, daß keineswegs nur die Alternatige integrieren - nicht integrieren besteht, sondern daß zu jeder dieser Alternativen eine bedeutsame Variante gefunden werden kann. So erfaßt die zweite Beschreibungskategorie die Zeichnungen, bei denen der Impuls nicht in einen Zeichenzusammenhang integriert wird, aber den-

Verschiedene Formen der grafischen Verarbeitung der optischen Impulse

Abb. 10:
Impuls integriert

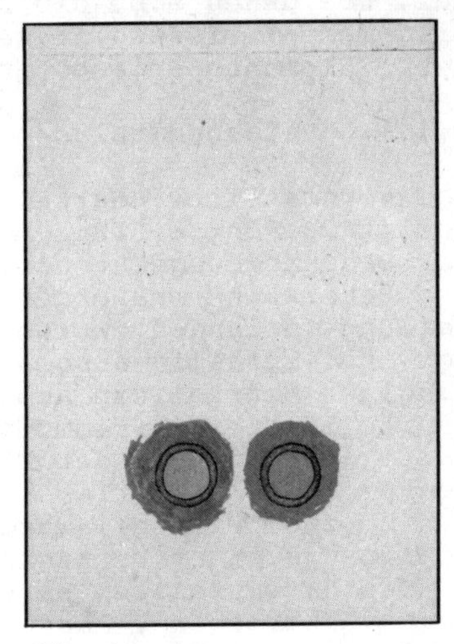

Abb. 11:
Impuls "beachtet"

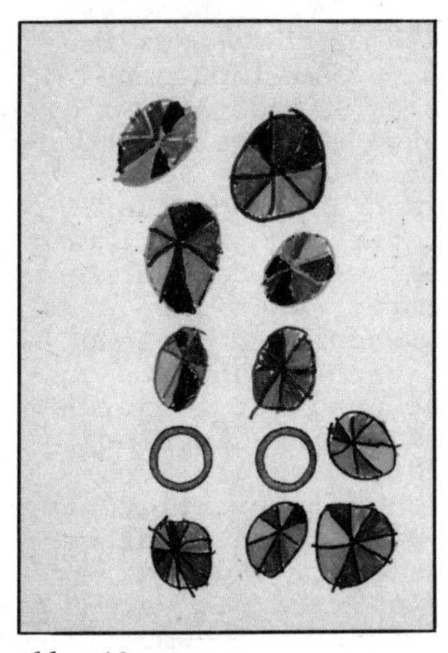

Abb. 12:
Impuls verwendet

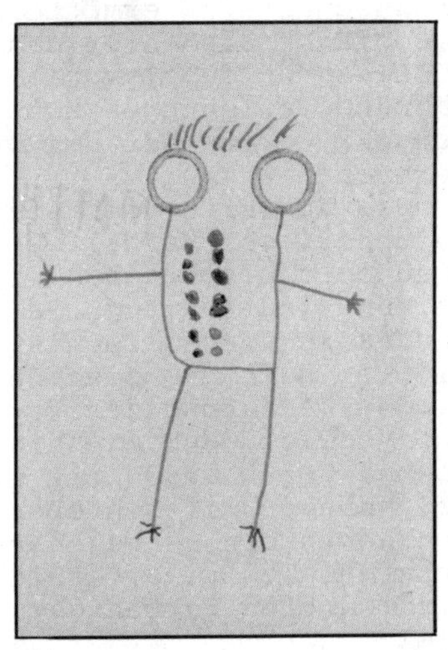

Abb. 13:
Blatt gedreht

noch durch An- oder Ausmalen beachtet wird, während die dritte Kategorie diejenigen Versionen kennzeichnet, bei denen z.B. die Kreisringe auf dem Blatt als Bildelement wiederholt werden, ohne daß die vorgegebenen Elemente selbst tangiert werden.

3.1.1.3 Aufgabenanalyse

Das vorgestellte Beurteilungsschema umfaßt damit insgesamt 26 Punkte. Zur Überprüfung der Eindeutigkeit der Beschreibungskategorien und der Übereinstimmung von Ratern innerhalb der Kategorien, die eine Beurteilung verlangen, wurden zunächst die Zeichnungen von drei zufällig ausgewählten Klassen von zwei unabhängigen Beurteilern ausgewertet. Nachdem sich die Beurteilerübereinstimmung als relativ hoch erwiesen hatte (nur in 4,5% der Fälle ergaben sich Abweichungen um eine Kategorie, nur in 1% der Fälle Abweichungen um zwei Stufen), wurde die endgültige Auswertung von nur je einem Beurteiler vorgenommen.

Die dargestellten Kategorien dienen der *Beschreibung* verschiedener Aspekte zeichnerischer Produktion - sie sind nicht vergleichbar mit den einzelnen Items eines Tests, für die z.B. Schwierigkeitsgrad und Trennschärfe zu ermitteln wäre. Die Aufgabenanalyse beschränkt sich hier daher auf den *Vergleich* der Ergebnisse zu den *drei verschiedenen optischen* Impulsen, während Beziehungen zwischen den einzelnen Auswertungskriterien bei der Darstellung der Ergebnisse untersucht werden.

Das Auswertungsschema ist so angelegt, daß das zeichnerische Verhalten eines Kindes für jeden Impuls gesondert beschrieben wird. Dabei werden bei der Auswertung jeder Kategorie die gesamten Reaktionen eines Kindes zu diesem Impulstyp zusammengefaßt, gleichgültig, ob nur *eine* oder ob *mehrere* Zeichnungen dazu vorliegen. Aufgrund der Versuchsanordnung ist es durchaus möglich, daß ein Kind innerhalb eines Impulses sowohl Zeichnungen mit einem Bildzeichen als auch Zeichnungen mit mehreren Bildzeichen angefertigt hat, von denen einige gegenständlich und andere nicht-gegenständlich sind, einige mit nur einer und andere mit mehreren Farben gezeichnet sind. Bei dem Vergleich der *drei Impulstypen* ist diese Variationsmöglichkeit bei jedem einzelnen Impuls zu berücksichtigen.

Für diesen Vergleich nun werden bei qualitativen Merkmalen Kontingenzkoeffizienten[2] berechnet, bei metrisch skalierten Werten Korrelationen (Produkt-Moment-Korrelationskoeffizienten). Zunächst ist festzustellen, daß für nahezu *alle* Beschreibungskategorien *signifikante*[3] *positive Zusammenhänge* zwischen den drei Impulstypen nachweisbar sind. Angesichts der wenig einschränkenden Versuchsanordnung sind jedoch relativ *niedrige* Werte für den Zusammenhang zwischen den Reaktionen auf die drei verschiedenen optischen Impulse zu erwarten. Zudem liegen in Relation zur Anzahl der zugrunde liegenden Tafelfelder die maximalen Werte der Kontingenzkoeffizienten bei 0,7 bis 0,8 und keinesfalls bei +1,0 wie bei Korrelationskoeffizienten. Diese Vermutung wird durch die korrelationsstatistische Analyse weitgehend bestätigt. Die signifikanten Kontingenzkoeffizienten variieren zwar zwischen 0,11 und 0,66, die Mehrzahl der Werte liegt jedoch zwischen 0,30 und 0,45. Im einzelnen ist auffällig, daß bei den Kategorien, die sich auf den Grad der Differenziertheit des zeichnerischen Verhaltens beziehen, relativ hohe Übereinstimmungen zwischen den drei Impulstypen bestehen, während etwa die Wahl der bildnerischen Mittel weitaus stärker von Impuls zu Impuls variiert.

---

2 Im folgenden werden zur Beschreibung des Zusammenhangs von *nominal* skalierten Variablen Kontingenz-Koeffizienten berechnet. Die maximale Größe des Kontingenz-Koeffizienten C ist jedoch abhängig von der Größe der zugrunde liegenden Mehrfeldertafel. Je *kleiner* die Zahl der Tafelfelder ist, um so *niedriger* ist der maximal erreichbare Wert für C. Für die bei unseren Kategorien zur Beschreibung der Kinderzeichnungen häufig zugrunde liegende *Vier*feldertafel beträgt der *maximale* Wert C = 0,707 (vgl. zur Berechnung von C CLAUSS/EBNER 1972, S. 260 ff.).

3 ss - sehr signifikant (0,1% Irrtumswahrscheinlichkeit)
s - signifikant (5% Irrtumswahrscheinlichkeit)
ns - nicht signifikant

Vergleich über die drei Impulstypen
(Kontingenz-Koeffizienten)

	Impuls 1/ Impuls 2	Impuls 1/ Impuls 3	Impuls 2/ Impuls 3
"Unvermögen"	0,69 ss	0,53 ss	0,61 ss
keine Grundform erkennbar	0,55 ss	0,50 ss	0,50 ss
höchste Diff.-Stufe	0,66 ss	0,43 ss	0,43 ss
1 Farbe	0,37 ss	0,45 ss	0,49 ss
2 bis 3 Farben	0,24 ss	0,18 ss	0,11 ss
3 und mehr Farben	0,32 ss	0,43 ss	0,37 ss
Strichzeichnung	0,39 ss	0,43 ss	0,41 ss
Mischtyp	0,32 ss	ns	0,31 ss
fleckhafte Zeichnung	0,48 ss	0,34 ss	0,51 ss

Vermutlich ist der Artikulationsgrad der Bildzeichen stärker vom allgemeinen Entwicklungsstand und speziell vom Umfang der bisherigen zeichnerischen Übungsmöglichkeiten des Kindes abhängig, während die Wahl der bildnerischen Mittel eher unmittelbar durch das Materialangebot beeinflußt werden kann. Die Erprobung verschiedener grafischer Möglichkeiten scheint stärker in die aktuelle Entscheidungskompetenz des Kindes selbst gegeben zu sein, es kann sich von Zeichnung zu Zeichnung tatsächlich unterschiedlich verhalten.

Diese relative Unabhängigkeit zeigt sich besonders bei den unterschiedlichen Formen der Verarbeitung der drei verschiedenen optischen Impulse.

Vergleich über die drei Impulstypen
(Kontingenz-Koeffizienten)

	Impuls 1/ Impuls 2	Impuls 1/ Impuls 3	Impuls 2/ Impuls 3
Impuls integriert	0,31 ss	0,32 ss	0,45 ss
Impuls beachtet	ns	ns	0,29 ss
Impuls verwendet	0,11 s	0,23 ss	0,24 ss
Blatt gedreht	0,24 ss	0,11 s	ns

Sofern überhaupt signifikante Zusammenhänge nachweisbar sind, zeigen die niedrigen Werte der Kontingenzkoeffizienten, daß die Art der Verarbeitung der optischen Impulse relativ häufig von einem Impuls zum anderen wechselt.

Auch die Korrelationskoeffizienten für die metrisch skalierten Variablen "Arbeitszeit" und "Anzahl der Zeichnungen" weisen nur mittlere Werte auf:

Vergleich über die drei Impulstypen
(Korrelationskoeffizienten)

	Impuls 1/ Impuls 2	Impuls 1/ Impuls 3	Impuls 2/ Impuls 3
Anzahl der Zeichnungen	0,56 ss	0,40 ss	0,52 ss
Arbeitszeit	0,49 ss	0,40 ss	0,44 ss

Zusammenfassend ist also festzustellen, daß die drei verschiedenen optischen Impulse keineswegs identische Reaktionen hervorrufen. Allerdings ist die Enge des Zusammenhangs für verschiedene Aspekte der zeichnerischen Produktion unterschiedlich (vgl. dazu die Analyse der Beziehungen zwischen den Aspekten untereinander S. 118 ff.). Insgesamt bestehen jedoch Korrelationen mittlerer Höhe, so daß angenommen werden kann, daß alle drei Impulstypen den gleichen Fähigkeitskomplex "zeichnerische Produktivität" erfassen. Allerdings erscheint es angesichts der aufgezeigten Differenzen nicht gerechtfertigt, die Ergebnisse dieser drei "Untertests" zu einem Gesamtwert zusammenzufassen, so daß bei der Darstellung jeweils die Ergebnisse für jeden Impulstyp gesondert ausgewertet und interpretiert werden müssen.

Die vorgenommene Aufgabenanalyse beschränkt sich auf diesen Vergleich der drei Aufgabentypen. Gütekriterien wie Aussagen über Reliabilität und Validität liegen nicht vor, da es sich, wie die Beschreibung gezeigt hat, bei den Kreativitätsaufgaben nicht um ein elaboriertes Testverfahren handelt, sondern zunächst um die Erprobung einer spezifischen Aufgabenstellung mit einer Sammlung von Auswertungskriterien.

3.1.1.4 Gesonderte Auswertung im Hinblick auf kreative Aspekte

Die vorgestellten Beschreibungskategorien ermöglichen einen *ersten Auswertungsgang*, der alle Zeichnungen unabhängig vom individuell gewählten Bildinhalt erfaßt. Diese Auswertung erscheint hinreichend zur Beantwortung der *allgemeinen Fragen zum zeichnerischen Verhalten* der Vorschulkinder wie auch bereits zur Analyse einiger kreativer Aspekte. So werden die Faktoren *Flüssigkeit* und *Elaboration* durch die Beschreibungskategorien "Anzahl der Zeichnungen" (quantitativer Aspekt der Flüssigkeit) und "Artikulationsgrad der Bildzeichen" (qualitativer Aspekt der Elaboration) erfaßt. Im Hinblick auf den Faktor *Problemsensitivität* können die Auswertungskategorien, die die Art der Verarbeitung der optischen Impulse erfassen, erste Aussagen ergeben.

Zur weiteren Untersuchung der *Sensitivität* für die Aufgabenstellung und der *Flexibilität* ist ein *zweiter Auswertungsgang* erforderlich, der im Gegensatz zu den eher formalen Beschreibungskategorien die Verarbeitung der optischen Impulse zu unterschiedlichen *Bildinhalten* berücksichtigt.

Für diesen Auswertungsgang können daher nur diejenigen Zeichnungen verwendet werden, die den optischen Impuls entweder in ein Bildzeichen integrieren oder ihn durch An- oder Ausmalen eindeutig als Gegenstand definieren, während Zeichnungen, die den Impuls offensichtlich nicht einbeziehen oder ihn übermalen, ausgeschieden werden. Zudem können hier diejenigen Zeichnungen nicht ausgewertet werden, deren Artikulationsgrad so gering ist, daß ein Beurteiler auch unter Berücksichtigung der verbalen Erläuterungen des Kindes die Bildzeichen, die den Impuls enthalten, nicht eindeutig identifizieren kann. Daher reduziert sich die Gesamtzahl von 1387 Zeichnungen für diesen Auswertungsgang auf 998 Zeichnungen (72% der Gesamtzahl).

Verteilung auf die drei Impulstypen

	Impuls 1		Impuls 2		Impuls 3	
Gesamtzahl der Zeichnungen	485	100,0%	455	100,0%	447	100,0%
Zeichnungen, die inhaltlich analysiert werden	355	73,2%	362	79,6%	298	66,7%

Entsprechend reduziert sich auch die Untersuchungspopulation von insgesamt 225 Kindern um etwa ein Viertel auf die Gruppe der Kinder, die den jeweiligen Impuls inhaltlich identifizierbar in ihre Zeichnungen einbezogen haben.

Verteilung auf die drei Impulstypen

	Anzahl der Kinder, die den Impuls inhaltlich identifizierbar in ihre Zeichnungen einbezogen haben (n = 225)	
Impuls 1	153	68,0%
Impuls 2	168	74,7%
Impuls 3	158	70,2%

In Analogie zur Auswertung verbaler Kreativitätstests (vgl. GROTE u.a. 1969, S. 150 f.) wird zunächst die Häufigkeit der verschiedenen "Antworten" festgestellt, um diese dann zu Antwortgruppen zusammenzufassen. Dazu müssen aus einer Auflistung der Inhalte *aller* Zeichnungen zunächst diejenigen ausgewählt werden, für die die Bedingung zutrifft, daß der optische Impuls inhaltlich identifizierbar in den Zeichenzusammenhang einbezogen ist. Da die Fragestellung darauf gerichtet ist, zu untersuchen, *wozu* der optische Impuls jeweils verarbeitet ist, werden in dieser "Inhaltsliste" nicht nur die gesamten Bildinhalte der Kinderzeichnungen festgehalten (z.B. "Mensch" oder "Auto"), sondern auch die jeweilige inhaltliche Bestimmung des optischen Impulses etwa als "Augen" oder "Räder" innerhalb der Zeichnung. Diese verschiedenen Interpretationsmöglichkeiten werden für die drei Impulstypen gesondert in Häufigkeitstabellen zusammengefaßt (vgl. S. 148 f.).

Bei dieser Auszählung der Häufigkeit bestimmter inhaltlicher Bestimmungen der Impulse für jeden Typ wurde deutlich, daß die Untersuchung der *Originalität* auf der Grundlage der Seltenheit bzw. Einzigartigkeit bestimmter Lösungen für die Analyse von *gezeichneten* "Antworten" wenig aussagekräftig ist, da ein sehr großer Anteil der Bildzeichen nur einmal gezeichnet wurde und in diesem Sinne "original" wäre.

"Originalität" von Lösungen

	Impuls 1		Impuls 2		Impuls 3	
einmalige Lösungen	29	8,6%	59	16,3%	67	22,5%
Gesamtzahl der Zeichnungen	338	100,0%	362	100,0%	298	100,0%

Zudem scheint die Produktion "einmaliger" Lösungen weniger eine Aussage über die kreative Disposition einzelner Kinder zu geben als vielmehr über den spezifischen Aufforderungscharakter der verschiedenen Impulstypen. Offensichtlich fixierte der erste Impuls die Kinder stärker als die beiden anderen Impulse auf einige gegenständliche Interpretationsmöglichkeiten, so daß hier *aufgabenbedingt* weniger einmalige Lösungen auftreten.

Zur Feststellung der *Flexibilität* ist eine Gruppierung der Interpretationsmöglichkeiten zu *Antwortklassen* für jeden Impulstyp erforderlich, da die Verteilung der Lösungen eines Kindes auf *verschiedene* Kategorien ein Maß für seine Flexibilität ergibt. Die Lösungen zu einem Impuls müssen also zu Antwortklassen mittlerer Abstraktionshöhe zusammengefaßt werden (vgl. dazu GROTE u.a. 1969, S. 150 f.).

Um nicht eine zufällige theoretische Klassifizierung zur Bildung der Kategorien heranzuziehen, wurden alle Antworten zu einem Impuls von zwei unabhängigen Beurteilern zu einer mittleren Anzahl von 6 bis 9 Gruppen sortiert. Die Beurteiler stimmten bei dieser Art der Kategorienbildung vom Material her weitgehend überein. Nicht gleichartig zugeordnete Lösungen wurden nach gemeinsamer Diskussion der Beurteiler zugeordnet.

Die Benennung der so gefundenen Kategorien erfolgte erst nachträglich bei Sichtung des Materials. Dabei wurden insbesondere zwei verschiedene Prinzipien der Klassifikation deutlich: Einerseits war nach Inhaltsbereichen wie "Wände eines Gebäudes oder Bauwerkes" oder "Teile eines Buchstabens" gruppiert worden, andererseits waren Gruppen gebildet worden, die durch die Art des Ausgangsimpulses bestimmt waren, z.B. "einzelne Senkrechte" und "Doppelform, die wesentlicher Teil eines Objektes ist" (vgl. dazu die Darstellung der Ergebnisse S. 148 ff.).

3.1.2 Farbtest

Zur Prüfung der *Farbwahrnehmungsfähigkeit* ist eine Zuordnungsaufgabe nach DALE (1969) geeignet, bei der passende Farbkarten auf einem vorgelegten Farbkreis lokalisiert werden müssen. Stimulusmaterial sind zwei identische Sätze von je zehn Farbkarten[4] mit den Far-

4 Altenburg-Stralsunder Spielkarten "Wünsch Dir einen Regenbogen". Das große Farbenspiel (Karten Nr. 4, 8, 10, 15, 16, 19, 22, 24, 26, 28).

ben gelb, orange, rot, violett, dunkelblau, blau, türkis, grün, hellgrün, grüngelb. Helligkeit und Intensität der Farben sind gleich, die jeweils nebeneinander liegenden Farbtöne ähneln sich. Dies gilt auch für die Endkarten (gelb und grüngelb), so daß die Farbreihe zu einem Kreis geschlossen werden kann. Damit wird für die Zuordnungsaufgabe die Orientierung an der *Lage* der Karte sehr erschwert.

Zur Untersuchung sitzt jeweils ein Kind vor dem Tisch, auf dem der Farbkreis ausgelegt ist. In zufälliger Reihenfolge zeigt ihm der Versuchsleiter die zehn Farbkarten und fordert es auf, die passende Farbe im Farbkreis zu suchen. Da das Kind nur auf die richtige Farbe zu *zeigen* braucht, wird hier weitgehend sprachfrei ausschließlich die *optische Differenzierungsfähigkeit* geprüft; dieses Verfahren wird daher auch zum interkulturellen Vergleich der Farbwahrnehmung verwendet (DALE 1969, S. 1137).

In einem zweiten Testdurchgang wird festgestellt, ob eine entsprechende *verbale Differenzierung* der Farben durch unterschiedliche Benennungen vorhanden ist: In zufälliger Reihenfolge legt der Versuchsleiter dem Kind die einzelnen Farbkarten des *einfachen* Kartensatzes vor und fragt bei jeder Karte nach der *Farbbezeichnung*.

Bei der *Auswertung* des ersten Testdurchgangs wird für jedes Kind die Anzahl der richtig gezeigten Farbkarten ermittelt (maximal zehn). Die optische Wahrnehmungsleistung ist damit zweifelsfrei und eindeutig festzustellen. Die Auswertung des zweiten Testdurchgangs ist demgegenüber wesentlich schwieriger, da hier nicht die Übereinstimmung mit einer "richtigen" Farbbezeichnung geprüft werden soll. Ziel ist vielmehr, für jedes Kind festzustellen, wieviele verschiedene Farben es *differenziert* benennen kann. Erfassen und Beurteilen dieser verbalen Differenzierungsfähigkeit werden daher getrennt.

Zur *Erfassung* der Testleistung wird jede vom Kind genannte Farbbezeichnung vom VL wörtlich festgehalten, sofern sie nicht mit der vorgegebenen Farbbezeichnung übereinstimmt. Die Beurteilung erfolgt in zwei Schritten: Alle Farbbezeichnungen eines Kindes werden zuerst auf "Richtigkeit" überprüft, wobei in der Regel Bezeichnungen für angrenzende Farbtöne auch als zutreffend bewertet werden. Um weitgehende Übereinstimmung bei der "Richtig-Falsch"-Beurteilung zu gewährleisten, werden alle von den Kindern genannten Varianten gesondert gesammelt und ihre Einstufung festgehalten. Da die Reihenfolge der Darbietung der Farbkarten wechselt, werden alle daraus sich ergebenden Relativierungen als zutreffend bewertet, denn ein Kind, das etwa zuerst die dunkelblaue Farbe erhält und sie als "blau" bezeichnet, muß die blaue Karte dann als "hellblau" bezeichnen, um zwischen den beiden Farbtönen zu differenzieren.

In einem zweiten Beurteilungsschritt wird dann die Anzahl der *differenzierten* zutreffenden Farbbezeichnungen festgestellt, Doppelnennungen also ausgeschieden. Wenn z.B. ein Kind die ersten drei Farbkarten als "orange" bezeichnet, wird dies zwar dreimal als zutreffend bewertet, da jedoch nur *eine* Farbbezeichnung verwendet wurde, erhält das Kind im Endergebnis nur einen Punkt.

Neben der Gesamtzahl der *richtig gezeigten* sowie der Gesamtzahl der *zutreffend und differenziert benannten* Farben wird dann für jedes Kind zusätzlich ermittelt,

- o wieviele Farben *richtig gezeigt* aber *falsch* bzw. gar nicht *benannt* wurden
- o wieviele Farben zwar *falsch gezeigt* aber *richtig benannt* wurden
- o wieviele Farben *falsch gezeigt* und *falsch benannt* wurden

Der Anspruch der differenzierten Farbbezeichnung wird bei dieser letzten Auswertung vernachlässigt, da hier die Erfassung möglicher Diskrepanzen zwischen Farbwahrnehmung und Farbbezeichnung im Vordergrund steht.

Die Versuchsanordnung wurde von DALE (1969) übernommen, der selbst jedoch nur 24 Kinder zwischen 3,9 und 5,1 Jahren untersucht hat, Normen und Gütekriterien liegen daher nicht vor, der Test hat - ebenso wie die Kreativitätsaufgaben - nur das Niveau eines informellen Testverfahrens. Dennoch scheinen sowohl Testdurchführung und Auswertung hinreichend durch genaue Instruktionen standardisiert.

3.1.3 Visueller Wahrnehmungstest von M. FROSTIG

Zur Untersuchung der Gliederungsfähigkeit in der visuellen Wahrnehmung (vgl. Fragestellung S. 62) scheint der Developmental Test of Visual Perception (FTVP) von Marianne FROSTIG (1966) geeignet, da er relativ differenziert unterschiedliche Aspekte der visuellen Wahrnehmung erfaßt.

Dieser Test wird insbesondere als Instrument zur Frühdiagnose von Legasthenie verwendet und in dieser Funktion von VALTIN sehr kritisch beurteilt (VALTIN 1972, S. 103 ff.). Im Hinblick auf unsere Fragestellung ist jedoch nicht die prognostische Valenz im Hinblick auf Lese- und Rechtschreibleistung erforderlich. Es kommt vielmehr auf möglichst gesicherte Aussagen über verschiedene Aspekte der visuellen Differenzierungsfähigkeit an. Dazu scheinen zumindest vier der insgesamt fünf Untertests geeignet:

- o Figur-Grund-Unterscheidung
- o Formkonstanz-Beachtung
- o Erfassen räumlicher Lage
- o Erkennen räumlicher Beziehungen

Der fünfte Untertest mißt die in unserem Zusammenhang ebenfalls relevante Hand-Augen-Koordination (vgl. Fragestellung S. 65 ff.).

Der Test liegt in dieser endgültigen Form seit 1966 vor. Er wurde von FROSTIG für Kinder im Alter von 3 bis 8 Jahren entwickelt und kann sowohl als Individual- wie als Gruppenverfahren durchgeführt werden.

Die *Objektivität* des Tests ist insbesondere in der deutschen Übersetzung[5] gut gesichert, da hier eine ausführliche Durchführungsleitung die Untersuchungsbedingungen standardisiert und die Testauswertung durch eindeutige Bewertungshinweise und Auswertungsschablonen bereits in der englischen Originalfassung ausreichend festgelegt ist.

Hingegen ist die *Zuverlässigkeit* (Reliabilität) des Verfahrens nach VALTIN mit Test-Retest-Koeffizienten von 0,69 für den Gesamttest zumindest für individualdiagnostische Zwecke nicht ausreichend. Auch für eine gesonderte Interpretation der einzelnen Untertests erscheinen die Zuverlässigkeitskoeffizienten nicht hinreichend hoch (Werte zwischen 0,33 und 0,83). Der besondere Anspruch des FROSTIG-Tests, die *differentielle* Messung unterschiedlicher visueller Fähigkeiten, scheint also nur bedingt einlösbar (vgl. VALTIN 1972, S. 107 f.).

Die *Gültigkeit* (Validität) des Verfahrens - insbesondere seine diagnostische Valenz - ist, wie bereits kurz dargestellt, nach den Zusatzuntersuchungen von

---

5 Die Übersetzung der Testanweisung wurde von VALTIN übernommen.

VALTIN unzureichend (vgl. VALTIN 1972, S. 146). Während sich zur Prognose der Leseleistung und Buchstabenkenntnis zwar statistisch signifikante, pädagogisch jedoch nicht relevante niedrige Korrelationen zeigten (0,16 bis 0,39), ergaben sich signifikante Korrelationen zu Sozialstatus, Schulreife und Intelligenz von 0,55 bis 0,64, so "daß sich der FTVP, bei Nichtberücksichtigung des Untertests der visuo-motorischen Koordination, zur Schätzung der Intelligenz eignet" (VALTIN 1972, S. 128).

Die amerikanischen Normen können nicht als repräsentativ bezeichnet werden, da es sich bei der amerikanischen Eichstichprobe um eine stark selegierte Population handelte, in der Kinder mit Kindergartenbesuch und Kinder aus Mittel- und Oberschicht überrepräsentiert waren. Da eine Eichung des Tests für deutsche Verhältnisse noch nicht vorliegt, müssen in unserer Untersuchung die Rohwerte zur statistischen Auswertung verwendet werden.

3.1.4 Frankfurter Schulreifetest FST

Nachdem aus den Kinderzeichnungen zu den optischen Impulsen Differenzierungsfähigkeit bei *spontaner Produktion* erfaßt wird, im FROSTIG-Test die Formdifferenzierung bei visueller *Wahrnehmung* untersucht wird, bleibt als letzter Aspekt die Gliederungsfähigkeit bei *Reproduktion* vorgegebener Zeichen zu untersuchen.

Entsprechende Aufgaben finden sich in fast allen Schulreifetests (z.B. Weilburger Testaufgaben WTA: ein vorgegebenes Muster aus Würfel, Ring und Kreuz wiederholen). Für die Untersuchung wird die Aufgabe "Zeichen abmalen" aus dem Frankfurter Schulreifetest (ROTH u.a. 1970) entnommen, da hier zur Prüfung der optischen und motorischen Gliederungsfähigkeit ein eigener Untertest zur Verfügung steht und dieser Test zudem insgesamt durch altersgemäße Aufgabenstellung und ausführliche Durchführungs- und Auswertungsanweisung zur Verwendung in diesem Zusammenhang geeignet erscheint. Die Aufgabe besteht darin, daß drei verschiedene Zeichen, die auf dem Testbogen bereits in gleicher Größe vorgegeben sind, jeweils dreimal abgezeichnet werden sollen. Zur Beurteilung wird jeweils das beste der drei zu einer Vorgabe angefertigten Zeichen ausgesucht. Für jede richtige - das heißt der Vorlage entsprechenden - Lösung erhält das Kind einen Punkt. Damit können für die drei Zeichen maximal drei Punkte vergeben werden.

Aus zeitökonomischen Gründen wird nur diese Aufgabe zur Formauffassung und -wiedergabe bearbeitet, obgleich damit nur eine sehr grobe Information über die Gliederungsfähigkeit bei Reproduktion eines vorgegebenen Zeichens erwartet werden kann. Angesichts des relativ geringen Stellenwertes, den diese Detailfrage im Gesamtrahmen der Untersuchung einnimmt, erscheint diese Einschränkung jedoch vertretbar, zumal bei Bedarf die Ergebnisse des gesamten FST aus der Begleituntersuchung zum Hamburger Eingangsstufenversuch (vgl. S. 104 f.) herangezogen werden könnten.

Während die *Durchführungsobjektivität* durch wörtliche Testanweisungen und genaue Zeitangaben gesichert ist, erscheint die *Auswertung* problematisch, da nicht eindeutig, sondern nur in Analogie zu einem Auswertungsschlüssel mit Beispielen für "richtig" bzw. "falsch" reproduzierte Zeichen entschieden wird. Die Zuverlässigkeit des ganzen Tests ist mit r=0,92 sehr gut (Paralleltestmethode, Intervall 2 bis 5 Tage, 350 Kinder). Die Angaben zur Gültigkeit und die Normierung beziehen sich jedoch ebenfalls auf den ganzen Test und können daher in diesem Zusammenhang nicht verwendet werden.

3.1.5 Coloured Progressive Matrices und Columbia Mental Maturity Scale

Zur Erfassung von kognitivem Verhalten im optischen Bereich (vgl. Fragestellung S. 63) erscheinen *nichtverbale Intelligenztests* geeignet, die sonst diese Fähigkeit als Indikator für die allgemeine intellektuelle Leistungsfähigkeit prüfen.

Die Problemstellung erfolgt entweder mittels geometrischer Reizkonfigurationen und abstrakter Zeichen oder durch Abbildung von einfachen Gegenständen. Für die Lösung sind Denkoperationen wie Diskriminierung, Klassifikation und Seriation erforderlich, die zum logisch "richtigen" Ergebnis führen.

Das wohl bekannteste Verfahren, das *ausschließlich* diese Form zur Erfassung der Intelligenz verwendet, ist der *farbige Matrizen-Test von RAVEN* (1962). Die Aufgabenstellung erfolgt durch eine Vierfeldertafel, in der drei Felder bereits belegt sind. Aus sechs vorgegebenen Auswahlmöglichkeiten ist das eine Element auszuwählen, das alle Kriterien der Zuordnung befriedigt. Je nach Schwierigkeitsgrad sind zwei oder drei Kriterien wie z.B. Form und Farbe oder Form, Farbe und Raumlage gleichzeitig zu beachten.

Nach PIAGET und INHELDER verwenden Kinder im Alter zwischen 4 und 8 Jahren zwei verschiedene Methoden zur Lösung dieses Problems: "eine figurale, die sich auf die Wahrnehmungssymmetrie stützt und eine operative, die auf einer doppelten Klassifikation begründet ist und Schlußfolgerungen im eigentlichen Sinne erfordert" (PIAGET/INHELDER 1972, S. 104). Dabei zeigt sich die figurale Lösung mit zunehmendem Alter seltener, während entsprechend die operativen Lösungsformen zunehmen (dazu auch INHELDER/MATALON 1972, S. 50). Bei 5- bis 6jährigen Vorschulkindern ist daher anzunehmen, daß eher die räumliche Anordnung der Elemente als Mechanismen der logischen Multiplikation zur Lösung beitragen.

Der RAVEN-Test wird zwar allgemein als Verfahren zur sprachfreien Messung der Denkfähigkeit verwendet, dennoch erstreckt sich seine *Gültigkeit* nach RAVENs eigenem Votum nur auf die wissensunabhängige Seite der Intelligenz. "By itself, it is not a test of 'general intelligence', and it is always a mistake to describe it as such" (RAVEN 1965, S. 3).

KURTH (1969) zeigt in einer Zusammenstellung der Angaben verschiedener Autoren über Interkorrelationen des CPM mit anderen Intelligenztests bzw. mit Außenkriterien als Maß der Validität, daß die Interkorrelationen für dieselben Tests aus verschiedenen Untersuchungen sehr unterschiedlich sind. Offenbar ist ihre Höhe von der Altersspannbreite der Untersuchungsgruppe abhängig. Nach KURTHs eigener Untersuchung ist die Korrelation zum Außenkriterium "Rechenzensur" (0,44) sowie zum Lehrerurteil über Intelligenz (0,21) besonders unbefriedigend (KURTH 1969, S. 89).

Da im Rahmen unserer Fragestellung jedoch keine Aussage über die *allgemeine* Intelligenz beabsichtigt ist, werden diese Mängel hier nicht relevant.

Die *Zuverlässigkeit* des Verfahrens ist sowohl bei normalen Kindern als auch bei geistig behinderten Kindern sehr hoch (EGGERT 1972, S. 53; Test-Retest-Reliabilität 0,98 bis 0,99 nach RAVEN 1965, S. 39).

Die *Objektivität* sowohl der Durchführung wie der Auswertung ist gesichert. Für die Administration wurde eine ausführliche Testanweisung verwendet, die im Hamburger Eingangsstufenversuch entwickelt und bereits in mehreren Jahrgängen erprobt wurde. Da Auswahlantworten vorgegeben sind, ist die Auswertung unproblematisch. Die von RAVEN angegebenen Normen in Prozentrangplätzen aus der Standardisierung von 1949 sind nach KURTH deutlich zu niedrig (KURTH 1969). Daher werden der statistischen Verarbeitung - wie bei den anderen Untersuchungsverfahren auch - die Rohpunktwerte zugrunde gelegt.

Ein weiteres sprachfreies Testverfahren, das auch als Paralleltest zum CPM verwendbar sein soll (EGGERT 1972, S. 53), ist die *Columbia Mental Maturity Scale* (CMM) von BURGMEISTER, BLUM und LORGE (1954). Dieser Intelligenz- und Entwicklungstest für 3- bis 12jährige Kinder wurde ebenso wie der CPM in eine Testbatterie für geistig behinderte Kinder (TBGB) zur Prüfung der allgemeinen Intelligenz aufgenommen (BONDY u.a. 1969), da er ebenfalls sprachfrei und weitgehend wissensunabhängig ist.

Die *Aufgabenstellung* wird wie bei den farbigen Matrizen optisch vermittelt: unter mehreren auf einer Karte nebeneinander dargestellten Objekten (geometrische Figuren, Geräte, Tiere, Pflanzen u.a.) ist das Objekt herauszufinden, das in keinen logischen Zusammenhang mit den anderen zu bringen ist. Wie beim CPM ist eine verbale Äußerung nicht erforderlich, allerdings wird im Unterschied zur ausschließlich abstrakt-geometrischen Aufgabenstellung des RAVEN-Tests die Kenntnis der abgebildeten Gegenstände vorausgesetzt. Die einzelnen Aufgaben sollen Denkfähigkeit, Abstraktionsfähigkeit und logisch-schlußfolgerndes Denken erfassen, nach den faktoriellen Validitätsuntersuchungen lädt der Test deutlich auf einem Generalfaktor der allgemeinen Intelligenz (BONDY u.a. 1969, S. 8; EGGERT 1972, S. 52). Die *Validität* des CMM ist jedoch bisher nicht überprüft, da es für den optimalen Leistungsbereich (3 bis 7 Jahre) keine standardisierten Vergleichsverfahren und bislang noch keine deutsche Validierungsstudie gibt (EGGERT 1972, S. 194).

Die *Objektivität* sowohl hinsichtlich der Anweisung wie in bezug auf die Auswertung des Tests erscheint gesichert. Die Administration erfolgt im Einzelversuch nach einer wörtlichen Anweisung der TBGB. Der Versuchsleiter vermerkt jeweils die Antwort zu jeder Karte auf einem Antwortblatt. Jede richtige Antwort wird mit einem Punkt bewertet. Auch die Auswertung ist damit eindeutig. Falls ein Kind nacheinander zehn falsche Lösungen angibt, wird der Test abgebrochen. Damit ist gesichert, daß trotz der insgesamt 100 Items keine Überforderung eintritt.

Im Rahmen einer Nachtrags-Untersuchung zur TBGB wurden normal-begabte Kinder untersucht, um Vergleichswerte für die geistig behinderten bzw. lernbehinderten Kinder zu ermitteln (n = 1061). Dabei wurde auch für die "normalen" Kinder eine sehr hohe *Reliabilität* des Tests festgestellt (Split-Half-Reliabilität 0,92 bis 0,96). Da das Ziel der Nachuntersuchung nicht in erster Linie in einer exakten Normierung der CMM für normale Kinder bestand, sondern vielmehr zunächst die Brauchbarkeit des Verfahrens überhaupt für "normale" Kinder geprüft werden sollte, wurde die Stichprobe nicht so zusammengestellt, daß sie dem Anspruch der Repräsentativität genügen würde. Die erstellten Normen (Standard-T-Werte) sind daher nur bedingt verwendbar. Dennoch ist damit der CMM zur Zeit der einzige standardisierte Test zur Erfassung der vorschulischen Intelligenz von normalbegabten Kindern. Insbesondere aus diesem Grund wird daher in der Untersuchung zum ästhetischen Verhalten von Vorschulkindern der CMM als Korrektiv und Ergänzung zu den farbigen progressiven Matrizen von RAVEN verwendet. Logisch-schlußfolgerndes Denken wird also mit *zwei* Verfahren erhoben, die generell als Indikatoren für intelligentes Verhalten entwickelt sind, und zwar einerseits mittels einer ausschließlich abstrakt-geometrischen Reizkonfiguration und andererseits mit einer optischen Aufgabenstellung, die zum Teil aus gegenständlichen Abbildungen besteht.

3.1.6 Elternfragebogen

Zur Erfassung der sozio-ökonomischen Situation und den Bedingungen und Formen ästhetischen Verhaltens der Vorschulkinder im "Elternhaus" wurde ein Fragebogen an die Eltern zusammengestellt. Er soll sowohl objektive Tatbestände wie Berufe der Eltern, Wohnsituation und vorhandene Zeichenmaterialien als auch subjektive Tatbestände wie die Einstellung der Eltern zu ästhetischem Verhalten der Kinder erfassen. Dabei ist bei der Auswertung und Interpretation sogenannter Faktfragen (MAYNTZ/HOLM/HÜBNER 1969, S. 103) zu berücksichtigen, daß hier der Sachverhalt entsprechend der *Einschätzung* der befragten Eltern erhoben wird.

Der erste Teil des Fragebogens umfaßt Fragen nach den *allgemeinen sozio-ökonomischen Bedingungen*, während im zweiten Teil versucht wird, einerseits die *häuslichen Bedingungen für ästhetisches Verhalten* zu erfassen und andererseits Angaben über das von den Kindern zu Hause *gezeigte ästhetische Verhalten* zu bekommen.

Die Fragen zur allgemeinen Situation beziehen sich auf Berufstätigkeit und Ausbildung der Eltern, Wohnsituation, Größe der Familie und die Stellung des Kindes in der Geschwisterreihe (Frage 1 bis 12).

Die Antworten zu den dann folgenden Fragen (Frage 13 bis 19), die die vorschulischen Anregungsmöglichkeiten betreffen, sollen zu einem Punktwert für das *Anregungsmilieu* ästhetischen Verhaltens *vor* der Vorschule zusammengefaßt werden: So gilt bereits die Frage nach vorhergehendem Kindergartenbesuch der Erfassung *vorschulischer Anregungsmöglichkeiten*. Um das Ausmaß *gezielter Förderungsmaßnahmen* durch die Eltern abschätzen zu können, wird nach häuslicher Frühförderung im Lesen, Schreiben und Rechnen gefragt. Durch Fragen nach Zeichengeräten, Bilderbüchern u.ä. sollen die *materiellen* Bedingungen für Aktivitäten der Kinder im ästhetischen Bereich erhoben werden, während einige weitere Fragen weniger auf die Erfassung realer Bedingungen als auf die Erfassung von *Einstellungen* und *Erwartungen* der Eltern zum ästhetischen Verhalten ihrer Kinder abzielen.

Mit den letzten Fragen (Frage 20 bis 23) wird versucht, Angaben über das tatsächliche ästhetische Verhalten der Kinder zu Hause zu erhalten. Die Fragen beziehen sich auf bevorzugte Motive, Verwendung von Vorlagen zum Zeichnen und Malen und die Zeit, die das Kind zu Hause zeichnet.

Die Antworten, die auf positive Bedingungen bzw. Einstellungen schließen lassen, werden durch einen Punktwert positiv gewichtet[6]. Die Summe soll dann als

---

6 *Punktwert zum "Anregungsmilieu"*

- Kind hat Kindergarten besucht — 1 Punkt
- Förderung im Lesen und/oder Schreiben und/oder Rechnen durch die Eltern — 1 Punkt
- Kind besitzt eigene Bilderbücher — 1 Punkt
- Kind besitzt eigene Bilder, Kalender usw. — 1 Punkt
- Kind sammelt selbst Bilder und Fotos — 1 Punkt
- Kind malt und zeichnet gern und viel oder malt und zeichnet öfters bei schlechtem Wetter — 1 Punkt
- Kind benutzt zu Hause zum Malen oder Zeichnen
  - Buntstifte — 1 Punkt
  - Wachskreiden — 1 Punkt
  - Tuschkasten und Pinsel — 1 Punkt
  - Fingermalfarben — 1 Punkt
  - Filzstifte — 1 Punkt
  - Bleistifte oder Kugelschreiber — 1 Punkt
- Kind darf zu Hause beim Malen ruhig ein wenig Schmutz machen — 1 Punkt
- Zeichnungen des Kindes werden gesammelt und/oder Kind kann seine Zeichnungen behalten — 1 Punkt

Maximal erreichbare Punktzahl 14 Punkte

Index für das Ausmaß vorschulischer Anregungsmöglichkeiten dienen.
Die Darstellung dieses Verfahrens macht deutlich, daß es sich hier nur um ein sehr grobes Maß für das "Anregungsmilieu" handelt, das nicht beanspruchen kann, Qualitätskriterien eines standardisierten Verfahrens zu erfüllen. Dennoch erscheint es wichtig, zumindest den Versuch zu unternehmen, diese Aspekte der soziokulturellen Umwelt mit zu erfassen.

Dieser Fragebogen konnte aus organisatorischen Gründen nicht vorher erprobt werden, er basiert jedoch zum großen Teil auf dem bereits mehrfach eingesetzten "Eingangsfragebogen" des Hamburger Eingangsstufenversuchs.

Die Befragung wird schriftlich durchgeführt. Wegen der allgemein guten Zusammenarbeit der Vorschulklassenleiter mit den Eltern ist dabei mit einer ausreichend hohen Rücklaufquote zu rechnen.

3.2 Stichprobe

3.2.1 Auswahl der Stichprobe

Wie bereits in der Problemstellung dargestellt wurde, erfolgt die Untersuchung im Rahmen des *Hamburger Eingangsstufenversuchs* (BELSER 1974). Um die Konsequenzen, die sich aus dieser Zuordnung zu dem Projekt für die untersuchte Gruppe ergeben, aufzuzeigen, muß hier kurz das organisatorische Konzept des Schulversuchs dargestellt werden.

Auf Beschluß der Bürgerschaft der Freien und Hansestadt Hamburg werden seit 1970 Vorschulklassen eingerichtet, die organisatorisch *Schulen* zugeordnet sind. "Sie sollen vorrangig in Gebieten mit sozial benachteiligter Bevölkerung vorgesehen werden" (Senat der Freien und Hansestadt Hamburg 1970, S. 35). Auf freiwilliger Basis können fünfjährige Kinder - ein Jahr vor Beginn der Schulpflicht - aus dem jeweiligen Schulkreis die Vorschulklasse besuchen. Jede Klasse umfaßt 25 Kinder.

Seit Herbst 1971 ist der Versuch im Sinne des Strukturplanes des Deutschen Bildungsrates zum Teil zur zweijährigen Eingangsstufe erweitert (BELSER 1974, S. 257). Prinzipiell unterscheiden sich die Vorschul- und Eingangsstufenklassen nur in der Art der schulorganisatorischen Weiterführung: während die Kinder aus Vorschulklassen in ein reguläres 1. Schuljahr "eingeschult" werden, besuchen die Kinder der E1 (erstes Jahr der Eingangsstufe) anschließend unter vergleichbar günstigen Bedingungen die E2 (zweites Jahr der Eingangsstufe).

Zum Zeitpunkt der Untersuchung im Herbst 1972 bestanden insgesamt 22 Vorschulklassen und 10 Eingangsstufenklassen E1. Zählt man sie zusammen, so beträgt die Gesamtpopulation der institutionalisierten Hamburger Vorschulklassen für diesen Jahrgang 32 Klassen und damit 800 Kinder.

Diese Hamburger Vorschulklassen - und nicht etwa die Altersgruppe der 5- bis 6jährigen in der BRD - stellen also die Grundgesamtheit im engeren Sinne dar, aus der eine Stichprobe in bezug auf ihr ästhetisches Verhalten untersucht werden soll. Ob eine Verallgemeinerung der Ergebnisse über diese Population hinaus vertretbar ist, muß im einzelnen bei der Beschreibung der untersuchten Gruppe geprüft werden.

Da die Durchführung der Untersuchung von der Bereitschaft der Vorschulklassenleiter zur Mitarbeit abhängig war, konnte unter den Vorschulklassen keine Zufallsstichprobe ausgewählt werden. Die statistische Repräsentanz der Stichprobe für den Hamburger Versuch ist also streng genommen nicht gegeben, da letztlich das Votum der Lehrer für die Auswahl der Klassen maßgebend war. Da jedoch die Teilerhebung etwa ein Drittel der Gesamtmenge aller im Untersuchungszeitraum bestehenden Hamburger Vorschulklassen erfaßt, erscheint ein Schluß auf die Gesamtmenge gerechtfertigt.

3.2.2 Größe der Stichprobe

In Relation zur Anzahl der zu untersuchenden Variablen erschien eine Stichprobengröße von 150 bis 200 Schülern notwendig. Um mögliche Ausfälle zu kompensieren, wurden zunächst 10 Vorschulklassen (250 Kinder) in die Untersuchung einbezogen. Nach der Erhebung aller Daten ergab sich, daß für *225 Kinder* der vollständige Datensatz vorhanden war, so daß diese

225 Kinder die eigentliche Stichprobe ergeben. Da für den Ausfall die unterschiedlichsten Gründe vorliegen (Krankheit, Kuraufenthalt, Fehlen des Elternfragebogens, Nicht-Beherrschen der deutschen Sprache, Verweigerung des Kindes) und sich diese Gruppe von Kindern weder nach Alter und Geschlecht noch im Sozialstatus bedeutsam von der Gesamtgruppe (n = 250) unterscheidet, ist durch diese Reduktion keine systematische Veränderung der Stichprobe entstanden.

3.2.3 Zusammensetzung der Stichprobe

Entsprechend der Konzeption des Versuchs liegen alle untersuchten Klassen in Stadtteilen mit sozial benachteiligter Bevölkerung. Sie verteilen sich im einzelnen auf folgende Stadtteile:

3 Klassen Hamburg-Altona
3 Klassen Hamburg-Groß-Borstel
1 Klasse Hamburg-Horn
3 Klassen Hamburg-Wilhelmsburg

Die soziale Struktur ist dementsprechend nicht repräsentativ für die Gesamtbevölkerung. Während nach der Einschätzungsskale von KLEINING und MOORE (1968), die auch unserer Untersuchung zugrunde liegt, für die BRD 51% der Mittel- und Oberschicht angehören und 49% der Unterschicht zugerechnet werden, ergaben sich für unsere Stichprobe folgende Quoten:

Mittelschicht: 28,4% (abs. 64 Kinder)
Unterschicht: 71,6% (abs. 161 Kinder)

Das Ziel des Schulversuchs, zunächst vor allem sozial benachteiligten Kindern das Vorschulprogramm zu ermöglichen, ist mit einem Anteil von etwa 70% Arbeiterkindern offenbar erreicht worden, sofern die untersuchte Stichprobe von zehn Klassen für den Gesamtversuch repräsentativ ist.

Die Zuordnung wurde in der Regel nach der Berufstätigkeit des Vaters getroffen, nur in den Fällen, in denen keine Angabe für den Vater vorlag, wurde nach der Berufsangabe der Mutter eingeordnet.

Wie problematisch diese Dichotomisierung in zwei soziale Klassen ist, zeigt jedoch die folgende Aufschlüsselung:

Verteilung der Schichtzugehörigkeit nach dem Beruf des Vaters[7]

Oberschicht	-	-	
Obere Mittelschicht	5	2,2%	
Mittlere Mittelschicht	12	5,3%	28,4%
Untere Mittelschicht	49	21,8%	
Obere Unterschicht	139	61,8%	
Untere Unterschicht	16	7,1%	71,6%
Sozial Verachtete	-	-	
keine Angaben	4	1,8%	
Gesamtzahl	225		

Die Verteilung zeigt, daß für die untersuchte Gruppe keineswegs eine Polarisierung in zwei gegensätzliche soziale Klassen vorliegt. Die sogenannte Mittelschicht-Gruppe besteht zum überwiegenden Teil aus Berufsgruppen der *unteren* Mittelschicht, die nach KLEINING/MOORE (1968, S. 502 ff.) die Masse der Angestellten und unteren Beamten repräsentiert, während die sogenannte Unterschicht vor allem der *oberen* Unterschicht angehört, der die Masse der Industriearbeiter zugerechnet wird, und nur zum geringeren Teil der *unteren* Unterschicht (Berufe mit harter körperlicher Arbeit im Freien).

Zwar wird als wichtigster Indikator für die sozioökonomische Situation der Familie die berufliche Position des *Vaters* zur Bestimmung der sozialen Schicht verwendet, dennoch können für den familialen Sozialisationsprozeß andere Faktoren wie der Beruf der *Mutter* sowie das Ausbildungsniveau der Eltern weitaus wirksamer werden (vgl. MOLLENHAUER 1969, S. 281 f.). Zur näheren Beschreibung der sozialen Position dient daher die folgende Übersicht über die Schulbildung der Eltern und Berufsausbildung und Berufstätigkeit der Mutter:

7 Zuordnung nach dem Schichtindex von KLEINING/MOORE 1968

Schulabschluß des Vaters

Volksschule ohne Berufsschule	17	7,6%
Volksschule und Berufsschule	158	70,2%
Mittlere Reife	28	12,4%
Abitur	8	3,6%
keine Angabe	14	6,2%
gesamt	225	100%

Schulabschluß der Mutter

Volksschule ohne Berufsschule	36	16,0%
Volksschule und Berufsschule	151	67,1%
Mittlere Reife	29	12,9%
Abitur	4	1,8%
keine Angabe	5	2,2%
gesamt	225	100%

Beruf, den die Mutter	erlernt hat		ausgeübt hat[8]	
Oberschicht	-	-	-	-
Obere Mittelschicht	2	0,9%	1	0,4%
Mittlere Mittelschicht	-	-	-	-
Untere Mittelschicht	57	25,3%	28	12,4%
Obere Unterschicht	78	34,7%	35	15,6%
Untere Unterschicht	23	10,2%	32	14,2%
keine Angaben	65	28,9%	129	57,3%

Die Übersicht über die schulische Ausbildung der Eltern bestätigt das Bild, das sich bei der Aufschlüsselung der Schichtenzugehörigkeit ergeben hat: statt einer zweigipfeligen Verteilung, die größere Ausbildungsgegensätze signalisieren würde, ergibt sich nahezu das Bild einer Normalverteilung.

Die Verteilung der Berufspositionen der Mütter ist nicht eindeutig interpretierbar, da eine zu große Gruppe nicht eingeordnet werden kann. Dennoch ist anzunehmen, daß diejenigen Mütter, die keine Angabe gemacht haben, sich nicht gleichmäßig auf alle Kategorien verteilen, sondern mit ihrem Votum ausdrücken wollten, daß kein Beruf erlernt wurde bzw. ausgeübt wurde.

8 zur Lebenszeit des Kindes

Relevant für die familiale Erziehungssituation ist jedoch in jedem Fall das *Ausmaß* der gegenwärtigen Berufstätigkeit der Mütter unabhängig von der sozialen Position dieser Tätigkeit.

Berufstätigkeit der Mütter

berufstätig	gesamt		Mittelschicht		Unterschicht	
ganztägig	25	11,1%	6	9,4%	19	11,8%
halbtägig	46	20,4%	11	17,2%	35	21,7%
gelegentlich	30	13,3%	10	15,6%	20	12,4%
nicht berufstätig	124	55,1%	37	57,8%	87	54,0%
gesamt	225	100%	64	100%	161	100%

Das Ausmaß der Berufstätigkeit der Mütter zum Zeitpunkt der Untersuchung ist *unabhängig* von ihrer Sozialschicht[9]. Dieser für die Erziehungssituation sicher relevante Faktor ist damit schichtenunabhängig wirksam.

Hingegen unterscheiden sich die beiden sozio-ökonomischen Gruppen sehr bedeutsam hinsichtlich der *Familiengröße*. Sowohl die Anzahl der Kinder pro Familie wie die Gesamtzahl der in einem Haushalt zusammenlebenden Familienmitglieder ist in den Familien der Unterschicht sehr signifikant größer (Signifikanzniveau 1%).

Anzahl der Geschwister

Geschwisterzahl	gesamte UG[10]		Mittelschicht		Unterschicht	
0	56	24,9%	12	18,8%	44	27,3%
1	103	45,8%	42	65,6%	61	37,9%
2	38	16,9%	7	10,9%	31	19,3%
3	12	5,3%	1	1,6%	11	6,8%
4	8	3,6%	2	3,1%	6	3,7%
5	2	0,9%	-	-	2	1,2%
6	2	0,9%	-	-	2	1,2%
7	1	0,4%	-	-	1	1,4%
8	-	-	-	-	-	-
9 und mehr	3	1,3%	-	-	3	1,9%
gesamt	225	100%	64	100%	161	100%

9 In allen Fällen wurde die Unabhängigkeit der Merkmale von der sozialen Schichtzugehörigkeit mit dem Chi-Quadrat-Test überprüft.

10 gesamte Untersuchungsgruppe

Anzahl der Personen pro Haushalt

Anzahl	gesamte UG		Mittelschicht		Unterschicht	
2	3	1,3%	1	1,6%	2	1,2%
3	41	18,2%	9	14,1%	32	19,9%
4	103	45,8%	44	68,7%	59	36,6%
5	43	19,1%	7	10,9%	36	22,4%
6	10	4,4%	1	1,6%	9	5,6%
7	7	3,1%	2	3,1%	5	3,1%
8	3	1,3%	-	-	3	1,9%
9 und mehr	3	1,3%	-	-	3	1,9%
keine Angabe	12	5,3%	-	-	12	7,5%
gesamt	225	100%	64	100%	161	100%

Obgleich generell der für die Mittelschicht typische Vier-Personen-Haushalt (68,7%) sicher nicht die ideale Familienstruktur dargestellt, muß sich die durchschnittlich größere Familie der Unterschicht zumindest zum Teil negativ auf die Entfaltungsmöglichkeiten des Kindes auswirken, zumal - wie die folgende Tabelle zeigt - die größeren Familien in kleineren Wohnungen leben.

Anzahl der Zimmer ohne Küche

Anzahl	gesamte UG		Mittelschicht		Unterschicht	
1	1	0,4%	1	1,6%	-	-
2	47	20,9%	12	18,8%	35	21,7%
3	108	48,0%	27	42,2%	81	50,3%
4	47	20,9%	18	28,1%	29	18,0%
5	7	3,1%	4	6,3%	3	1,9%
6	1	0,4%	1	1,6%	-	-
7	1	0,4%	-	-	1	0,6%
keine Angabe	13	5,8%	1	1,6%	12	7,5%
gesamt	225	100%	64	100%	161	100%

Wohnsituation des Kindes

	gesamte UG		Mittelschicht		Unterschicht	
eigenes Zimmer	59	26,2%	26	40,6%	33	20,5%
schläft mit Geschwistern	141	62,7%	37	57,8%	104	64,6%
mit Erwachsenen in einem Raum	18	8,0%	1	1,6%	17	10,6%
keine Angaben	7	3,1%	-	-	7	4,3%
gesamt	225	100%	64	100%	161	100%

Für die Kinder der Unterschicht ist nicht nur die allgemeine Wohnsituation in Relation zur Familiengröße ungünstiger, sie haben auch seltener ein eigenes Zimmer und schlafen häufiger mit Erwachsenen in einem Raum, so daß angenommen werden muß, daß überhaupt kein Kinderzimmer zur Verfügung steht. Dieser Unterschied zwischen den beiden Schichtgruppen ist sehr signifikant (Signifikanzniveau 1%).

Die Konsequenzen, die sich aus dieser Wohnsituation für die Spielmöglichkeiten der Kinder ergeben, sind leicht abzuleiten. Während die Kinder aus der Mittelschicht-Kleinfamilie noch eher einen Raum für sich allein haben oder ihn mit einer Schwester oder einem Bruder teilen, leben die Kinder der Unterschichtgruppe mit größeren Familien in kleineren Wohnungen (20% in 2-Zimmer-Wohnungen, 50% in 3-Zimmer-Wohnungen) und teilen sich bestenfalls ein Kinderzimmer mit mehreren Geschwistern.

Auch hinsichtlich der Stellung in der *Geschwisterreihe* unterscheiden sich die beiden Schichtgruppen sehr signifikant voneinander (Signifikanzniveau 1%).

Stellung in der Geschwisterreihe

	gesamte UG		Mittelschicht		Unterschicht	
Einzelkind	51	22,7%	11	17,2%	40	24,8%
ältestes Kind	52	23,1%	25	39,1%	27	16,8%
mittleres Kind	24	10,7%	4	6,3%	20	12,4%
jüngstes Kind	95	42,2%	24	37,5%	71	44,1%
keine Angabe	3	1,3%	-	-	3	1,9%
gesamt	225	100%	64	100%	161	100%

Während also die Kinder aus der Mittelschicht zu etwa 40% älteste Kinder in der Familie sind, sind etwa 45% der Unterschichtkinder jüngste Kinder. Da allgemein unabhängig von der sozialen Schichtzugehörigkeit das älteste Kind sich am leistungsstärksten erweist, mittlere und jüngere Geschwister hingegen durchschnittlich leistungsschwächer sind (NICKEL 1972, S. 230), können Unterschiede, die als schichtenspezifische Unterschiede auftreten, zum Teil auch in der Stellung des Kindes in der Geschwisterreihe begründet sein. In welchem Maße dieser Faktor sich verstärkend auf die schichtenspezifischen Unterschiede auswirkt, ist hier jedoch nicht auszumachen (vgl. dazu S. 194).

Da bei Kindern von *Ausländern* mit besonderen Anpassungsschwierigkeiten zu rechnen ist, wurde festgestellt, wie häufig in den beiden Schichtgruppen Vater oder Mutter Ausländer sind.

Ausländer

	gesamte UG		Mittelschicht		Unterschicht	
Vater Ausländer	11	4,9%	2	3,1%	9	5,6%
Mutter Ausländer	7	3,1%	1	1,6%	6	3,7%

Da die Gesamtzahl der Ausländer relativ gering ist, sind die Unterschiede statistisch nicht signifikant. Dennoch verweisen die Angaben tendenziell auf einen größeren Anteil von Ausländern in der Unterschicht. Insgesamt gesehen erscheint jedoch der Faktor "Ausländer" bedeutungslos, ein Einfluß auf schichtenspezifische Unterschiede ist unwahrscheinlich.

Während die Schichtquoten in der Stichprobe relativ ungleichgewichtig sind, ist die Verteilung auf die *Geschlechtsgruppen* günstiger. In der untersuchten Gruppe sind *120 Jungen* (53,3%) und *105 Mädchen* (46,7%). Diese annähernde Gleichverteilung besteht auch innerhalb der beiden Schichtgruppen (Mittelschicht: 51,6% Jungen, 48,4% Mädchen; Unterschicht: 54,0% Jungen, 46,0% Mädchen).

Die Zusammensetzung bezüglich des *Alters* der Kinder ist durch die organisatorische Konzeption des Vorschulversuchs auf einen Jahrgang limitiert, da nur Kinder in die Vorschulklasse aufgenommen werden, die im folgenden Jahr schulpflichtig werden. Theoretisch dürfte die Altersspannbreite daher nur 12 Monate betragen. De facto wurden jedoch auch einige ältere, bereits schulpflichtige Kinder aufgenommen, die vom

Schulbesuch zurückgestellt waren. Das durchschnittliche Alter (arithmetisches Mittel) zum Zeitpunkt der Untersuchung liegt bei 5;11 Jahren (Stichtag: 1.11.1972). 214 Kinder entsprechen altersmäßig einem homogenen Vorschuljahrgang (5;2 Jahre bis 6;4 Jahre), 11 Kinder sind älter und damit bereits im schulpflichtigen Alter. Da gerade bei relativ jungen Kindern ein Altersunterschied von einigen Monaten bedeutsam für den Entwicklungsstand ist, muß trotz der relativen Homogenität der Stichprobe in bezug auf das Lebensalter diese Spannbreite von 15 Monaten berücksichtigt werden, auch wenn im folgenden etwa abkürzend Aussagen über "sechsjährige Kinder" gemacht werden (vgl. dazu die Überprüfung altersbedingter Unterschiede des ästhetischen Verhaltens S. 183 ff.).

3.2.4 Repräsentativität der Stichprobe

Aus der detaillierten Beschreibung der Zusammensetzung der Stichprobe wird die Grundgesamtheit erkennbar, auf die verallgemeinernd die Aussagen der Untersuchung bezogen werden können: zwar nicht "die Vorschulkinder" der BRD, aber doch immerhin die Gesamtheit der knapp sechsjährigen Stadtkinder mit vergleichbarem sozio-kulturellen Status (überwiegend untere Mittelschicht und obere Unterschicht).

Als wesentliche Einschränkung der Repräsentativität der Stichprobe für die Grundgesamtheit ist allerdings zu beachten, daß der Besuch der Vorschulklasse nur aufgrund freiwilliger Anmeldung durch die Eltern erfolgt und nicht in allen Schulbezirken tatsächlich alle Kinder eines Jahrgangs in die Vorschule geschickt werden. Hier muß daher eventuell mit einer positiven Auslese an vorschulischer Förderung interessierter Eltern gerechnet werden.

Hingegen scheint allgemein eine Einschränkung auf Kinder, die tatsächlich planmäßige vorschulische Förderung erhalten, nicht erforderlich, da die Untersuchung zu Beginn des Vorschuljahres durchgeführt wird, wenn Lern- und Übungseffekte aus der Vorschulklasse noch sehr gering sind.

3.3 Durchführung der Untersuchung

Wie bereits dargestellt, wurden insgesamt 10 Vorschulklassen zu Beginn des Schuljahres 1972 (September - Oktober) untersucht. Die *Fragebögen* wurden von den Leiterinnen der Vorschulklassen an die Eltern ausgegeben, um den guten Kontakt der Vorschulpädagogen zu den Eltern zu nutzen. Die außergewöhnlich hohe Rücklaufquote (98%) ist nur so zu erklären.

Die Untersuchung der Vorschulkinder wurde von Studierenden der Erziehungswissenschaft mit dem Wahlfach Bildende Kunst durchgeführt. Diese Studentengruppe hatte bereits im voraufgegangenen Semester über Fragen der Vorschulerziehung im ästhetischen Bereich gearbeitet und wurde in einem Trainingsprogramm auf die Administration der verschiedenen Verfahren vorbereitet. Im Interesse größtmöglicher Vergleichbarkeit und Objektivität der Durchführung wäre es sinnvoll gewesen, wenn sich die Studenten auf bestimmte Testverfahren spezialisiert hätten und diese dann bei der gesamten Stichprobe durchgeführt hätten. Im Interesse der Kinder, die gerade erst mit der neuen Situation der Vorschulklasse vertraut werden sollten, wurde jedoch eine größtmögliche Konstanz der Versuchsleiter für eine Klasse angestrebt. Daher wurden mehrere Verfahren von der gleichen Bezugsperson durchgeführt. Der äußerst geringe Ausfall durch Verweigerung der Mitarbeit auf seiten der Vorschulkinder (insgesamt drei Fälle) ist wohl z.T. durch die so ermöglichte persönliche Beziehung zum Versuchsleiter zu erklären.

In allen Fällen wurde zuerst die Aufgabe zur zeichnerischen Produktion ("Kreativitätsaufgabe") bearbeitet, die Reihenfolge der übrigen Testverfahren wurde aus zeitökonomischen Gründen nicht einheitlich geregelt. Im wesentlichen wurde jedoch folgender Ablauf gewählt:

(1) Kreativitätsaufgaben (Einzelversuch ohne Zeitbegrenzung, durchschnittliche Arbeitszeit: 45 Minuten)
(2) Farbtest (Einzelversuch ohne Zeitbegrenzung, durchschnittliche Arbeitszeit: 10 Minuten)
(3) Frankfurter Schulreifetest (Gruppentest, ca. 20 Minuten)
(4) Visueller Wahrnehmungstest (Gruppentest, ca. 1 Stunde)
(5) Coloured Progressive Matrices (Einzeltest, ca. 30 Minuten)

(6) Columbia Mental Maturity Scale (Einzeltest, ca. 1 Stunde)

Die gesamte Testzeit pro Kind betrug damit etwa vier Stunden. Kein Kind bearbeitete jedoch mehr als zwei Tests an einem Tag. Die Kinder wurden vormittags einzeln bzw. in Gruppen von 3 bis 5 Kindern während der Arbeits- bzw. Spielzeit ihrer Vorschulgruppe im angrenzenden Gruppenraum untersucht. Mit Ausnahme der Columbia Mental Maturity Scale waren alle Testverfahren geeignet, die Kinder zur Mitarbeit zu motivieren. Dies erwies sich insbesondere bei den Kreativitätsaufgaben, bei denen die Kinder ganz weitgehend die Anzahl der zu bearbeitenden Blätter und die Arbeitszeit selbst bestimmten, als günstig.

4. Ergebnisse der Untersuchung

Die Darstellung der Ergebnisse der empirischen Untersuchung folgt im wesentlichen der Gliederung der Fragestellung. Dabei werden zunächst einzelne Aspekte des ästhetischen Verhaltens relativ isoliert dargestellt - die Vielfalt der Zusammenhänge und Abhängigkeiten wird schrittweise erst dann einbezogen, wenn auch die jeweilige Variable vorgestellt ist. Damit erscheint die Komplexität des untersuchten Verhaltensbereichs zwar z.T. reduziert, eine ständige Darstellung des gesamten Beziehungsgefüges ist jedoch aus Gründen der Übersichtlichkeit nicht möglich.

Die Ergebnisdaten werden, soweit sie direkt als Grundlage der Interpretation dienen, in den Text einbezogen, aus Gründen der Lesbarkeit werden jedoch tabellarische Gesamtaufstellungen in den Anhang genommen.

4.1 Zeichnerische Produktion

Die Auswertung der Kinderzeichnungen, die durch die drei verschiedenen optischen Impulse ausgelöst wurden, erfolgt, wie bei der Erläuterung des Untersuchungsverfahrens dargestellt, sowohl im Hinblick auf verschiedene Aspekte des zeichnerischen Verhaltens als auch im Hinblick auf kreative Aspekte zeichnerischer Produktion. Diese Gliederung, die sich durch die verschiedenen Auswertungsschritte ergibt, wird für die Darstellung der Ergebnisse übernommen. Abweichend von der systematischen Trennung zwischen zeichnerischem Verhalten und kreativen Aspekten in der Fragestellung werden die Faktoren Flüssigkeit und Elaboration im Zusammenhang mit den quantitativen und qualitativen Aspekten zeichnerischer Produktion erörtert.

4.1.1 Quantitative Aspekte zeichnerischer Produktion (Arbeitszeit - Anzahl der Zeichnungen - Ideenflüssigkeit)

Die Versuchsanordnung ermöglichte, daß jedes Kind zu jedem Impuls *so lange* und *so viel* zeichnete, wie es wollte. Diese für eine "normale" Unterrichtssituation ungewöhnliche Aufgabenstellung enthält damit die Chance, die gesamte *Spannbreite* interindividueller Unterschiede zu Beginn der institutionalisierten Vorschulerziehung festzustellen.

Die folgende Tabelle gibt eine Übersicht über die Verteilung der *Arbeitszeit*, wobei aus Gründen der Übersichtlichkeit zehnminütige Zeitintervalle gebildet wurden.

Verteilung der Arbeitszeit

Arbeitszeit in Minuten	Anzahl der Kinder, die entsprechend lange gezeichnet haben					
	Impuls 1		Impuls 2		Impuls 3	
1 - 9 Min.	58	25,8%	93	41,3%	99	44,0%
10 - 19 Min.	71	31,6%	75	33,3%	81	36,0%
20 - 29 Min.	47	20,9%	38	16,9%	27	12,0%
30 - 39 Min.	29	12,9%	10	4,4%	10	4,4%
40 - 49 Min.	9	4,0%	2	0,9%	3	1,3%
50 - 59 Min.	6	2,7%	4	1,8%	3	1,3%
60 - 69 Min.	3	1,3%	-	-	1	0,4%
70 - 79 Min.	-	-	-	-	1	0,4%
80 - 89 Min.	-	-	1	0,4%	-	-
90 Min. und mehr	2	0,9%	2	0,9%	-	-
gesamt	225	100%	225	100%	225	100%

Bei allen drei Impulsen erweist sich die Spannbreite hinsichtlich der Arbeitszeit als außerordentlich groß. Zudem enthält die Tabelle nicht die tatsächlichen Maximalwerte, da aus technischen Gründen bei der Codierung auf Lochkarten nur eine maximale Arbeitszeit von 99 Minuten pro Impulstyp übertragen werden konnte. In den Fällen, in denen die tatsächliche Gesamtleistung diesen Wert übersteigt, wurde daher auf 99 Minuten "abgerundet". Folgende Werte aus der Erhebung wurden auf diese Weise nicht in vollem Umfang in die statistische Berechnung einbezogen:

Gesamte Arbeitszeit in Minuten bei

Impuls 1	Impuls 2	Impuls 3
102	101	-
131	254	-

Die tatsächlichen Maximalwerte betragen also für den 1. Impuls 131 Minuten, für den 2. Impuls 254 Minuten und für den 3. Impuls 74 Minuten. Zwar zeichneten die Kinder mit so extrem langer Arbeitszeit in dieser Zeit mehrere Bilder, jedoch ohne Unterbrechung unmittelbar nacheinander. Der höchste Wert für eine einzelne Zeichnung liegt bei 47 Minuten.

Die *durchschnittliche* Arbeitszeit für jeden Impuls sowie die Streuung um diese Mittelwerte sind in der folgenden Tabelle zusammengefaßt:

Durchschnittliche Arbeitszeit (in Minuten)

	Impuls 1	Impuls 2	Impuls 3
Mittelwert	19,8	14,8	13,2
Streuung	15,1	14,0	11,1
Varianz	229,0	197,3	122,2

Die Mittelwerte entsprechen zwar in etwa der Zeitspanne, die generell für Kinder dieser Altersstufe für einzelne Arbeitsphasen angenommen wird. Die relativ große Streuung der Werte und insbesondere die Extremwerte machen aber deutlich, daß diese arithmetischen Mittelwerte wenig geeignet sind, um die erwartbare Ausdauer einer Vorschul*gruppe* abzubilden. Es muß vielmehr selbst bei kleinen Gruppen mit höchst unterschiedlicher Arbeitszeit gerechnet werden, sofern wie hier in der Untersuchungssituation die Kinder selbst über den Umfang ihrer individuellen Arbeitsleistung bestimmen können.

Diese Einschätzung wird auch durch die Angaben der Eltern zur durchschnittlichen Arbeitszeit der Kinder zu Hause unterstützt. Auf die Frage "Schätzen Sie bitte die Zeit, die Ihr Kind durchschnittlich hintereinander malt" fanden 10% der Eltern, daß eine Zeitspanne von weniger als 15 Minuten zutreffend sei, während 16% der Kinder nach Meinung der Eltern zu Hause im Durchschnitt eine Stunde und länger zeichnen oder malen.

Durchschnittliche Arbeitszeit der Kinder nach Angaben der Eltern

Durchschnittliche Arbeitszeit	Häufigkeit	
weniger als 15 Minuten	23	10,2%
15 Minuten	69	30,7%
30 Minuten	96	42,7%
60 Minuten	24	10,7%
mehr als 60 Minuten	12	5,3%
keine Antwort	1	0,4%
gesamt	225	100%

Die Tabelle zeigt, daß im Vergleich zu den im Versuch ermittelten Zeiten die Schätzungen der Eltern generell höher liegen. Da in der Versuchssituation eine sehr intensive, kontinuierliche Tätigkeit erfaßt wurde, erscheint es durchaus möglich, daß beim Malen und Zeichnen in einer offeneren Situation Kinder sich allgemein länger so beschäftigen können, da hier auch die Möglichkeit zu kurzen Unterbrechungen, zu Gesprächen etwa mit anderen Kindern oder den Eltern besteht. Vermutlich enthalten die Angaben der Eltern jedoch auch einen Schätzfehler in Richtung der vermuteten Tendenz der Frage, denn im Kontext einer Befragung zum ästhetischen Verhalten wird längere Beschäftigung des Kindes mit entsprechenden Tätigkeiten sicher als erwünschtes Verhalten interpretiert.

Um das in der Fragestellung formulierte Problem von *Ausdauer* und *Konzentration* näher zu untersuchen, erscheint hier zunächst notwendig, nicht nur die unterschiedliche Arbeitszeit, sondern auch die unterschiedliche *Anzahl* der Zeichnungen, die in dieser Zeit erstellt wurden, zu berücksichtigen.

Die Versuchsanordnung ermöglichte jedem Kind bei jedem Impuls neu zu entscheiden, wieviele Blätter es zeichnen wollte. In die Gesamtauswertung wurden nur die Kinder einbezogen, die je Impuls mindestens 1 Blatt gezeichnet hatten. Die theoretische Mindeszahl zu jedem Impuls beträgt also 225 Zeichnungen. Tatsächlich liegen zu jedem Impuls mindestens doppelt so viele Zeichnungen vor, nämlich:

1. Impuls - 485 Zeichnungen
2. Impuls - 455 Zeichnungen
3. Impuls - 447 Zeichnungen

Bei einer Aufschlüsselung der Gesamtzahl ergibt sich folgendes Bild:

Anzahl der Zeichnungen

Anzahl der Zeichnungen	Anzahl der Kinder, die entsprechend viele Blätter bearbeitet haben zu					
	Impuls 1		Impuls 2		Impuls 3	
1	104	46,2%	132	58,7%	120	53,3%
2	63	28,0%	43	19,1%	54	24,0%
3	24	10,7%	21	9,3%	19	8,4%
4	14	6,2%	8	3,6%	16	7,1%
5	8	3,6%	8	3,6%	6	2,7%
6	5	2,2%	2	0,9%	5	2,2%
7	2	0,9%	4	1,8%	3	1,3%
8	2	0,9%	1	0,4%	1	0,4%
9 und mehr	3	1,3%	6	2,7%	1	0,4%
gesamt	485	100%	455	100%	447	100%

Etwa die Hälfte der Kinder zeichnete zu jedem Impuls ein Blatt, erfüllte also gerade die Untersuchungsbedingung. Etwa ein Drittel der Kinder zeichnete zwei bzw. drei Blätter zu den Impulsen und immerhin 13% bis 15% zeichnete mehr als drei Blätter.

Die Extremwerte sind aus dieser Tabelle nicht ersichtlich, da hier maximal "9 und mehr" Zeichnungen aufgeführt sind. Wiederum aus technischen Gründen wurde bei der Codierung auf Lochkarten nur eine Höchstzahl von 9 Zeichnungen pro Impulstyp übertragen und damit in die statistische Berechnung einbezogen. Folgende Werte aus der Erhebung wurden daher "abgerundet":

Gesamtzahl der Zeichnungen bei		
Impuls 1	Impuls 2	Impuls 3
10	10	12
12	12	
32	12	
	13	

Der tatsächliche Höchstwert für ein Kind beträgt 32 Zeichnungen zu einem Impuls bei einer Gesamtproduktion von 48 Zeichnungen.

Auch hier verdeutlichen die Unterschiede in der Quantität der individuellen Produktion, die aufgrund der besonderen Untersuchungssituation ermöglicht waren, wie problematisch ein Unterricht ist, der von allen Kindern "gleich viel" verlangt. Einige Kinder waren nur mit Zureden zu insgesamt drei Zeichnungen zu bewegen, während andere Kinder nur aufgrund äußerer Umstände (Ende der Schulzeit) zum Abbruch der Arbeit veranlaßt wurden; sie waren durchaus motiviert, mehr als zehn Blätter nacheinander zu zeichnen.

Dieser erste globale Überblick ergibt also für die beiden quantitativen Aspekte zeichnerischer Produktion durchaus gleichsinnige Ergebnisse. Der logisch erwartbare Zusammenhang dieser beiden Variablen wird durch die sehr signifikant positiven Korrelationskoeffizienten zwar bestätigt, die nur mittlere Höhe der Koeffizienten verweist jedoch darauf, daß dieser Zusammenhang keineswegs so eng und zwingend ist, daß etwa längere Arbeitszeit ausschließlich durch größere Quantität der zeichnerischen Produktion verursacht ist.

Zusammenhang zwischen Arbeitszeit und Anzahl der Zeichnungen

	Korrelationskoeffizienten[1] für		
	Impuls 1	Impuls 2	Impuls 3
Arbeitszeit/ Anzahl der Zeichnungen	0,37 ss	0,47 ss	0,33 ss

Da also längere Arbeitszeit offensichtlich nicht ausschließlich für die Anfertigung von *mehr* Zeichnungen verwendet wurde, ist zu untersuchen, ob zwischen Zeitaufwand und der *Qualität* der Ergebnisse ein positiver Zusammenhang nachweisbar ist (vgl. Fragestellung S. 49). Als Indiz für die "Qualität" der Zeichnungen wurde der Artikulationsgrad der Bildzeichen verwendet (vgl. S. 53 ff. und S. 82 f.).

Zur Untersuchung des Zusammenhangs zwischen den vier verschiedenen Differenzierungsstufen (vgl. Beschreibung S. 82 f.) und der Arbeitszeit wurden punktbiseriale Korrelationen[2] berechnet.

1 Produkt-Moment-Korrelationskoeffizienten, Prüfung der Signifikanzen über t-Test.

2 Die Berechnung punkt-biserialer Korrelationskoeffizienten ist dann angemessen, wenn eine Variable metrisch skaliert ist (hier die Arbeitszeit) und die andere eine qualitative Variable mit echter Alternativteilung darstellt (z.B. "Grundform erkennbar" ja/nein). Der biseriale Korrelationskoeffizient kann Werte zwischen +1 und -1 annehmen. Da das Vorzeichen jedoch von der Anordnung der qualitativen Klassen abhängt, muß über das Vorzeichen mit Rücksicht auf die Verteilung der Meßwerte beider Variablen entschieden werden (vgl. CLAUSS/EBNER 1972, S. 251 ff.).

Zusammenhang Arbeitszeit - Artikulationsgrad
(Punkt-biseriale Korrelationskoeffizienten)

	Arbeitszeit bei		
	Impuls 1	Impuls 2	Impuls 3
keine Grundform	0,11 s	ns	ns
Grundform	ns	ns	ns
Grundform + Attribute	ns	0,14 s	0,14 s
höchster Diff.-Grad	0,23 ss	0,37 ss	0,28 ss

Für die am weitesten differenzierten Zeichnungen ist ein schwacher positiver Zusammenhang zur verwendeten Arbeitszeit feststellbar, während bei allen weniger differenzierten Zeichnungen kein Zusammenhang zum Zeitaufwand besteht. Die Frage, ob zwischen der Dauer der Arbeitszeit und der Qualität einer Zeichnung ein positiver Zusammenhang besteht, muß also bejaht werden, auch wenn die Koeffizienten darauf verweisen, daß dieser Zusammenhang nicht sehr eng ist.

Im folgenden soll nun ein Vergleich der Reaktionen auf die drei Impulstypen, die von allen Kindern in gleicher Reihenfolge bearbeitet wurden, Aufschluß über den *Verlauf des Zeichenprozesses* geben. So ist auffällig, daß trotz sehr ähnlicher Aufgabenstellung die durchschnittliche *Arbeitszeit* vom ersten zum dritten Impuls hin kontinuierlich abnimmt (vgl. Tabelle auf S. 119). Während beim ersten Impuls nur 25,9% der Kinder mit der kürzesten Zeitspanne von 1 bis 9 Minuten auskamen, zeichneten bei den anderen Impulsen 41,4% bzw. 44,0% maximal 9 Minuten. Das heißt, daß beim ersten Impuls noch 74,1% der Kinder 10 Minuten und länger zeichneten, während bei den beiden anderen Impulsen nur 58,6% bzw. 56,0% der Kinder diese Zeit aufwendeten.

Auch die Gesamtzahl der Zeichnungen zu jedem Impuls nimmt - entsprechend der positiven Beziehung zwischen Arbeitszeit und Umfang der zeichnerischen Produktivität - vom ersten zum dritten Impuls hin etwas ab (vgl. S. 119). Beim ersten Impuls haben noch mehr Kinder mehr als eine Zeichnung angefertigt als bei den anderen Impulsen - 53,8% beim ersten Impuls, 41,3% beim zweiten Impuls und 46,7% beim dritten Impuls.

Die Vermutungen über mögliche Gründe dieser abnehmenden Tendenz bei beiden Variablen gehen in zwei Richtungen:

(1) Obgleich der Abstraktionsgrad der optischen Impulse zumindest sehr ähnlich erscheint, könnte doch die *formale Struktur* der Impulse selbst unterschiedliche Reaktionen bedingen. Es ist nicht auszuschließen, daß die beiden Kreisringe größeren Aufforderungscharakter haben als die beiden Senkrechten oder die Wellenlinie und daher den Kindern zu dem ersten Impuls mehr einfallen konnte. Diese Hypothese wäre in einer Zusatzuntersuchung mit variierter Reihenfolge der Impulse zu überprüfen. (Der Frage, inwiefern die verschiedenen Impulstypen *inhaltlich* unterschiedliche Reaktionen auslösen, wird unter dem Aspekt der Problemsensitivität und dem der Flexibilität sowie unter dem Inhaltsaspekt nachgegangen (vgl. S. 146 u. S. 150).)

(2) Zum anderen ist jedoch durchaus denkbar, daß unabhängig von der Art des Impulses bei den ersten Zeichnungen die *Neuigkeit* der *Situation*, des *Materials* und der *Aufgabenstellung* motivierend wirken. Die *Untersuchungssituation* mußte zunächst insofern stimulierend wirken, als im Gegensatz zur gerade erfahrenen *Gruppen*situation in der Vorschule sich hier der Versuchsleiter ausschließlich mit dem jeweils zeichnenden Kind beschäftigte. Der Reiz des *Materials* - ein kompletter Satz von zehn neuen Filzschreibern - ist vermutlich auch dann wirksam, wenn, wie die Befragung der Eltern ergab, bereits nahezu alle Kinder den Umgang mit Filzschreibern gewohnt sind. Zudem ist anzunehmen, daß die Attraktivität der neuen *Aufgabenstellung* beim zweiten und dritten Impuls abnimmt und gerade weil die Art der optischen Impulse relativ ähnlich ist, ein gewisser Sättigungseffekt eintritt. Auch diese Frage wäre bei einer Variation der Reihenfolge überprüfbar.

Zusammenfassend bleibt festzustellen, daß zwar die Differenzen in den quantitativen Reaktionen nicht sehr groß sind, daß zumindest jedoch eine abnehmende Tendenz durchgehend deutlich ist. Es ist also kein Trainingseffekt etwa derart eingetreten, daß beim zweiten und dritten Impuls mehr und länger gezeichnet wird. Voreilige didaktische Schlußfolgerungen wie z.B., daß für Vorschulkinder bei jeder Aufgabenstellung möglichst auch eine neuartige Reizsituation geboten werden müßte, verbieten sich jedoch aus zwei Gründen: Erstens ist immerhin auch beim dritten Impuls die quantitative Produktivität noch ganz erheblich und zweitens würde im Unterricht das Ergebnis vermutlich sehr verändert, wenn - abweichend von der Untersuchungssituation - bei der Bearbeitung der einzelnen Impulstypen Zwischenbesprechungen stattfinden, die im Vergleich Intention und verschiedenartige Lösungsmöglichkeiten der Aufgabe für das einzelne Kind erläutern.

Abschließend sollen im folgenden die quantitativen Aspekte zeichnerischer Produktion unter dem Gesichtspunkt der für kreatives Verhalten notwendigen *Ideenflüssigkeit* betrachtet werden (vgl. Fragestellung S. 57).

Auf die unerwartet große Gesamtzahl der Zeichnungen zu den drei Impulstypen wurde bereits hingewiesen (vgl. S. 120). Dieser quantitative Aspekt zeichnerischer Produktion muß bei der Art der offenen Aufgabenstellung global als ein Hinweis auf *Assoziationsfülle* als einer *Vorbedingung* kreativen Verhaltens angesehen werden. Mehr als der Hälfte der Kinder fiel zu den jeweiligen Impulstypen so viel ein, daß sie mehr als ein Zeichenblatt benötigten, um ihre Einfälle darzustellen, und etwa 10% der Kinder zeichneten fünf und mehr Blätter zu *einem* Impuls.

Plastischer als die Gesamtzahl der Blätter zeigt jedoch die Gesamtliste der Bildinhalte die Fülle der Einfälle (vgl. dazu die Zusammenfassung auf S. 134); denn die zeichnerische Produktivität läßt sich nur im Zusammenhang mit der Verbalisierung der Bildidee angemessen abbilden. Die hier aufgeführten Erläuterungen der Kinder zu den Motiven ihrer eigenen Zeichnungen spiegeln den Ideenreichtum, der sich im Medium der Kinderzeichnungen manifestiert hat. Eine quantitative Analyse der verbalen Bezeichnungen ist jedoch nicht möglich, da einerseits die Kinder selbst ihre Zeichnungen mit sehr unterschiedlicher Ausführlichkeit kommentieren, wenn der Versuchsleiter sie nach dem Inhalt der Zeichnung fragte und andererseits nicht (etwa durch Tonbandaufzeichnung) gesichert wurde, daß der Versuchsleiter bei jedem Kind alle relevanten Äußerungen festhielt. Im Grunde wäre zum Problem "zeichnerisches Verhalten und Sprache" eine eigens daraufhin konzipierte Zusatzuntersuchung erforderlich.

Sofern daher im folgenden Bezüge zwischen dem Faktor Flüssigkeit und anderen Variablen untersucht werden, verwenden wir als Meßwert trotz der eingeschränkten Aussagemöglichkeit nur die *Anzahl* der pro Impulstyp angefertigten Zeichnungen.

4.1.2 Strukturelle Aspekte zeichnerischer Produktion (Farbverwendung und grafische Mittel)

Wie bereits in der Fragestellung dargestellt, werden durch die Wahl des Mediums "Zeichnung" zur Erfassung des ästhetischen Verhaltens die bildnerischen Mittel weitgehend eingeschränkt. Die folgende Übersicht, die sich aus der Befragung der Eltern ergab, zeigt jedoch, daß mit der Einschränkung des Materials auf Filzschreiber ein nahezu allen Kindern vertrautes Zeichengerät angeboten wurde. Nur Buntstifte erreichen einen vergleichbar hohen Vertrautheitsgrad.

Zeichenmaterialien, die die Kinder zu Hause benutzen
(nach Angaben der Eltern)

	Anzahl der Kinder, die diese Materialien benutzen	
Buntstifte	194	86,2%
Wachskreiden	158	70,2%
Tuschkasten und Pinsel	147	65,3%
Fingermalfarben	13	5,8%
Filzstifte	189	84,4%
Bleistifte, Kugelschreiber	83	36,9%

Während der Untersuchung wurde von den Versuchsleitern häufig festgestellt, daß das Angebot von zehn verschiedenfarbigen Filzschreibern stimulierend wirkte; zum Teil wurden systematisch möglichst alle Farben "ausprobiert" oder doch sehr bewußt aus dem möglichen Spektrum ausgewählt. Negative Reaktionen auf das Material, wie sie z.B. häufig beim ersten Gebrauch von Fingerfarben auftreten, wurden überhaupt nicht beobachtet.

Die folgende Tabelle gibt eine Übersicht über die Verwendung von Farben in den untersuchten Zeichnungen. Da nicht alle Kinder, die mehrere Zeichnungen anfertigten, bei jeder Zeichnung mit der gleichen Anzahl von Farben arbeiteten, sind - wie auch bei den folgenden entsprechenden Tabellen - Mehrfachnennungen möglich. Die prozentualen Angaben beziehen sich jedoch konstant auf die Gesamtzahl der 225 Kinder und nicht auf die Summe der jeweiligen Nennungen.

Farbverwendung

Anzahl der Farben	Kinder, die die entsprechende Anzahl von Farben verwendeten bei					
	Impuls 1		Impuls 2		Impuls 3	
1 Farbe	64	28,4%	72	32,0%	70	31,1%
2 bis 3 Farben	80	35,6%	81	36,0%	81	36,0%
mehr als 3 Farben	154	68,4%	134	59,6%	136	60,4%

Die Mehrzahl der Kinder hat also von dem Angebot der verschiedenfarbigen Filzschreiber Gebrauch gemacht und mehr als drei Farben verwendet. Immerhin hat jedoch auch nahezu ein Drittel der Kinder nur eine Farbe benutzt und damit in diesen Fällen die Farbgebung nicht zur Differenzierung der Bildzeichen eingesetzt.

Entsprechend den Überlegungen zur Struktur der Kinderzeichnung (vgl. S. 26 ff.) sind sowohl rein lineare als auch fleckhafte Zeichnungen zu erwarten. Obgleich grundsätzlich auch *mehrfarbige* Strichzeichnungen möglich sind, ist doch anzunehmen, daß durch das Angebot von mehreren Farben und durch die Eigenart der verwendeten Filzschreiber insbesondere fleckhafte Elemente in den Zeichnungen unterstützt werden.

Jede Zeichnung wurde daraufhin untersucht, ob sie als Strichzeichnung ausgeführt wird oder ob fleckhafte Elemente konstitutiv sind. Zeichnungen, die sowohl Strichzeichnungen als auch fleckhafte Elemente enthalten, wurden als sogenannter "Mischtyp" eingeordnet.

Grafische Mittel

	Kinder, die entsprechende grafische Mittel verwendeten bei					
	Impuls 1		Impuls 2		Impuls 3	
Strichzeichnung	79	35,1%	93	41,3%	89	39,6%
Mischtyp	152	67,6%	137	60,9%	137	60,9%
fleckhafte Zeichn.	54	24,0%	47	20,9%	48	21,3%

Beide Tabellen enthalten Angaben über die Verwendung der bildnerischen Mittel getrennt für die drei verschiedenen Impulstypen. Zum Vergleich dieser Unterschiede zwischen den drei Impulstypen wurden folgende Kontingenz-Koeffizienten berechnet:

Vergleich des Gebrauchs bildnerischer Mittel bei den drei Impulsen

	Kontingenz-Koeffizienten		
	Impuls 1/ Impuls 2	Impuls 1/ Impuls 3	Impuls 2/ Impuls 3
1 Farbe	0,37 ss	0,45 ss	0,49 ss
2 bis 3 Farben	0,24 ss	0,18 ss	0,11 ss
mehr als 3 Farben	0,32 ss	0,43 ss	0,37 ss
Strichzeichnung	0,39 ss	0,43 ss	0,41 ss
Mischtyp	0,32 ss	ns	0,31 ss
fleckhafte Zeichnung	0,48 ss	0,34 ss	0,51 ss

Die Kontingenz-Koeffizienten der Kategorien "1 Farbe" und "mehr als drei Farben" sowie der Kategorien "Strichzeichnung" und "fleckhafte Zeichnung" sind *höher* als bei den mittleren Kategorien "2 bis 3 Farben" bzw. "Mischtyp". Für diese Endstufen der Skalen kann also eine deutliche Tendenz über alle drei Impulse hinweg zum *gleichartigen* Gebrauch der bildnerischen Mittel festgestellt werden.

Die Anzahl der verwendeten Farben und die verschiedenen Formen der grafischen Gestaltung sind wiederum untereinander eng verflochten:

Zusammenhang zwischen Farbverwendung und grafischen Mitteln (Kontingenzkoeffizienten)

grafische Mittel	1 Farbe bei		
	Impuls 1	Impuls 2	Impuls 3
Strichzeichnung	0,49 ss	0,60 ss	0,44 ss
Mischtyp	-0,17 ss	-0,17 ss	-0,17 ss
fleckhafte Zeichnung	ns	-0,17 ss	-0,14 s

grafische Mittel	2 bis 3 Farben bei		
	Impuls 1	Impuls 2	Impuls 3
Strichzeichnung	0,23 ss	0,20 ss	0,25 ss
Mischtyp	ns	ns	ns
fleckhafte Zeichnung	ns	ns	ns

grafische Mittel	mehr als 3 Farben bei		
	Impuls 1	Impuls 2	Impuls 3
Strichzeichnung	-0,32 ss	-0,32 ss	-0,33 ss
Mischtyp	0,22 ss	0,29 ss	0,30 ss
fleckhafte Zeichnung	0,20 ss	0,22 ss	0,18 ss

Es besteht also eine deutlich *positive* Beziehung (C = 0,4 bis 0,6) zwischen dem Gebrauch nur *einer Farbe* und der Tatsache, daß ausschließlich *linear* gearbeitet wird und, entsprechend dazu, eine *negative* Beziehung zu den Merkmalen "Mischtyp" und "fleckhafte Zeichnung". Eine nicht so enge, jedoch noch immer deutlich *positive* Beziehung ist zwischen "Strichzeichnung" und der Verwendung von 2 bis 3 Farben festzustellen. Hingegen ist erwartungsgemäß beim Gebrauch von mehr als drei Farben die Beziehung zum Merkmal "Strichzeichnung" *negativ* und entsprechend zu den Merkmalen "Mischtyp" und "fleckhafte Zeichnung" *positiv*. Zusammenfassend bleibt also festzuhalten, daß für ausschließlich *lineare* Zeichnungen in der Regel nur eine, höchstens aber zwei bis drei Farben verwendet werden und daß für Zeichnungen, die zum Teil oder ganz überwiegend *fleckhaft* gezeichnet sind, in der Regel mehr als drei Farben benutzt werden.

Im folgenden werden aus Gründen der Übersichtlichkeit nur Zusammenhänge zwischen den bildnerischen Mitteln und den bereits dargestellten *quantitativen* Aspekten des zeichnerischen Verhaltens erläutert. Dem medialen Charakter der bildnerischen Mittel entspricht jedoch, daß sie nicht unabhängig von den inhaltlichen, kompositorischen und qualitativen Aspekten zeichnerischer Produktion zu sehen sind.

Vergleich Arbeitszeit - bildnerische Mittel
(Punkt-biseriale Korrelationskoeffizienten)

bildnerische	Arbeitszeit bei		
Mittel	Impuls 1	Impuls 2	Impuls 3
1 Farbe	0,11 s	ns	0,18 ss
2 bis 3 Farben	ns	ns	ns
mehr als 3 Farben	0,28 ss	0,35 ss	0,39 ss
Strichzeichnung	0,12 s	0,11 s	0,20 ss
Mischtyp	ns	0,17 ss	0,24 ss
fleckhafte Zeichnung	0,27 ss	0,29 ss	0,18 ss

Verkürzt ergibt sich aus der Tabelle folgende Darstellung: Längere Arbeitszeit wurde nur bei der Verwendung von mehr als drei Farben und bei überwiegend fleckhaften Zeichnungen benötigt. Für alle anderen Kategorien bildnerischer Mittel konnte hingegen kein wesentlicher Zusammenhang zum Zeitaufwand festgestellt werden.

Vergleich Anzahl - bildnerische Mittel
(Punkt-biseriale Korrelationskoeffizienten)

bildnerische	Anzahl der Zeichnungen zu		
Mittel	Impuls 1	Impuls 2	Impuls 2
1 Farbe	0,35 ss	0,42 ss	0,38 ss
2 bis 3 Farben	0,40 ss	0,25 ss	0,26 ss
mehr als 3 Farben	ns	ns	ns
Strichzeichnung	0,36 ss	0,38 ss	0,28 ss
Mischtyp	0,12 s	ns	ns
fleckhafte Zeichnung	0,12 s	0,12 s	ns

Wenn *mehr* Blätter zu einem Impuls gezeichnet werden, sind sie offenbar eher mit *weniger* verschiedenen Farben und überwiegend als "reine" Strichzeichnungen erstellt. Diese Korrelationen entsprechen durchaus der Erfahrung, daß sich die grafischen Mittel reduzieren, wenn schnell und viel gezeichnet wird. Unter didaktischen Gesichtspunkten erscheint jedoch wesentlich, daß andererseits bei den grafisch "aufwendigeren" Formen *nicht* besonders wenig gezeichnet wird. Offenbar ist die Wahl der bildnerischen Mittel nur mittelbar von der Quantität der zeichnerischen Produktion abhängig.

4.1.3 Inhaltliche Aspekte zeichnerischer Produktion

Entsprechend den in der Fragestellung formulierten Vermutungen (vgl. S. 51 f.) soll zunächst untersucht werden, inwieweit überhaupt bei freier Themenwahl *gegenständliche* Darstellungen intendiert werden. Erst im Anschluß an diese Vorklärung wird analysiert, *welche Gegenstände* Inhalt von Kinderzeichnungen bei freier Themenwahl sind und die Hypothese über geschlechtsspezifische und schichtenspezifische Unterschiede weiter verfolgt.

In der Literatur über Kinderzeichnungen werden zur Unterscheidung des Sachverhaltes im allgemeinen nur zwei Kategorien verwendet: Die gegenständliche Zeichnung gilt als die "normale" Kinderzeichnung, daneben gibt es nur die Möglichkeit, daß ein Kind noch nicht in der Lage ist, eine erkennbare gegenständliche Zeichnung zu artikulieren, es befindet sich noch in einem Übergangsstadium von der sogenannten *Kritzelphase* zur differenzierteren Kinderzeichnung mit eindeutiger Darstellungsabsicht. Die beiden Kategorien werden qualitativ sehr unterschiedlich gewertet: die eigentlich erwünschte Form ist die der gegenständlichen Zeichnung, nicht-gegenständliche Formen gelten als Vor- und Übergangsstufen.

Demgegenüber wurde zur Auswertung der Kinderzeichnungen dieser Untersuchung eine - der gegenständlichen Zeichnung gleichwertige - dritte Kategorie gebildet (vgl. S. 81): *nicht-gegenständliche Zeichnungen* im Sinne von "Muster". Dabei zeigte sich entgegen der Aussage von EBERT, wonach Muster erst unter schulischem Einfluß häufiger auftreten sollen (EBERT 1967, S. 15), daß etwa 10% der Zeichnungen unserer Stichprobe zu Beginn der Vorschule bereits eindeutig als "Muster" intendiert sind.

Anteile gegenständlicher bzw. nicht-gegenständlicher Bildthemen

	Kinder, die entsprechend zeichneten, bei					
	Impuls 1		Impuls 2		Impuls 3	
gegenständl. Zeichn.	172	76,4%	162	72,0%	149	66,2%
"Muster"	18	8,0%	22	9,8%	29	12,9%
"Unvermögen"	35	15,6%	41	18,2%	47	20,9%

Die Tabelle zeigt, daß die Verteilung auf diese drei Kategorien für die drei verschiedenen Impulse relativ *unterschiedlich* ist. Während der Anteil der Zeichnungen, die eindeutig als *gegenständlich* erkennbar sind, von Impuls 1 zu Impuls 3 hin deutlich *abnimmt*, zeigen entsprechend die beiden anderen Kategorien eine zunehmende Tendenz. Die Kreisringe wurden von drei Vierteln der Kinder zu einer gegenständlichen Zeichnung verwendet, die Wellenlinie hingegen nur von etwa der Hälfte der Kinder. Hier liegt die Vermutung nahe, daß der erste Impuls stärker eine bestimmte gegenständliche Assoziation provozierte als die beiden anderen Impulse.

Die Zunahme der nicht-gegenständlichen Zeichnungen könnte hingegen als Lerneffekt erklärt werden, da die Kinder erst allmählich im Verlauf der Untersuchung gelernt haben könnten, sich von dem sonst üblichen Aufgabenklischee zu lösen und nun unkonventionellere Lösungen finden. Beide Erklärungen sind jedoch nicht geeignet, die Zunahme der Zeichnungen in der dritten Kategorie "Unvermögen" zu erklären. Es muß vermutet werden, daß hier eine gewisse Ermüdung wirksam wird, insbesondere bei Kindern, die alle drei Impulse unmittelbar nacheinander bearbeitet haben. Ein entsprechender Leistungsabfall war ja bereits bei der Untersuchung der quantitativen Aspekte zu beobachten.

Die weitestgehende Erklärung, daß nämlich in bezug auf diese Kategorien gar kein Zusammenhang zwischen den drei Impulstypen besteht (Nullhypothese H_0), wurde statistisch überprüft.

Vergleich der drei Impulstypen
(Kontingenzkoeffizienten)

	Impuls 1/ Impuls 2	Impuls 1/ Impuls 3	Impuls 1/ Impuls 3
gegenständl. Zeichn.	0,43 ss	0,29 ss	0,44 ss
"Muster"	0,51 ss	0,47 ss	0,53 ss
"Unvermögen"	0,69 ss	0,53 ss	0,61 ss

Für alle drei Kategorien bestehen sehr signifikante positive Zusammenhänge zwischen den verschiedenen Impulstypen, die Höhe der Koeffizienten verweist auf z.T. relativ enge Übereinstimmung. Das heißt, daß die Zeichnungen relativ einheitlich entweder gegenständliche oder nicht-gegenständliche Bildinhalte zu allen drei optischen Impulsen aufweisen; diese Konstanz gilt auch für die Kategorie "Unvermögen".

Der weiteren Charakterisierung der nicht-gegenständlichen, als "Muster" bezeichneten Zeichnungen dient die folgende Untersuchung der verwendeten *bildnerischen Mittel*:

Strukturelle Aspekte nicht-gegenständlicher Zeichnungen
(Kontingenzkoeffizienten)

	"Muster" bei		
	Impuls 1	Impuls 2	Impuls 3
1 Farbe	-0,11 s	-0,13 s	-0,17 s
2 bis 3 Farben	ns	ns	-0,15 s
mehr als 3 Farben	0,17 s	0,21 ss	0,23 ss
Strichzeichnung	ns	-0,12 s	ns
Mischtyp	ns	ns	ns
fleckhafte Zeichnung	0,26 ss	0,38 ss	0,32 ss

Wie die Tabelle zeigt, werden nicht-gegenständliche Zeichnungen tendenziell nicht einfarbig, sondern mit mehr als drei verschiedenen Farben und häufig überwiegend fleckhaft gezeichnet. Die auf die dekorativen grafischen Anteile verweisende Bezeichnung "Muster" wird damit für die Mehrzahl der nicht-gegenständlichen Zeichnungen empirisch gerechtfertigt.

Nach dieser Vorklärung zur Frage der *nicht-gegenständlichen* Kinderzeichnungen soll nun versucht werden, einen ersten Überblick über die Inhalte der *gegenständlichen* Zeichnungen zu geben.

Da jedes Kind bei jeder Zeichnung selbst über den Inhalt entscheiden konnte, gibt es insgesamt nahezu so viele verschiedene Bildinhalte wie Zeichnungen. Zwar treten bestimmte Bildzeichen wie Mensch, Haus, Auto erwartungsgemäß häufiger auf, die verbalen Erläuterungen der Kinder zu ihren Zeichnungen machen jedoch deutlich, daß auch bei gleichen Bildzeichen sehr unterschiedliche Themen dargestellt wurden. So wurde das Zeichen für *Mensch* zur Selbstdarstellung und für die Darstellung der Familie und Freunde verwendet, "Mann" und "Männchen" nach Berufen und Aussehen differenziert ("Fahrer", "Polizist", "dicker Mann", "schöner Mann", "Chinese"). Neben diesen realitätsorientierten Varianten verweisen Bezeichnungen wie "Roboter", "Mainzelmännchen", "Kasper", "Teufel", "Gespenst", "Phantom" und "Weihnachtsmann" auf "Kunstgestalten", die durch Spiele, Geschichten und Märchen oder durch Fernseh- und Radiosendungen vermittelt sind.

Die folgende Tabelle enthält nur eine grobe Zusammenfassung der insgesamt 399 verschiedenen Motive nach Inhaltsgruppen sowie jeweils zwei Beispiele aus jeder Gruppe. Bei der folgenden Erläuterung der Bildinhalte werden jedoch auch weitere Beispiele aufgeführt, um wenigstens einen Eindruck von der Breite des Spektrums der unterschiedlichen Motive zu geben, denn aus Platzgründen muß auf die Veröffentlichung der gesamten Liste der Bildinhalte verzichtet werden. Die unterschiedliche thematische Verarbeitung der drei Impulstypen wird gesondert dargestellt (vgl. S. 148 ff.).

Inhalte der Kinderzeichnungen

Inhaltsgruppen	Beispiele	I[3]	II[3]
Mensch (männlich)	Männchen, Polizist	38	173
Mensch (weiblich)	Mädchen, Prinzessin	12	40
Mensch (männl. u. weibl. oder nicht spezifiziert)	Eltern, Figur	19	118
Säugetiere	Hase, Maus	23	58
Vögel	Eule, Ente	7	25
Sonstige Tiere	Schlange, Spinne	16	57
Bäume	Apfelbaum, Tannenbaum	4	27
Sonstige Pflanzen	Gras, Blume	9	47
Wasser und Gewässer	Regen, See	1o	70
Wetterzeichen (meteorol. Sachverhalte)	Sonne, Wolken	15	114
Landschaft (geografische Sachverhalte)	Weg, Berge	22	76
Häuser u. Gebäude u. Teile v. Häusern u. Gebäuden	Kirche, Garage	38	267
Sonstige Bauwerke	Brücke, Badeanstalt	9	14
Autos	VW, Lastwagen	15	59
Sonstige Fahrzeuge	U-Bahn, Fahrrad	20	39
Flugobjekte	Flugzeug, Rakete	3	11
Schiffe	Dampfer, Boot	6	37
Wagen	Kinderwagen, Schubkarre	6	16
Sonstige Gegenstände und Geräte	Sandkiste, Fernseher	1o3	226
Nahrungs- u. Genußmittel	Würstchen, Zigarre	8	13
Sonstiges	Buchstaben, Sommersprossen	16	28
		399	1515

Unter den insgesamt 69 verschiedenen Motiven zum Thema "Mensch" ist die Differenzierung des weiblichen Menschzeichens auffallend gering: neben allgemeinen Kategorien wie "Mädchen", "Mutter", "Oma" und "Schwester" findet sich nur "Hexe", "Prinzessin" und "Lehrerin" als geschlechtsbezogene Spezifikation. Offensichtlich sind über die familiale Rollenzuweisung hinaus kaum weibliche Handlungsmuster präsent.

Hingegen erscheint das Spektrum der dargestellten *Tiere* mit insgesamt 46 verschiedenen Tierarten sehr vielfältig. Neben bekannten Haustieren wie Hund, Kat-

3 I - Anzahl verschiedener Motive innerhalb einer Inhaltsgruppe
II - Häufigkeit der Motive dieser Inhaltsgruppe bei allen drei Impulstypen

ze und Goldhamster finden sich hier Spiel- und Märchentiere ("Teddybär", "Osterhase", "Drachen"), exotische und seltene Exemplare wie "Krokodil", "Pinguin", "Uhu" und "Seekrabbe" sowie Tiere, die offenbar aufgrund ihrer einfachen formalen Struktur bevorzugt gezeichnet werden: "Schlange", "Regenwurm", "Raupe" und "Schnecke". Demgegenüber erscheinen *pflanzliche* Motive relativ selten. Nur in insgesamt 26 Zeichnungen kommt ein *Baum* und nur in 27 Zeichnungen kommen *Blumen* vor. Dafür gibt es *Fahrzeuge* und *Schiffe* in ähnlich reichhaltiger Variation wie Mensch- und Tierdarstellungen: Fünfzig verschiedene Motive vom typenmäßig genau spezifizierten Auto ("VW", "Mercedes", "Renault", "Jeep") bis zur "Postkutsche", "Eisenbahn" und "Rakete".

Das insgesamt am häufigsten verwendete Bildmotiv ist jedoch zweifellos das *Haus* (170 mal als Bildzeichen) und dazu zwanzig verschiedene Gebäudeformen vom "Hochhaus" und "Schloß" über "Bauernhof", "Krankenhaus" und "Laden" bis zur "Telefonzelle" und "Hundehütte".

Diese Verteilung häufigster Bildzeichen deckt sich mit den Angaben, die die *Eltern* über die von den Kindern *zu Hause* häufig gezeichneten Motive gemacht haben:

Inhalte der Zeichnungen nach Angaben der Eltern

Bildinhalte	Anzahl der Nennungen	
Häuser	179	79,6%
andere Menschen	124	55,1%
Tiere	67	29,8%
Autos	65	28,9%
Selbstdarstellung	33	14,7%

Neben den bisher dargestellten Hauptmotiven und ihren Varianten ergibt die Untersuchung der Zeichnungen eine Reihe weiterer Hinweise auf die Spannbreite inhaltlicher Aspekte. So werden geografische und physikalische Sachverhalte dargestellt

- "Landschaft", "Berge", "Dünen", "Strand", "Insel", "Elbe", "Wasserfall";
- "Regen", "Himmel", "Regenbogen", "Dunkelheit", "Dämmerung", "Schatten".

Die Vielzahl der im einzelnen gezeichneten Gegenstände reicht - bestimmt durch den jeweiligen Bildinhalt - von Kinderspielzeug über Wohnungseinrichtungsgegenstände, Nahrungsmittel zu Handwerkszeug zu Kleidungsstücken - von "Fernseher", "Ascheimer", "Steckdosen" und "Regenschirm" bis zu "Badewanne", "Hundeleine", "Perücke" und "Osterei".

Die Beispiele zeigen, daß prinzipiell alles, was in der Umwelt der Kinder vorkommt - sei es real oder vermittelt durch Medien - bei freier Themenwahl dargestellt wird. Da jedoch in der Regel nicht bekannt ist, warum und mit welcher Intention die Kinder diese Inhalte für ihre Zeichnungen gewählt haben, erscheint in dieser Richtung eine weitere Analyse der inhaltlichen Aspekte im Rahmen dieser Untersuchung vorerst nicht möglich (bezogen auf die unterschiedliche Verarbeitung der drei Impulstypen in den Zeichnungen erfolgt eine weitere inhaltliche Analyse auf S. 148 ff.).

Die Frage möglicher *geschlechtsspezifischer* und *schichtenspezifischer* Unterschiede in der Themenwahl wurde anhand der Angaben der Eltern untersucht:

Inhalte der Zeichnungen bei Jungen und Mädchen
(nach Angaben der Eltern)

Inhalte	Jungen		Mädchen		C[4]
Autos	56	46,7%	9	8,6%	0,55 ss
Häuser	85	70,8%	94	89,5%	0,32 ss
andere Menschen	52	43,3%	72	68,6%	0,35 ss
sich selbst	16	13,3%	17	16,2%	ns
Tiere	38	31,7%	29	27,6%	ns

Die sehr signifikante Bevorzugung von "Autos" als eher technischem Inhalt bei den Jungen und der eher sozialen und familialen Inhalte "Häuser" und "andere Menschen" bei den Mädchen bestätigt die eingangs formulierte Hypothese, daß geschlechtsspezifische Rollenerwartungen das zeichnerische Verhalten von Kindern im Vorschulalter beeinflussen. Da sich die Untersuchung auf die von den Eltern als häufige Bildthemen hervorgehobenen Gegenstände bezieht, ist hier deren geschlechtsspezifisch unterschiedliche Erwartungshaltung möglicherweise selektiv verstärkend wirksam geworden.

Hingegen konnte für die Kinder verschiedener sozialer Schicht *kein* signifikanter Unterschied in der

4 C - Kontingenzkoeffizienten

Wahl der Bildinhalte festgestellt werden. Hier sind vermutlich die Kategorien zu unspezifisch, um mögliche Differenzen sichtbar zu machen.

4.1.4 Kompositorische Aspekte zeichnerischer Produktion

Zwar ist, wie eingangs ausgeführt (vgl. S. 52 f.), die *Bildordnung* im Einzelfall nur in Relation zum *Bildinhalt* angemessen zu diskutieren, da jedoch die drei Ausgangsimpulse zu höchst unterschiedlichen und daher nicht vergleichbaren Bildinhalten angeregt haben, muß der Inhaltsfaktor weitgehend ausgeklammert werden. Die Auswertung wird daher notwendigerweise auf den *formalen* Vergleich der Bildelemente und ihres Zusammenhangs reduziert.

Bereits in der Fragestellung wurde die *Anzahl der Bildzeichen* auf einem Blatt als ein formales Merkmal, das die Bildordnung sehr weitgehend bestimmt, gekennzeichnet. Die folgende Tabelle gibt einen Überblick über die Anzahl der Bildzeichen bei den drei verschiedenen optischen Impulsen:

Anzahl der Bildzeichen

	Kinder mit einer entsprechenden Anzahl von Bildzeichen beim					
	Impuls 1		Impuls 2		Impuls 3	
1 Bildzeichen	121	53,8%	119	52,9%	117	52,0%
2 bis 3 Bildzeichen	95	42,2%	91	40,4%	95	42,2%
mehr als 3 Bildzeichen	65	28,9%	57	25,3%	57	25,3%

Etwa die Hälfte der Kinder zeichnete zu jedem Impuls Blätter mit *einem* Bildzeichen, rund 40% der Kinder fertigten auch Zeichnungen mit zwei bis drei Bildzeichen an, und etwa bei einem Viertel der Kinder konnten mehr als drei Bildzeichen festgestellt werden.

Bereits in der Fragestellung wurde die Hypothese formuliert, daß zwischen der *Anzahl* der Bildzeichen, den verwendeten *bildnerischen Mitteln* und der *Qualität* der Zeichnung ein Zusammenhang bestehe.

Vergleich für Zeichnungen mit einem Bildzeichen
(Kontingenzkoeffizienten)

	1 Bildzeichen bei		
	Impuls 1	Impuls 2	Impuls 3
1 Farbe	0,31 ss	0,34 ss	0,42 ss
mehr als 3 Farben	-0,25 ss	-0,14 s	-0,20 ss
Strichzeichnung	0,25 ss	0,25 ss	0,27 ss
Mischtyp	-0,19 ss	-0,15 ss	-0,24 ss
fleckhafte Zeichnung	0,15 ss	0,18 ss	0,22 ss

In diese wie auch die folgenden Tabellen wurden nur die Vergleichsmerkmale aufgenommen, bei denen sich über alle drei Impulse signifikante Werte ergaben.

Aufgrund dieses Vergleichs lassen sich nun die Zeichnungen mit nur *einem* Bildzeichen näher charakterisieren: Diese Zeichnungen sind häufig mit nur einer Farbe gezeichnet, es ist unwahrscheinlich, daß mehr als drei Farben verwendet werden. Die Blätter mit einem Bildzeichen sind zudem entweder reine Strichzeichnungen oder aber ganz überwiegend fleckhafte Zeichnungen. Ein signifikanter Zusammenhang zu den Artikulationsstufen ist *nicht* nachweisbar, hinsichtlich der Differenziertheit der Bildzeichen unterscheiden sie sich also *nicht* von den anderen Zeichnungen mit mehreren Bildzeichen.

Vergleich für Zeichnungen mit zwei bis drei Bildzeichen
(Kontingenzkoeffizienten)

	2 bis 3 Bildzeichen bei		
	Impuls 1	Impuls 2	Impuls 3
2 bis 3 Farben	0,12 s	0,21 ss	0,24 ss
Mischtyp	0,11 s	0,16 s	0,13 s
gegenständl. Zeichnung	0,28 ss	0,24 ss	0,34 ss
Grundform	0,25 ss	0,18 ss	0,18 ss
Grundform + Attribute	0,11 s	0,15 s	0,13 s

Offenbar sind die Zeichnungen mit zwei bzw. drei Bildzeichen wesentlich anders strukturiert als die vorher untersuchten mit nur einem Bildzeichen: Hier werden eher zwei oder drei Farben benutzt, es wird weder überwiegend linear noch überwiegend fleckhaft gezeichnet, und es werden vor allem gegenständliche Bildinhalte gewählt. Auch der Vergleich mit dem Artikulationsgrad der Bildzeichen bestätigt diesen Eindruck: Die Grundform ist klar erkennbar oder durch einige wenige Attribute ergänzt. Offenbar sind dies die Kinderzeichnungen, die ein Bildmotiv wie "Haus" oder "Mensch" enthalten und mit wenigen Attributen wie "Sonne", "Blumen" oder "Vögel" ergänzt sind.

Vergleich für Zeichnungen mit mehr als drei Bildzeichen
(Kontingenzkoeffizienten)

	mehr als 3 Bildzeichen		
	Impuls 1	Impuls 2	Impuls 3
1 Farbe	-0,23 ss	-0,25 ss	-0,22 ss
mehr als 3 Farben	0,26 ss	0,33 ss	0,30 ss
Strichzeichnung	-0,18 ss	-0,16 s	-0,16 s
Mischtyp	0,19 ss	0,20 ss	0,28 ss
fleckhafte Zeichnung	-0,13 s	ns	-0,20 ss
höchster Differenzierungsgrad	0,15 s	0,25 ss	0,18 ss

Für die Zeichnungen mit *mehr als drei Bildzeichen* wurden - wie die Tabelle zeigt - häufig auch mehr als drei Farben verwendet. Sie sind eher dem "Mischtyp" zuzurechnen und selten ausschließlich linear oder ausschließlich fleckhaft gezeichnet. Für diese Zeichnungen mit mehr als drei Bildzeichen ist die Wahrscheinlichkeit am größten, daß die höchste Differenzierungsstufe erreicht wird.

Nachdem bisher versucht wurde, Zeichnungen mit unterschiedlicher *Anzahl* von Bildzeichen in bezug auf strukturelle und qualitative Aspekte näher zu charakterisieren, sollen nun in einem zweiten Auswertungsschritt verschiedene *Formen der Bildordnung* untersucht werden.

Da für das Vorhandensein einer Bildordnung *mehrere* Bildzeichen auf dem Blatt die erste Voraussetzung sind, bezieht sich die folgende Auswertung nur auf etwa die Hälfte der Zeichnungen, da nur diese die Bedingung erfüllen. Die prozentualen Angaben werden daher hier auf die jweilige Anzahl der Kinder bezogen, deren Zeichnungen zu einem Impulstyp überhaupt eine Bildordnung zeigen.

Bildaufbau

	Kinder mit einem entsprechenden Bildaufbau bei					
	Impuls 1		Impuls 2		Impuls 3	
Streuung	72	36,5%	48	26,2%	58	31,5%
Grundlinie	39	19,8%	44	24,0%	37	20,1%
Steilbild	40	20,3%	34	18,6%	38	20,7%
inhaltl. Zusammenhang	46	23,4%	57	31,1%	51	27,7%
	197	100%	183	100%	184	100%

Die Übersicht zeigt, daß nur für knapp ein Drittel der Kinder die einfachste Form der Bildordnung festzustellen ist, nur bei diesen Zeichnungen sind die einzelnen Bildzeichen ohne erkennbaren Zusammenhang über das Blatt verteilt. Bei etwa einem Viertel ist ein inhaltlicher Zusammenhang zwischen den Bildzeichen vorhanden, und in zusammen vierzig Prozent der Fälle liegt eine räumliche Darstellung vor; die Bildzeichen stehen hier entweder auf der unteren Blattkante oder einer Grundlinie (20%) oder sind in mehreren Bildstreifen übereinander angeordnet, die eine Differenzierung zwischen näherliegenden und weiter entfernten Gegenständen ermöglichen (20%).

Zur Prüfung der Hypothese, daß diese verschiedenen Formen des Bildaufbaus prinzipiell als "gleichwertig" anzusehen sind und nicht qualitativ unterschiedliche Weisen der Raumdarstellung repräsentieren, folgt ein Vergleich zwischen dem Bildaufbau und dem Artikulationsgrad der Bildzeichen:

Vergleich Bildaufbau - Artikulationsgrad der Bildzeichen
(Kontingenzkoeffizienten)

	keine Grundform erkennbar bei		
	Impuls 1	Impuls 2	Impuls 3
Streuung	0,27 ss	0,13 s	0,17 s
Grundlinie	ns	ns	-0,16 s
Steilbild	-0,17 s	-0,14 s	-0,12 s
inhalt. Zusammenhang	ns	ns	ns

Bei Zeichnungen, deren Artikulationsgrad so gering ist, daß *keine Grundform* erkennbar ist, besteht ein *positiver* Zusammenhang zur Form der "Streuung" der Bildzeichen und ein *negativer* zur differenziertesten Form des Bildaufbaus, dem Steilbild. Obgleich der Zusammenhang in beiden Fällen nicht sehr stark ist, wie die Kontingenzkoeffizienten zeigen, ist hier doch die Null-Hypothese zurückzuweisen, daß *kein* Zusammenhang zwischen der "Qualität" der Bildzeichen und der Anordnung der Bildzeichen auf dem Blatt besteht.

Zwar ist für die Zeichnungen mit *erkennbarer Grundform* und mit der *höchsten Differenzierungsstufe der Bildzeichen* kein signifikanter Zusammenhang über alle drei Impulse zu einer bestimmten Form des Bildaufbaus vorhanden, dennoch wird das Bild durch den Vergleich der verschiedenen Kategorien des Bildaufbaus mit der Artikulationsstufe "Grundform ergänzt durch einige Attribute" bestätigt.

Vergleich Bildaufbau - Artikulationsgrad der Bildzeichen
(Kontingenzkoeffizienten)

	Grundform mit einigen Attributen bei		
	Impuls 1	Impuls 2	Impuls 3
Streuung	-0,19 ss	ns	-0,19 ss
Grundlinie	ns	ns	ns
Steilbild	0,24 ss	0,31 ss	0,22 ss
inhalt. Zusammenhang	ns	ns	ns

In diesem Fall korreliert die differenzierteste Stufe der räumlichen Darstellung mit dem differenzierteren Bildzeichen *positiv*, in allen anderen Fällen sind jedoch keine über alle drei Impulse signifikanten Beziehungen festzustellen.

Daher muß insgessamt der Zusammenhang zwischen differenzierten Formen des Bildaufbaus und dem Artikulationsgrad der Bildzeichen als relativ gering angesehen werden. Möglicherweise bedingt häufig die in dieser Untersuchung nicht erfaßte *Intention* der Darstellung eine bestimmte Bildordnung, die nicht immer zugleich die differenzierteste räumliche Darstellung beinhaltet.

4.1.5 Qualitative Aspekte zeichnerischer Produktion (Artikulationsgrad - Elaboration)

Der Artikulationsgrad der Bildzeichen wurde bereits mehrfach bei der vergleichenden Analyse anderer Aspekte des zeichnerischen Verhaltens als "Qualitätsmaßstab" herangezogen. An dieser Stelle soll nun die Analyse dieser, nach der fortschreitenden Differenzierung der Bildzeichen abgestuften Skala selbst nachgeholt werden.

Artikulationsgrad der Bildzeichen

	Kinder, die einen entsprechenden Artikulationsgrad zeigten bei					
	Impuls 1		Impuls 2		Impuls 3	
keine Grundform	51	22,7%	59	26,2%	75	33,3%
Grundform	123	54,7%	129	57,3%	119	52,9%
Grundform + Attrib.	90	40,0%	70	31,1%	63	18,0%
höchster Diff.Grad	25	11,1%	20	8,9%	17	7,6%

Wie die Tabelle zeigt, ist bei den Zeichnungen zu dem ersten und zweiten Impuls bei etwa einem Viertel der Kinder keine Grundform erkennbar. Beim dritten Impuls zeichneten ein Drittel der Kinder so wenig strukturiert, daß keine Grundform erkennbar ist. Dieser Anteil von Zeichnungen, die vermutlich noch der sogenannten Kritzelstufe[5] zugerechnet werden können, muß als überraschend groß angesehen werden, da in den Untersuchungen zur Entwicklung der Kinderzeichnung in der Regel bereits bei vier- bis fünfjährigen Kindern der Übergang zur erkennbar gegenständlichen Kinderzeichnung erwartet wird (MEYERS 1963, S. 45 ff., EBERT 1969, S. 10, WIDLÖCHER 1974, S. 40 ff.). Die Kinder der Untersuchungsgruppe haben hingegen alle bereits das fünfte Lebensjahr vollendet.

Über die Hälfte der Kinder zeichnet bei allen drei Impulsen so, daß eine Grundform deutlich erkennbar ist. Der Anteil der Kinder, die diese Grundform bereits weiter differenzieren und durch Attribute ergänzen, nimmt jedoch vom 1. zum 3. Impuls hin ab. Während zu den Kreisringen die Hälfte der Kinder so differenziert gezeichnet hat, zeigen beim zweiten und dritten Impuls nur 40% bzw. 25% diesen höheren Artikulationsgrad. Dieser Leistungsabfall stimmt in der Tendenz mit der Abnahme der Gesamtzahl der Zeichnungen und der Verkürzung der Arbeitszeit vom ersten zum dritten Impuls hin überein (vgl. dazu S. 118 ff.).

Vermutlich wird hier ein allmählich abnehmendes Interesse an der Bearbeitung der Aufgabe verstärkt durch erste Ermüdungserscheinungen. Die Möglichkeit des eventuell unterschiedlichen Aufforderungscharakters der drei optischen Impulse wird hier bei der Darstellung vernachlässigt, obgleich, wie eingangs

5 Auf die Problematik dieses Terminus wird hier nicht eingegangen; es wird vielmehr angenommen, daß eine mögliche Darstellungsintention nicht *bekannt* ist.

dargestellt, hier ein weiterer Grund für die abnehmende Intensität des zeichnerischen Verhaltens liegen könnte (vgl. S. 124 f.). Offenbar konnte die optimale Leistungsfähigkeit der Kinder noch am ehesten bei der ersten Aufgabe erfaßt werden. Bei den anderen Zeichnungen kehrten auch Kinder, die bereits differenziertere Bildzeichen gezeigt hatten, zu einfacheren "früheren" Formen zurück.

Der Vergleich der Reaktionen auf die drei verschiedenen optischen Impulse gibt damit auch einen Hinweis darauf, wie problematisch die Zuordnung zu Entwicklungsstufen aufgrund einer *Einzelleistung* ist. Zwar lassen sich insgesamt durchaus qualitativ unterschiedliche Stufen der Zeichendifferenzierung feststellen, aber die *generelle* Zuordnung zu einer bestimmten Stufe erscheint problematisch, wenn erwiesenermaßen von einem Kind gleichzeitig Zeichnungen mit verschiedenem Artikulationsgrad angefertigt werden. Offenbar ist es nicht angemessen, von einem bestimmten Leistungsgrad eines Kindes zu sprechen, vielmehr muß eine relativ große Spannbreite der individuellen Leistungsfähigkeit angenommen werden, die bei hohem Motivationsgrad optimal aktiviert werden kann. Bei uninteressanten Aufgaben und "Routinearbeiten" hingegen wird vermutlich nur die untere Leistungsgrenze sichtbar.

Mögliche Zusammenhänge zwischen dem Artikulationsgrad und dem *Lebensalter* der Kinder werden im Zusammenhang mit der generellen Frage nach entwicklungsbedingter Leistungsfähigkeit im ästhetischen Bereich untersucht werden (vgl. S. 183).

Abschließend ist darauf zu verweisen, daß im folgenden der Artikulationsgrad der Bildzeichen auch als Hinweis auf den für kreatives Verhalten erforderlichen Faktor der *Elaboration* betrachtet wird. Die Differenzierung der Bildzeichen erfordert in besonderem Maße die mit diesem Faktor bezeichnete Fähigkeit zur Verarbeitung von Implikationen (GUILFORD 1970 b, S. 381 f.). Zwar wären eventuell auch die Anzahl der Bildzeichen und eine differenzierte räumliche Organisation als Hinweise auf differenzierte Verarbeitung der Bildzeichen zu bewerten. In der Tat bestehen, wie bereits gezeigt werden konnte, signifikante positive Zusammenhänge zwischen diesen Aspekten (vgl. S. 139 und 146). Allerdings erscheinen sowohl die Anzahl der Bildzeichen wie der Bildaufbau einer Zeichnung weitgehend abhängig von der Darstellungsintention, so daß sich aus diesem Grund eine generalisierend positive

Bewertung dieser Aspekte verbietet. (Für alle Zeichnungen, die nur *ein* Bildzeichen enthalten, wären zudem diese Kategorien nicht anwendbar.)

Für weitere Untersuchungen von Zusammenhängen zwischen dem Kreativitätsfaktor der Elaboration und anderen Variablen des ästhetischen Verhaltens wird daher *ausschließlich* der Artikulationsgrad der Bildzeichen als Indikator für den Verarbeitungsfaktor verwendet.

4.1.6 Kreative Aspekte zeichnerischer Produktion

Im folgenden ist zu prüfen, ob sich in der zeichnerischen Produktion der Untersuchungsgruppe auch *kreatives* Verhalten dokumentiert, ob also über das Medium der Kinderzeichnung Verhaltensweisen sichtbar werden, die den eingangs formulierten Faktoren der Kreativität entsprechen.

Abweichend von der Gliederung der Fragestellung werden an dieser Stelle nur die kreativen Aspekte zeichnerischer Produktion untersucht, die sich unmittelbar aus der Problemstellung durch die drei verschiedenen optischen Impulse ergeben - Problemsensitivität und Flexibilität. Zwar stellen auch Ideenflüssigkeit und Elaboriertheit der Lösungen notwendige Bedingungen für kreatives Verhalten dar, wie bereits dargestellt, sind jedoch diese Faktoren sachlich weitgehend identisch mit quantitativen und qualitativen Aspekten zeichnerischer Produktion und wurden bereits dort erörtert (vgl. S. 125 und S. 143).

4.1.6.1 Sensitivität

Im Rahmen der Fragestellung wurde bereits die Schwierigkeit diskutiert, daß innerhalb einer Testuntersuchung ein wesentlicher Teil des kreativen Prozesses - das selbständige Entdecken von Problemen - nur in reduzierter Form erfaßt werden kann: Problemsensitivität kann sich nicht mehr im *Auffinden* eines Problems, sondern nur noch im *Problemverständnis* der gestellten Aufgabe erweisen (vgl. S. 56).

Bezogen auf die Problemstellung durch die drei verschiedenen optischen Impulse ist daher im folgenden zu untersuchen: Was haben die Kinder aus der Vorgabe "gemacht", wie haben sie sich zeichnerisch mit ihr auseinandergesetzt, welche Lösungsmöglichkeiten lassen sich aus ihren Zeichnungen "ablesen"?

Wie bei der Beschreibung der Kreativitätsaufgaben dargestellt (vgl. S. 77) erfolgt die Aufgabenstellung vor allem *nicht-verbal* durch drei verschiedene optische Impulse, die sich bereits auf den Zeichenblättern befinden. Ergänzend wird den Kindern vom Versuchsleiter mitgeteilt, daß ihnen völlig freigestellt ist, *was* sie zeichnen.

Mehrere verschiedene Möglichkeiten, mit den Vorgaben umzugehen, wurden bereits bei der Darstellung der Auswertungskategorien vorgestellt:

(1) Ein Kind kann die optischen Impulse in seine Zeichnung einbeziehen (integrieren). Dabei wird z.T. versucht, den Ausgangsimpuls zu "verstekken", d.h. ihn so nahtlos in die eigene Zeichnung einzufügen, daß er nachträglich kaum noch identifiziert werden kann (vgl. Abb. 10). Bei einigen Kindern besteht jedoch auch die entgegengesetzte Tendenz - sie heben den optischen Impuls innerhalb ihrer Zeichnung durch Anmalen und Ausmalen besonders hervor und betonen damit diesen Ausgangspunkt ihrer Zeichnung. In beiden Fällen hat das Kind jedoch zumindest ein Bildzeichen ganz eindeutig aus den optischen Impulsen entwickelt.

(2) Für eine andere Form der Bearbeitung der optischen Impulse wurde die Bezeichnung "Impuls beachtet" gewählt, da hier die vorgegebenen Zeichenelemente ganz eindeutig durch An- oder Ausmalen (insbesondere der Kreisringe) *beachtet* wurden, aber dies nicht zu einer Integration in die Zeichnung führt bzw. eine "eigene" Zeichnung völlig fehlt (vgl. Abb. 11).

(3) Ein Kind kann aber auch das Angebot ignorieren und die vorgegebenen Linien überhaupt nicht berücksichtigen. Es zeichnet dann auf dem freien Teil des Blattes so, als ob es den optischen Impuls gar nicht gäbe. Dabei kann es sich eventuell in der Blattaufteilung durch die vorgegebenen Linien behindert fühlen.

(4) Überraschenderweise findet sich noch eine vierte Variante, bei der scheinbar der optische Impuls selbst gar nicht berücksichtigt wird und die der zweiten Kategorie zugerechnet werden könnte, wenn nicht deutlich erkennbar das grafische Element "Kreisringe", "Parallelen" oder "Wellenlinie" in der eigenen Zeichnung *verwendet* und zum Teil mehrfach wiederholt würde. Einige dieser Kinder haben offenbar die optischen Impulse "abgemalt" und

dann zum Teil durch verschiedene Farbwahl und Ausmalen variiert (vgl. Abb. 12).

Obgleich bei der Auswertung von den Beurteilern nur die Zeichnungen eingeordnet wurden, die in irgendeiner Form eine Auseinandersetzung mit den optischen Impulsen erkennen ließen ("integriert", "beachtet" oder "verwendet"), gibt die folgende Tabelle auch eine Übersicht über die "Restgruppe" wieder, die die optischen Impulse offenbar gar nicht berücksichtigt hat.

Verarbeitung der optischen Impulse

	Kinder, die entsprechende Formen der Bearbeitung zeigen bei					
	Impuls 1		Impuls 2		Impuls 3	
Impuls integriert	139	61,8%	177	78,7%	166	73,8%
Impuls beachtet	44	19,6%	9	4,0%	17	7,6%
Impuls verwendet	20	8,9%	14	6,2%	20	8,9%
Impuls nicht berücksichtigt	22	9,7%	25	11,1%	22	9,7%

Insgesamt ist festzustellen, daß etwa drei Viertel der Kinder die optischen Impulse in ihre Zeichnungen *integriert* haben. Der Anteil der Kinder, die den Impuls durch Anmalen bzw. Ausmalen *beachtet* haben, ist für die drei Typen sehr unterschiedlich. Offenbar waren die beiden Kreisringe dazu besser geeignet als die senkrechten Striche oder die Wellenlinie. Möglicherweise ist so auch die leichte Zunahme der den Impuls integrierenden Zeichnungen beim zweiten und dritten Impuls zu erklären: da sich hier ein Anmalen bzw. Ausmalen weniger anbot, haben mehr Kinder diese Impulse *integriert*, und zwar etwa beim zweiten Impuls durch einfaches Verbinden der beiden Senkrechten zu einem "Haus", "Kasten" oder "Muster".

Es wird also vermutet, daß nicht ein *Lerneffekt* den Zuwachs an integrierenden Zeichnungen verursacht hat, sondern die drei verschiedenen Impulse selbst unterschiedliche Reaktionen induzierten. Für diese Interpretation des Zusammenhanges zwischen den beiden ersten Beschreibungskategorien spricht auch, daß der Anteil der Kinder, die den Impuls in ihrer Zeichnung *verwendet* haben, und der Kinder, die den Impuls *ganz unbeachtet* ließen, für alle drei Impulstypen nahezu konstant ist.

Ob Kinder, die beim ersten Impuls eine bestimmte Lösungsform gefunden haben (z.B. den Impuls integrieren), diese auch beim zweiten und dritten Impulstyp beibehalten, wurde durch einen Vergleich der Reaktionen auf die drei verschiedenen optischen Impulse untersucht.

Vergleich der Reaktionen auf die drei Impulstypen
(Kontingenzkoeffizienten)

	Impuls 1/ Impuls 2	Impuls 1/ Impuls 3	Impuls 2/ Impuls 3
Impuls integriert	0,31 ss	0,32 ss	0,45 ss
Impuls beachtet	ns	ns	0,29 ss
Impuls verwendet	0,11 s	0,23 ss	0,24 ss

Die Tabelle zeigt, daß insbesondere für die Kinder, die den Impuls integriert haben, eine starke Tendenz besteht, bei allen drei Impulsen diese Lösungsmöglichkeit anzuwenden. Für die beiden anderen Formen der Bearbeitung gilt dies hingegen kaum - das An- bzw. Ausmalen wird offenbar selten bei mehr als einem Impuls verwendet. Für die dritte Kategorie besteht zwar in allen Fällen ein positiver signifikanter Zusammenhang, dennoch verweisen die Kontingenzkoeffizienten darauf, daß die Übereinstimmung in den Reaktionen hier nicht sehr groß ist.

Ob und wie ein Kind die vorgegebenen grafischen Elemente in seine Zeichnungen "einbaut", wurde als Hinweis auf Problemsensitivität genommen. Einleuchtend ist, daß ein Nicht-Beachten auf *geringe* Sensitivität in diesem Sinne verweist - für die drei unterschiedlichen Formen der Bezugnahme auf die vorgegebenen Impulse ist bis jetzt jedoch offen, ob eine Form "besser", d.h. hier kreativer ist als die andere.

Um mögliche Hinweise zur Einschätzung dieser drei Bearbeitungsformen zu erhalten, wurden sie mit den Kategorien verglichen, die das zeichnerische Verhalten insgesamt beschreiben. Es wäre ja möglich, daß z.B. nur bei sehr differenzierter Bildordnung und hohem Artikulationsgrad der Bildzeichen auch eine Integration der optischen Impulse in den Zeichenzusammenhang vorliegt.

Mit einer Eindeutigkeit, die für keine der Kategoriengruppen zur Beschreibung des zeichnerischen Verhaltens zutrifft, konnte jedoch festgestellt werden, daß die verschiedenen Formen der Auseinandersetzung mit der Aufgabenstellung *unabhängig* von anderen Merkmalen zeichnerischen Verhaltens sind. Die Aufgabenstellung durch optische Impulse erweist sich für Kinder mit unterschiedlichem zeichnerischen Verhalten *gleich* schwer bzw. *gleich* leicht - sie verhält sich also in bezug zu dem zeichnerischen Leistungsstand neutral. Da die Art der Verarbeitung der Ausgangsimpulse somit eine relativ selbständige Dimension darstellt, ist zu vermuten, daß zeichnerisches Verhalten und kreatives Verhalten im ästhetischen Bereich bei zeichnerischer Produktion zwei voneinander relativ unabhängige Verhaltenskomplese sind. Eine qualitative Bewertung der verschiedenen Bearbeitungsformen scheint auf jeden Fall unzulässig. Allenfalls könnte unter dem Gesichtspunkt der Flexibilität das Kind als besonders kreativ gelten, das bei mehreren Zeichnungen auch mehrere verschiedene Formen der Verarbeitung der optischen Impulse gefunden hat.

Nach dieser ersten, überwiegend *formalen* Analyse der verschiedenen Verarbeitungsmöglichkeiten der Ausgangsimpulse soll nun untersucht werden, in welchen *inhaltlichen* Zusammenhang die Impulse gestellt werden.

Bei der Darstellung der Auswertung der Kreativitätsaufgaben wurde bereits beschrieben, wie die verschiedenen inhaltlichen Bestimmungen der optischen Impulse zu Antwortklassen zusammengefaßt wurden (S. 92 ff.). Hier werden nur die Überschriften dieser Antwortklassen aufgeführt; auf die Wiedergabe der vollständigen Liste aller Bildinhalte, zu denen die optischen Impulse verarbeitet wurden, muß aus Platzgründen verzichtet werden.

Der erste Impuls "zwei Kreisringe" wurde in die Zeichnungen einbezogen als:

1a) Teil eines Musters	17	4,8%[6]
1b) einzelne runde Dinge	36	10,1%
1c) Augenpaar in Variationen	148	41,7%
1d) Doppelform, die Teil von etwas ist	93	26,2%
1e) einzelne Kreisringe, die wesentliches Teil von etwas sind	40	11,3%
1f) Teil, das selbst nicht prägnant benannt wird	14	3,9%
1g) Löcher oder Fenster	7	2,0%

(insgesamt 332 Zeichnungen)

6 Absolute und relative Häufigkeit der Zeichnungen in den einzelnen Antwortklassen

Der zweite Impuls "zwei Senkrechte" wurde in die Zeichnungen einbezogen als:

2a)	Teil eines Musters	26	7,2%
2b)	einzelne Senkrechte	28	7,7%
2c)	einzelne Beine	19	5,2%
2d)	Doppelform, die wesentliches Teil eines Objekts ist	39	10,8%
2e)	Begrenzung einer Fläche	28	7,7%
2f)	Wände eines Gebäudes oder Bauwerkes	117	32,3%
2g)	Seitenwände eines Körpers	47	13,0%
2h)	Begrenzung von Körperteilen (Mensch/Tier) bzw. von Kleidungsstücken	44	12,2%
2i)	Markierungen, Wege in Aufsicht	6	1,7%
2k)	Teil eines Buchstabens	8	2,2%

(insgesamt 362 Zeichnungen)

Der dritte Impuls "Wellenlinie" wurde in die Zeichnungen einbezogen als:

3a)	Teil eines Musters	33	12,5%
3b)	selbständige Linie	20	7,5%
3c)	Wasser, Welle, Wolke, Rauch	48	18,1%
3d)	Pflanzenteil	8	3,0%
3e)	Teil eines geografischen Sachverhalts	35	13,2%
3f)	Teil eines Gegenstandes (mit Ausnahme von Dach)	38	14,3%
3g)	Dach	33	12,5%
3h)	Körperteil (Mensch/Tier)	32	12,0%
3i)	Kopf oder Teil eines Kopfes (Mensch/Tier)	51	19,2%

(insgesamt 298 Zeichnungen)

Die jeweils erste Antwortklasse "Teil eines Musters" findet sich wie bereits dargestellt (vgl. S. 131 ff.) übereinstimmend bei allen drei Impulsen.

Da die beiden ersten Impulse "Kreisringe" und "Senkrechte" als Doppelform vorgegeben waren, zeigen sich hier auch in beiden Fällen die Varianten, diesen Impuls als *Doppelform* oder *einzeln* in die Zeichnung einzubeziehen. Als häufigste Verwendungsmöglichkeiten der Doppelform erwiesen sich beim ersten Impuls "Augen" und "Räder", beim zweiten Impuls wurden die beiden Senkrechten meistens als parallele *Begrenzungen* von Körpern oder Flächen benutzt. In beiden Fällen seltener ist die Verwendung des einzelnen Kreisringes oder nur einer Senkrechten etwa als "Kopf" (bei 1e) oder als "Blumenstengel" (bei 2b), da die Nähe des zweiten Impulsteils häufig die Ausformulierung des

Zeichens behinderte bzw. die Proportion bestimmte (vgl. Abb. 14 und 15).

Wiederum übereinstimmend über alle drei Impulse erscheint die Möglichkeit, den Impuls als *selbständiges* Objekt zu gestalten: beim ersten Impuls etwa als "Sonne" oder "Bälle" (bei 1b), beim zweiten Impuls als "Pfosten" oder "Wäschepfähle" (bei 2b) und beim dritten Impuls als "Schlange" (vgl. Abb. 16) oder als Zeichen für "Vogel" (bei 3b).

Allerdings sind diese Lösungen insgesamt gesehen relativ selten. Bei allen drei Impulsen wird in den meisten Fällen der geometrische Ausgangsimpuls als *Teil* in die Zeichnung des Kindes eingebaut. Hierbei ist noch einmal zu differenzieren zwischen den Lösungen, die den Impuls als prägnant hervortretendes, gesondert benennbares Teil verwenden (z.B. "Kopf" bei 1e) und solchen, die ihn "unauffällig" in die Zeichnung einbeziehen und ihm keine besondere, benennbare Funktion geben (z.B. die Antwortklasse 1f).

Alle weiteren Differenzierungen der Antwortklassen beziehen sich auf die *Gegenstandsbereiche* der Zeichnungen. Hier zeigen sich - offensichtlich ausgelöst durch die verschiedenen Impulstypen - unterschiedliche inhaltliche Schwerpunkte: während beim ersten Impuls die naheliegende Assoziation "Augen" bewirkte, daß sehr häufig Menschen oder Tiere gezeichnet wurden, forderten die beiden Senkrechten eher zum Zeichnen von Gegenständen und Gebäuden heraus. Auffällig für den dritten Impuls ist die Häufung von Zeichnungen mit geografischen und geophysikalischen Inhalten; die "Wellenlinie" legte es offenbar nahe, nicht nur die "üblichen" Bildinhalte zu reproduzieren, sondern regte die Kinder zu Assoziationen wie "Wasser", "Welle" und "Berg" an, die bei den beiden anderen Impulsen kaum auftreten.

Abschließend bleibt festzustellen, daß die Aufgabenstellung offenbar geeignet war, Kinder von unterschiedlichem zeichnerischen Leistungsvermögen zu vielfältiger, problemorientierter Auseinandersetzung anzuregen und bei etwa 80% der Kinder eine Form der zeichnerischen Auseinandersetzung mit den vorgegebenen grafischen Elementen auszulösen.

Daß auch eine nicht ausschließlich zeichnerische Reaktion möglich war, zeigt das Beispiel eines Mädchens, daß beim dritten Impuls die Wellenlinie offenbar als "Vogel" interpretierte und zur "Verarbeitung" dieses Impulses sachkundig aus den vorgegebenen Blättern "Schwalben" faltete und diese dann bemalte.

Verschiedene Formen der inhaltlichen Verarbeitung der optischen Impulse

Abb. 14
Impuls als Kopf

Abb. 15
Impuls als Stengel

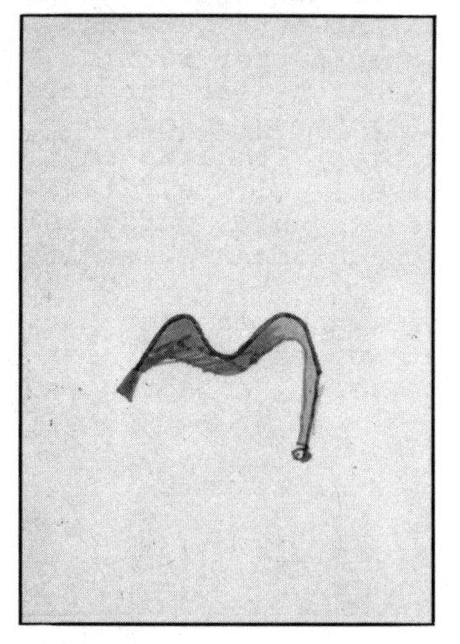

Abb. 16
Impuls als Schlange

Abb. 17
Impuls als Bein

4.1.6.2 Flexibilität

Die Auswertung der Zeichnungen zu den optischen Impulsen geht davon aus, daß sich flexibles Verhalten in verschiedenartiger inhaltlicher Interpretation des jeweiligen Ausgangsimpulses erweisen kann (vgl. S. 77 ff.), denn ein Kind, das die Kreisringe einmal als Kugeln, einmal als Augen und einmal als Teil eines Musters verwendet, kann offenbar stärker von einer einmal gefundenen Lösung abweichen und umdenken als ein Kind, das in sechs verschiedenen Zeichnungen jedesmal die Kreisringe als Räder eines Fahrzeugs verwendet.

Diese Operationalisierung des Faktors Flexibilität entspricht dem Auswertungsmodus verbaler Kreativitätstests, bei denen die einzelnen Antworten z.B. auf die Aufforderung: "Schreib auf, was man alles mit einer Zeitung machen kann" in Antwortklassen gruppiert werden und für jeden Schüler die Menge der verschiedenen Kategorien, denen seine Antworten angehören, als Maß für seine Flexibilität genommen wird. Allerdings unterscheidet sich die Untersuchung von Flexibilität bei *zeichnerischer* Produktion vom *verbalen* Kreativitätstest durch die sehr viel geringere Anzahl von Lösungen pro Schüler. Da als "Antwort" jeweils nicht nur ein einzelner Begriff oder kurzer Satz, sondern eine Zeichnung erforderlich ist, ist für alle Kinder, die pro Impuls nur eine Zeichnung anfertigten, gar keine Aussage über flexibles Verhalten im oben beschriebenen Sinne möglich. Auf weitere, die Gesamtpopulation einschränkende Bedingungen wurde bei der Darstellung der Auswertungsgesichtspunkte bereits verwiesen (vgl. S. 86 ff.).

Die Anzahl der Kinder, deren Zeichnungen mehr als einer Antwortkategorie zugeordnet werden können, ist daher, wie die folgende Übersicht zeigt, entsprechend gering.

Verteilung der Lösungen auf verschiedene Antwortklassen

	Anzahl der Kinder bei					
	Impuls 1		Impuls 2		Impuls 3	
Impuls einbezogen	153	100%	168	100%	158	100%
1 Antwortklasse	127	83,0%	120	71,4%	125	79,1%
2 Antwortklassen	25	16,3%	32	19,0%	22	13,9%
3 Antwortklassen	1	0,7%	9	5,4%	9	5,7%
4 Antwortklassen	-		5	3,0%	2	1,3%
5 Antwortklassen	-		1	0,6%	-	
6 Antwortklassen	-		1	0,6%	-	

Zwar finden sich bei etwa einem Fünftel der Kinder Lösungen, die *zwei* verschiedenen Antwortklassen angehören, größere Flexibilität bei der Verarbeitung des Ausgangsimpulses zeigen jedoch nur sehr wenige Kinder. Da zudem sechs Kinder beim zweiten *und* dritten Impuls und ein Kind bei allen drei Impulsen zu dieser "Spitzengruppe" in bezug auf Flexibilität gehören, ließen sich trotz der insgesamt 28 Nennungen nur bei 21 Kindern Lösungen in mehr als *zwei* verschiedenen Antwortklassen feststellen. Die in Relation zu den Zeichnungen zu den beiden anderen Impulstypen niedrigen Flexibilitätswerte beim ersten Impuls müssen vermutlich, wie auch das relativ seltene Auftreten von einmaligen Lösungen (vgl. S. 93) darauf zurückgeführt werden, daß die beiden Kreisringe verglichen mit den beiden Senkrechten und der Wellenlinie weniger abstrakt sind und daher bestimmte gegenständliche Assoziationen eher nahelegen als die beiden anderen Ausgangsimpulse.

Daß die Zeichnungen, die hier nur *einer* Antwortkategorie zugeordnet werden konnten, durchaus auch ein breites inhaltliches Spektrum aufweisen können, zeigt etwa das Beispiel von Maiken H.:

Verarbeitung des 1. Impulses bei Maiken H.

Zeichnung Nr.	Bildzeichen, das den Impuls einbezieht	Impuls verwendet als
1	Renault R4 (Auto)	Räder
2	Mädchen	Rollschuhe
3	Wohnwagen	Räder
4	Haus	Räder
5	Fahrrad	Räder
6	Gruppenraum	Räder
7	Tafel	Räder
8	U-Bahn	Räder

Die Zeichnungen des gleichen Mädchens zum zweiten Impuls wurden drei verschiedenen Antwortklassen zugeordnet - ein weiterer Hinweis auf den relativ starken Einfluß des Ausgangsimpulses auf die Interpretationsmöglichkeiten von Vorschulkindern. (Die Einschränkung in bezug auf die Altersgruppe ist hier erforderlich, da Vorversuche mit Grundschulkindern hier durchaus erhebliche Flexibilitätswerte erbracht hatten.)

Um Beispiele von großer Flexibilität bei allen drei Impulstypen vorzustellen sowie *Hypothesen* über mögliche *Bedingungen* zeichnerischer Flexibilität zu präzisieren, wird das Kind, das den höchsten Flexibilitätsgrad der gesamten Untersuchungsgruppe aufweist, in einer *Fallstudie* dargestellt.

Martina R. war am Stichtag der Untersuchung fünf Jahre und sieben Monate alt und damit etwas jünger als der Durchschnitt der Gesamtgruppe (5;10,6). Ihr Vater ist Werkmeister, nach dem Schema von KLEINING/MOORE wurde sie daher der Gruppe der unteren Mittelschicht zugerechnet. Sie ist jüngstes von drei Kindern, zur Lebenszeit von Martina hat die Mutter den erlernten Beruf als Ladenhilfe nicht ausgeübt. Die fünfköpfige Familie wohnt in einer Fünf-Zimmer-Wohnung, Martina hat ein eigenes Zimmer. Zwei und ein Viertel Jahr besuchte sie einen Kindergarten.

Im folgenden werden zunächst die Angaben wiedergegeben, die der Versuchsleiter (VL) während der Durchführung der Kreativitätsaufgaben zu den einzelnen Zeichnungen festgehalten hat.

Zeichnungen zum 1. Impuls (Kreisringe)

Lösung	Zeit in Min.	Verbale Erläuterungen des Kindes (wörtlich)[7]	Impuls als	Antwortklasse
1	14	*Mutti*, unser *Wohnwagen*, Pflaumenbaum, Regentropfen, Himmel, Wasser	Körper Rad	1e 1d
2	24	*Haus*, Oma schaut aus dem Fenster, Keller	Kellerfenster	1g
3	9	*Auto*	Hinterräder	1d
gesamt: 3	47	verschiedene Antwortklassen: 3		

7 Es ist jeweils das Bildzeichen kursiv gesetzt, das den Impuls einbezieht.

Zeichnungen zum 2. Impuls (zwei Senkrechten)

Lösung	Zeit in Min.	Verbale Erläuterungen des Kindes (wörtlich)	Impuls als	Antwortklasse
1	5	*Kaufmannsladen*	Beine	2c
2	10	*Schwimmbecken*	Rand	2e
3	20	*Haus*, Schafe, Steine	Wände	2f
4	4	Wasser*fisch*, schwimmt gegen einen *Luftballon*, Wasser spritzt	Teil d. Fisches Wand	2h 2f
5	10	*Weihnachtsmann*, *Pullover*, Frau Holle, Schnee	Seiten d. Oberkörpers	2h
6	13	Geschäfts*laden*, Kind, halbes Haus, u. Schwimmbecken, Kinder, Auto	Wände	2f
7	8	*Hochhaus*, Regentropfen, Wolken	Wände	2f
8	12	Gras mit Blumen, *Eisladen* mit Kind, Krämersfrau, Krämersmann	Säulen	2d
9	4	"Rammelbahn*haus*" (Jahrmarkt)	Wände	2f
10	5	*Turnstange*, Schaukel, Spielzelt, Steine	Pfosten	2d
11	3	Schule, Kindergarten, Weg, *Weg* nach der Stadt, Berg	Teil d. Weges	2i
12	5	*Kindergarten*, Steine	Wände	2f
gesamt: 12	99	verschiedene Antwortklassen: 6		

Anmerkungen des VL:
Der VL hat das 12. Blatt aus Versehen falsch hingelegt, Martina hat es also nicht selbst gedreht.

Aussage von Martina zum 12. Blatt: "Das ist das letzte Bild, weil Udo sagt, ich soll nicht so lange malen!" (Udo ist im Gruppenraum.)

Zeichnungen zum 3. Impuls (Wellenlinie)

Lösung	Zeit in Min.	Verbale Erläuterungen des Kindes (wörtlich)	Impuls als	Antwortklasse
1	9	Großer *Uhu*, Baum, Wolken, Regentröpfchen, kleiner Uhu, Nest	Kopf	3i
2	8	*Zirkushaus*, geschmückt Sonne, Wolken, Fahnen, Lautsprecher, Lastwagen, Weg zum Zirkus	Dach	3g
3	3	Hai, Regentröpfchen, *Wasser*, Kind	Wasser	3c
4	3	*Wal*, Springbrunnen	Kopf d. Wales	3i
gesamt: 4	23	verschiedene Antwortklassen: 3		

Anmerkung des VL:
Bei Lösung Nr. 1 war der hellblaue Filzstift bald leer, daher zeichnete Martina schwarze Wolken.

Im folgenden werden das *zeichnerische Verhalten* und die *Testwerte* von *Martina R.* mit den Werten für die *gesamte Untersuchungsgruppe* verglichen.

Entsprechend den Bedingungen, die für die Erfassung von flexiblem Verhalten bei der zeichnerischen Lösung der Problemstellung erforderlich waren, weist das Kind mit den höchsten Flexibilitätswerten auch überdurchschnittlich *viele* Zeichnungen auf, die alle den Impuls in ein Bildzeichen einbeziehen.

In bezug auf die Verwendung von *bildnerischen Mitteln* verhält sich Martina wie die Mehrzahl der Gesamtstichprobe: Für ihre insgesamt 19 Zeichnungen verwendet sie zweimal nur eine Farbe, achtmal zwei bis drei Farben und neunmal mehr als drei verschiedene Farben. Vier Zeichnungen wurden als Strichzeichnungen klassifiziert, elf als "Mischtyp" und drei als überwiegend fleckhaft.

Alle Zeichnungen sind überwiegend *gegenständlich*, keine ist so undifferenziert, daß dies nicht zweifelsfrei feststellbar wäre. Allerdings zählt ein gewisser Differenzierungsgrad bereits auch zu den Voraussetzungen für die Möglichkeit der Auswertung in bezug auf Flexibilität. Daher könnte man vermuten, daß der *Artikulationsgrad* von Martinas Zeichnungen insgesamt höher ist als bei der Mehrzahl der Gesamtgruppe. Eine Übersicht über die Klassifzierung ihrer Zeichnungen bestätigt diese Vermutung.

Artikulationsgrad der Zeichnungen von Martina R.

	Anzahl der Zeichnungen mit entsprechendem Artikulationsgrad bei		
	Impuls 1	Impuls 2	Impuls 3
keine Grundform	-	1	-
Grundform	-	2	1
Grundform + Attribute	1	3	2
höchste Diff.Stufe	2	6	1

Neun Zeichnungen wurden der höchsten Differenzierungsstufe zugeordnet, damit gehört Martina zu den etwa 10% der Untersuchungsgruppe, die überhaupt soweit differenzierte Zeichnungen aufweisen. Daß sie andererseits auch Zeichnungen mit relativ geringem Artikulationsgrad angefertigt hat, ist sehr wahrscheinlich mit Ermüdungserscheinungen bei der insgesamt langen Arbeitszeit zu erklären und muß insbesondere bei den Zeichnungen zum zweiten Impulstyp im Zusammenhang mit der Menge der bearbeiteten Lösungen gesehen werden.

Mit einer Ausnahme enthalten alle Zeichnungen *mehrere Bildzeichen*, die, wie die verbalen Erläuterungen zeigen, in der Regel in einem durchaus sinnvollen Bedeutungszusammenhang stehen, kein Blatt wurde daher als "Streubild" eingestuft. Hingegen wurden insgesamt acht Zeichnungen als "Steilbild" der differenziertesten Stufe der *räumlichen Darstellung* zugeordnet, die nur insgesamt 20% der Stichprobe erreichte.

Zusammenfassend bleibt daher festzustellen, daß Martinas Zeichnungen verglichen mit der Gesamtgruppe sicher zum oberen Quartil (25%) zu rechnen sind, daß jedoch die notwendigen Voraussetzungen für den Nachweis von flexiblem zeichnerischen Verhalten bereits einen bestimmten Leistungsstand bedingen und somit ein Zusammenhang zwischen diesem Aspekt der Kreativität und einem gewissen zeichnerischen Artikulationsvermögen vorausgesetzt werden mußte.

Im Vorgriff auf die nachfolgende Darstellung der Untersuchung der *Wahrnehmung* sowie einiger *Determinanten des ästhetischen Verhaltens* werden im folgenden die

Meßwerte von Martina mit den Mittelwerten der Gesamtgruppe verglichen[8].

Bei dieser Zusammenstellung werden noch einmal Arbeitszeit und Anzahl der Zeichnungen aufgeführt, um diese metrischen Variablen des zeichnerischen Verhaltens ebenfalls in den Vergleich einzubeziehen.

Vergleich der Werte von Martina R. mit den Mittelwerten der gesamten Stichprobe

Variablen	Werte für die gesamte Stichprobe Mittelwert	Streuung	Meßwert Martina	Vergleich zum Mittelwert[9]
Anzahl d. Z.				
Impuls 1	2,2	1,6	3	+
Impuls 2	2,0	1,8	12	+ **
Impuls 3	2,0	1,5	4	+ *
Arbeitszeit				
Impuls 1	19,8	15,1	47	+ *
Impuls 2	14,8	14,0	99	+ **
Impuls 3	13,2	11,1	23	+ *
Farben zeigen	9,6	0,7	9	-
Farben benennen	6,9	2,2	6	-
Frostig-Test				
Augen-Hand-Ko.	23,1	5,9	15	- *
Fig.-Grund	14,0	4,8	15	+
Formkonstanz	8,0	3,8	4	- *
räuml. Lage	5,2	1,8	6	+
räuml. Beziehung	3,8	2,1	4	+
CPM	18,1	4,1	15	-
CMM	59,3	9,7	64	+
FST	1,1	1,0	1	-
Anregungsmilieu	8,2	2,2	11	+ *

8 Als Maß für die Abweichung dieser individuellen Meßwerte von den Mittelwerten wird die *Streuung* (Standardabweichung) verwendet. Vorausgesetzt, daß die Meßwerte der Stichprobe normal verteilt sind, liegen im einfachen Streuungsbereich 68,26% der Fälle (innerhalb einer Standardabweichung vom Mittelwert), außerhalb der doppelten Standardabweichung jeweils nur ± 2,5% der Werte.

9 + oder - = Martinas Wert liegt über bzw. unter dem Mittelwert.
* - Wert von Martina außerhalb *einer* Standardabweichung, d.h. sie gehört zu den 15,87%, die höhere bzw. niedrigere Werte aufweisen als 68,26% der gesamten Stichprobe.
Fortsetzung der Fußnote auf S. 159

Der Vergleich der *quantitativen Aspekte* des zeichnerischen Verhaltens von Martina mit den Mittelwerten der Gesamtgruppe bestätigt die bereits ausgeführte Abhängigkeit des Nachweises von zeichnerischer Flexibilität von eben diesen quantitativen Aspekten.

Martinas Werte im *Farbtest* liegen unter den Mittelwerten, sowohl beim Zuordnen der Farbkarten wie beim richtigen Benennen der zehn verschiedenen Farben zeigt sie nur schwach durchschnittliche Leistungen.

Im Untertest des *Wahrnehmungstests* von M. FROSTIG, der Augen-Hand-Koordination mißt, gehört Martina zu den 16% der Kinder mit den niedrigsten Werten. Das gleiche gilt für sie auch bei dem Untertest "Formkonstanz", während sie in den anderen drei Untertests gute mittlere Leistungen zeigt.

Ohne die Dimension dieses Tests hier im einzelnen analysieren zu wollen, ist doch festzuhalten, daß Martinas Leistungen hier keineswegs herausragend gut sind - in zwei Fällen sogar erstaunlich niedrig.

Auch die beiden *visuellen Intelligenztests* tragen nicht zu einem eindeutig positiveren Bild bei. Das Ergebnis im RAVEN-Test (CPM) liegt mit vierzehn Punkten an der unteren Grenze des einfachen Streuungsbereichs, während der Punktwert bei der Columbia Mental Maturity Scale (CMM) etwas höher als der Mittelwert ist.

Bei der in Relation zur Spannbreite sehr großen Streuung des Untertests zur *Gliederungsfähigkeit* aus dem Frankfurter Schulreifetest (FST) ist hier ein einzelner Punktwert kaum interpretierbar. Immerhin erreicht Martina auch hier nicht den Mittelwert.

Der Vergleich der Testergebnisse von Martina mit den Mittelwerten fällt damit insgesamt durchaus nicht so positiv aus wie der Vergleich ihrer zeichnerischen Leistungsfähigkeit mit der Gesamtgruppe. Vielmehr zeigt sich in zwei Untertests des FROSTIG-Tests sowie im Farbtest und im farbigen Matrizen-Test, daß sie hier eher zu den Leistungsschwächeren der Stichprobe gehört. Zusammenfassend läßt sich daraus als Hypothese für weitere Untersuchungen der zeichnerischen Flexibilität ableiten, daß hohe Flexibilitätswerte *unabhängig* von den Leistungen in den Wahrnehmungs-, Intelligenz- und Farbtests sind, hingegen zu den qualita-

---

Fortsetzung Fußnote 9 von S. 158

** - Wert von Martina außerhalb der *doppelten* Standardabweichung, d.h. sie gehört zu der Extremgruppe der jeweils 2,5% "Besten" bzw. "Schlechtesten" der Gesamtgruppe

tiven wie quantitativen Aspekten des zeichnerischen Verhaltens eine *positive* Beziehung besteht.

Ebenfalls im Vorgriff auf die genauere Darstellung dieses Komplexes sollen abschließend die mit Hilfe des Elternfragebogens erfaßten Merkmale des *"Anregungsmilieus"* für Martina dargestellt werden (vgl. S. 198 ff.).

Nach Angaben der Eltern, die den Fragebogen gemeinsam ausgefüllt haben, haben sie sie schon vor der Einschulung mit Schreiben und Rechnen beschäftigt. Martina besitzt eigene Bilderbücher, sie malt und zeichnet gern und viel (30 bis 60 Minuten) und hat dazu außer Fingermalfarben alle für die Auswahlantwort vorgegebenen Materialien zur Verfügung. Mit den fertigen Zeichnungen kann sie machen, was sie will, und nach Angaben der Eltern darf sie auch beim Zeichnen und Malen "ruhig ein wenig Schmutz machen". Dieser Satz wurde zwar von nahezu allen Eltern positiv befürwortet, daß Martinas Eltern offenbar wirklich relativ viel Anteil am zeichnerischen Verhalten ihres Kindes nehmen, geht aus der Beantwortung der nächsten Frage hervor. Nach ihrer eigenen Einschätzung malen sie Martina "öfter" etwas vor - und obwohl unter kunstpädagogischem Aspekt dieses Vorzeichnen durchaus ambivalent zu bewerten ist, wird damit doch eine positive Aussage über das Interesse der Eltern für ästhetische Aktivitäten des Kindes gemacht. Dafür sprechen auch die präzisen Angaben zu den häufigsten Inhalten von Martinas Zeichnungen: Besonders häufig zeichnet sie Häuser, sich selbst und andere Menschen, Blumen, Bälle und Schiffe - Autos und Tiere hingegen nicht.

Auch der Vergleich dieses aus den Angaben der Eltern zusammengefaßten Punktwertes für das häusliche Anregungsmilieu mit dem Mittelwert der gesamten Stichprobe bestätigt, daß Martina hier offenbar *überdurchschnittlich günstige* Bedingungen hat.

Als zweite Hypothese wird daher aus der Analyse des "Falls Martina R." abgeleitet, daß für sehr flexibles zeichnerisches Verhalten weniger die intellektuelle Kapazität eines Kindes ausschlaggebend ist als vielmehr überdurchschnittliche Beachtung und Förderung seines zeichnerischen Verhaltens.

Zur Prüfung der Hypothesen über mögliche Bedingungen von Flexibilität im ästhetischen Bereich wird im Folgenden die *Gruppe*, die sehr hohe *Flexibilitätswerte*

erreichte, mit der übrigen Stichprobe verglichen[10].
Als sehr flexibel in Relation zu den Ergebnissen der Gesamtgruppe werden alle Kinder eingestuft, deren Zeichnungen in mehr als zwei Antwortklassen eingeordnet werden konnten. Zusammen mit Martina umfaßt diese Gruppe insgesamt 21 Kinder (vgl. S. 153 f.), sieben Jungen und vierzehn Mädchen.

Mit dieser "Überrepräsentanz" von Mädchen unterscheidet sie sich bereits signifikant von der übrigen Stichprobe (vgl. Anhang, Tab. 6). Hingegen besteht mit neun "Mittelschichtkindern" und zwölf "Unterschichtkindern" kein bedeutsamer Unterschied in der Verteilung auf die beiden Schichtgruppen. Auch in bezug auf das Alter der Kinder unterscheidet sich die Flexibilitätsgruppe nicht signifikant von der übrigen Untersuchungsgruppe.

Im folgenden werden - entsprechend wie bei Martina - das zeichnerische Verhalten, die Testergebnisse sowie mögliche Determinanten des zeichnerischen Verhaltens dieser "Flexibilitätsgruppe" mit den Werten der Restgruppe verglichen (vgl. dazu Anhang, Tab. 6 und Tab. 7).

Im Unterschied zu Martina haben die Kinder dieser "Spitzengruppe" keineswegs alle den Impuls durch Integrieren in ein Bildzeichen verarbeitet. Nur für den zweiten Impuls trifft dies zu, hingegen wurde der erste Impuls signifikant häufiger durch An- bzw. Ausmalen beachtet, beim dritten Impuls ist überhaupt kein signifikanter Unterschied zur Restgruppe feststellbar (vgl. Anhang, Tab. 6).

Ebenso wie Martina zeichnet sich die gesamte Flexibilitätsgruppe durch sehr signifikant *mehr* Zeichnungen bei allen drei Impulsen und signifikant *längere* Arbeitszeit aus.

---

10 Für qualitative Variablen wird die Unabhängigkeit der Werte aus den beiden Stichproben über Chi^2-Quadrat geprüft.
Für metrisch skalierte Variablen wird nach Prüfung der Varianzen auf Heterogenität die Signifikanz der Mittelwertdifferenzen jeweils durch t-Test für homogene bzw. für heterogene Varianzen geprüft.

Vergleich der quantitativen Aspekte zeichnerischer Produktion

	Flexibilitätsgruppe n = 21 Mittelwert	Restgruppe n = 204 Mittelwert	Signifikanz d. Differenz
Anzahl d. Z.			
bei Impuls 1	3,5	2,0	ss
Impuls 2	4,8	1,7	ss
Impuls 3	3,4	1,8	ss
Arbeitszeit			
bei Impuls 1	29,0	18,8	ss
Impuls 2	31,0	13,1	ss
Impuls 3	20,3	12,4	ss

Bei Mittelwerten von zwanzig bis dreißig Minuten zeigt die Flexibilitätsgruppe eine nicht nur für Vorschulkinder erstaunliche Ausdauer beim Zeichnen. Obgleich in dieser Zeit auch durchschnittlich drei bis vier Zeichnungen angefertigt werden, ist der Artikulationsgrad der Bildzeichen keineswegs geringer als bei der Restgruppe, vielmehr wurden bei allen drei Impulstypen hier signifikant häufiger Zeichnungen den beiden oberen Differenzierungsstufen zugeordnet (vgl. Anhang, Tab. 6). Gerade unter diesem "Qualitätsaspekt" unterscheidet sich die Flexibilitätsgruppe am eindeutigsten von der Restgruppe: hohe Flexibilität steht offenbar in engem Zusammenhang mit überdurchschnittlich *hoher Differenziertheit* der Zeichnungen.

Für alle anderen Aspekte des zeichnerischen Verhaltens konnten keine über alle drei Impulstypen durchgängigen Unterschiede nachgewiesen werden (vgl. Tab. 6). Einzelne Ergebnisse wie etwa die Feststellung von sehr bedeutsam mehr nicht-gegenständlichen Zeichnungen beim dritten Impuls scheinen eher vom jeweiligen Ausgangsimpuls bedingt und nicht geeignet, allgemeine Bedingungen zeichnerischer Flexibilität zu bestimmen.

Im folgenden soll nun die am "Fall Martina" formulierte Hypothese überprüft werden, daß hohe Flexibilität *unabhängig* von *Wahrnehmungs-* und *Intelligenzleistungen* sei. In der folgenden Tabelle sind die Mittelwerte beider Gruppen sowie das Ergebnis der Signifikanztests aufgeführt.

Vergleich der Wahrnehmungs- und Intelligenzleistungen

	Flexibilitätsgruppe n = 21 Mittelwert	Restgruppe n = 204 Mittelwert	Signifikanz d. Differenzen
Farben zeigen	9,6	9,6	ns
Farben benennen	8,0	6,8	s
Frostig-Test			
Augen-Hand-Ko.	20,3	23,4	s
Figur-Grund	16,5	13,7	s
Formkonstanz	9,1	7,9	ns
räuml. Lage	5,8	5,2	ns
räuml. Beziehung	5,3	3,6	ss
CPM	18,6	18,1	ns
CMM	64,6	58,8	ss
FST	1,6	1,1	s

Im Gegensatz zu Martina ist die Flexibilitätsgruppe bedeutsam besser in der Lage, Farben richtig zu benennen. Auch in allen übrigen Tests - mit Ausnahme des Untertests zur Augen-Hand-Koordination - sind die Mittelwerte der Flexibilitätsgruppe *höher*. Signifikant sind diese Mittelwertunterschiede jedoch nur bei den beiden Frostig-Untertests, die Figur-Grund-Beziehungen und räumliche Lage prüfen, dem CMM und dem FST.

Den besseren Leistungen in der Columbia Mental Maturity Scale entspricht auch eine positive Leistung bei Martina. Vorgreifend auf eine Analyse des CMM ist hier zu vermuten, daß insbesondere die Ausdauer und Konzentrationsfähigkeit, die sich bei der Flexibilitätsgruppe bereits beim zeichnerischen Verhalten gezeigt hat, hier für den höheren Mittelwert verantwortlich ist, da vermutlich der CMM eben diese Fähigkeiten in hohem Maße verlangt.

Die signifikant *schlechtere* Leistung bei der Augen-Hand-Koordination ist vorerst ohne genauere Analyse des Tests nicht zu erklären, zumindest scheint hier eine Fähigkeit gemessen zu werden, die für flexible zeichnerische Lösungen nicht relevant ist.

Insgesamt muß jedoch die Hypothese, daß hohe Flexibilität unabhängig von den Testleistungen sei, abgelehnt werden. Vielmehr begünstigen offenbar außer hoher zeichnerischer Leistungsfähigkeit auch überdurchschnittlich gute Wahrnehmungs- und Intelligenzleistungen zeichnerische Flexibilität.

Die zweite Hypothese, daß für hohe Flexibilitätswerte weniger die intellektuelle Kapazität als vielmehr das häusliche Anregungsmilieu bedeutsam sei, ist damit auch bereits zum Teil widerlegt. Der Mittelwert der Flexibilitätsgruppe für den Aspekt "Anregungsmilieu" liegt mit 8,8 Punkten zwar etwas höher als der Mittelwert der Restgruppe (8,1 Punkte), diese Differenz ist jedoch *nicht* signifikant. Damit ist auch der zweite Teil dieser Hypothese nicht aufrechtzuerhalten.

Zusammenfassend stellt sich der Kreativitätsfaktor "Flexibilität" eher so dar: *Hohe Flexibilität* bei der zeichnerischen Lösung von Problemen ist verbunden mit sowohl quantitativ wie qualitativ *überdurchschnittlicher zeichnerischer* Leistungsfähigkeit. Es besteht zudem eine positive Beziehung zu einigen Dimensionen der Wahrnehmung wie der visuellen Intelligenz. In bezug auf das Alter der Kinder, Anregungsmilieu und sozioökonomischen Status konnten hingegen keine Beziehungen zur Flexibilität festgestellt werden. Allerdings sind in der Flexibilitätsgruppe Mädchen überrepräsentiert, dieser Zusammenhang zwischen Geschlecht und Flexibilität ist signifikant.

Die Überprüfung der am "Extremfall Martina" gewonnenen Hypothesen zeigt die Problematik einer Fallstudie und belegt, daß auch von einem begründet ausgewählten Einzelfall kaum Schlüsse über allgemeine Bedingungen eines Verhaltenskomplexes zu ziehen sind, wie dies in der Praxis der Untersuchung von Kinderzeichnungen auch heute noch häufig der Fall ist (zuletzt: EBERT 1967, KLÄGER 1974, SEITZ 1972).

Bisher wurde ausschließlich die Fähigkeit, den Impuls in mehrere verschiedenartige Bildzusammenhänge einzubeziehen, als Indikator für flexibles Verhalten untersucht. Abschließend soll nun ein anderes Merkmal unter diesem Aspekt betrachtet werden, bei dem sich Flexibilität nicht in verschiedenartigen *Lösungen*, sondern in einer Umstrukturierung und Uminterpretation der *Aufgabenstellung* erweist. Alle Kinder erhielten entsprechend der Testanweisung ihre Zeichenblätter im Hochformat so vorgelegt, daß sich der optische Impuls jeweils in der unteren Blatthälfte befand. Hypothetisch wird angenommen, daß Kinder, die das Zeichenblatt nicht so akzeptieren, wie sie es vorgelegt bekommen, sondern es um 90 oder 180 Grad *drehen*, damit flexibles Verhalten zeigen.

Wie die folgende Tabelle zeigt, ist die Häufigkeit dieses Verhaltens bei den drei Impulstypen unterschiedlich:

Drehen des Zeichenblattes

	Anzahl der Kinder, die das Blatt beim Zeichnen *drehen*	
bei Impuls 1	87	38,7%
bei Impuls 2	69	30,7%
bei Impuls 3	42	18,7%

Beim ersten Impuls haben fast 40% der Kinder mindestens einmal das Zeichenblatt gedreht verwendet - offenbar wurde hier die Lage des Impulses in der unteren Blatthälfte als besonders störend empfunden. Insbesondere bei der sehr naheliegenden Interpretation der Kreisringe als Augen blieb bei der vorgegebenen Lage kaum Platz für die Zeichnung von Hals, Schultern oder gar des ganzen Körpers (vgl. Abb. 18).

Abb. 18

Beim zweiten und dritten Impuls war dieses Problem nicht so dringlich, da die Impulse weniger eindeutig eine bestimmte Interpretation forderten und zudem stärker zur Mitte des Blattes hin verschoben sind. Doch auch hier drehten 30% bzw. knapp 20% der Kinder das Blatt, um so ihre Bildvorstellung besser realisieren zu können.

Ein Vergleich der Reaktionen auf die drei verschiedenen Impulstypen ergibt so niedrige Kontingenzkoeffizienten, daß daraus zu schließen ist, daß ein Kind relativ selten bei zwei oder gar drei verschiedenen Impulsen das Zeichenblatt gedreht hat. Damit wird noch einmal bestätigt, daß es sich hier weniger um eine *generelle* Disposition als vielmehr um ein Verhalten handelt, daß weitgehend von der Struktur des optischen Impulses abhängig ist.

Ein Vergleich des Merkmals "Blatt gedreht" mit den Merkmalen zur Erfassung des zeichnerischen Verhaltens ergibt, daß diese unter dem Aspekt der Flexibilität ausgewertete Kategorie mit *keinem* der Merkmale des zeichnerischen Verhaltens korrespondiert. Offenbar stellt dieses gegenüber der Aufgabenstellung flexible Verhalten eine von der zeichnerischen Leistungsfähigkeit *unabhängige* Dimension dar.

Um zu prüfen, ob das hier hypothetisch als Hinweis auf Flexibilität interpretierte Verhalten gegenüber der vorgegebenen Aufgabenstellung tatsächlich mit flexiblem Problemlösungsverhalten korrespondiert, wird in bezug auf diesen Aspekt die Gruppe der "sehr Flexiblen" mit der restlichen Untersuchungsgruppe verglichen. Wenn das Drehen des Zeichenblattes tatsächlich Ausdruck größerer Flexibilität wäre, müßte dieses Verhalten bei der Extremgruppe häufiger auftreten als bei der übrigen Stichprobe.

Wie Tabelle 6 (im Anhang) zeigt, besteht in der Tat für die Flexibilitätsgruppe bei den beiden ersten Impulstypen ein signifikanter bzw. sehr signifikanter Zusammenhang zum Drehen des Zeichenblattes. Für den dritten Impuls ist kein statistisch signifikanter Wert nachweisbar, wie bereits ausgeführt, wurde jedoch bei diesem Impulstyp das Zeichenblatt insgesamt seltener aus der ursprünglichen Lage gedreht (vgl. S. 165). Damit kann die Korrespondenz zwischen den beiden Verhaltensaspekten, die als Indikatoren für Flexibilität verwendet wurden, als empirisch gesichert gelten.

Zusammenfassend ist damit festzustellen, daß sowohl die verschiedenen Formen der Verarbeitung der Ausgangsimpulse, die unter dem Aspekt der *Problemsensitivität* untersucht wurden, als auch die beiden Merkmale, die als Hinweise auf *Flexibilität* untersucht wurden, relativ unabhängig von den zuvor untersuchten Aspekten des zeichnerischen Verhaltens sind. Offenbar sind diese kreativen Aspekte zeichnerischer Produktion weder von einem bestimmten zeichnerischen Leistungsstand noch von einer bestimmten strukturellen oder kompositorischen Darstellungsform abhängig.

4.2 Wahrnehmung

Entsprechend der Gliederung der Fragestellung werden im folgenden zunächst "einfache" Wahrnehmungsleistungen wie Farbunterscheidung und Gliederungsfähigkeit als Bedingungsfaktoren für ästhetische Produktion untersucht. Die Bedeutsamkeit dieser elementaren Differenzierungsleistungen für ästhetische Produktion steht zwar generell außer Frage, dennoch ist über die Enge des Zusammenhangs wie über etwaige schichtspezifische Unterschiede in der Beziehung von Decodierungsfähigkeit einerseits und Artikulationsfähigkeit andererseits wenig bekannt (vgl. S. 60 f.).

Ziel der folgenden Untersuchung ist also weniger, die Darstellung der Wahrnehmungsfähigkeit von Vorschulkindern als vielmehr die Präzisierung von Hypothesen über den *Zusammenhang* zwischen *zeichnerischem* Verhalten und verschiedenen Aspekten der *visuellen Wahrnehmung*. Es werden daher vor allem die Testleistungen in Relation zu bereits dargestellten Aspekten zeichnerischer Produktion untersucht. Die Analyse entwicklungsbedingter, sozialisationsbedingter und geschlechtsspezifischer Unterschiede der Wahrnehmungsfähigkeit erfolgt in der Regel im Abschnitt 4.3 im Kontext der verschiedenen Determinanten ästhetischen Verhaltens (vgl. S. 180 ff.).

4.2.1 Farb- und Formwahrnehmung

4.2.1.1 Farbunterscheidung

Ausgehend von der Hypothese, daß erst die differenzierte *Benennung* der Farben die Voraussetzung für die bewußte *Verwendung* von verschiedenen Farben bei der ästhetischen Produktion bietet (vgl. S. 61 f.), wurde sowohl die Kompetenz der *optischen* als auch der *verbalen Farbunterscheidung* untersucht.

Wie bereits dargestellt, wurde die optische Differenzierungsfähigkeit durch *Zeigen* von "passenden" Farbkarten in einem ausgelegten Farbkreis geprüft, die Fähigkeit zur verbalen Differenzierung durch *Benennen* der zehn verschiedenen Farbkarten (vgl. S. 94 ff.).

Die folgende Tabelle zeigt, wieviele Kinder der Untersuchungsgruppe jeweils richtig zeigen und differenziert benennen konnten.

Farbunterscheidung

Anzahl d. Farben	Kinder, die eine entsprechende Anzahl von Farben richtig zeigen		differenziert benennen	
0	-		3	1,3%
1	-		3	1,3%
2	-		4	1,8%
3	-		9	4,0%
4	-		10	4,4%
5	-		15	6,7%
6	-		46	20,4%
7	3	1,3%	33	14,7%
8	19	8,4%	48	21,3%
9	43	19,1%	34	15,1%
10	160	71,1%	20	8,9%

Wie zu erwarten, ist die *optische* Unterscheidungsfähigkeit weitgehend gegeben - alle Kinder dieser Vorschulklassen können mindestens sieben verschiedene Farben richtig zuordnen.

Im Gegensatz zu der optischen Wahrnehmungsfähigkeit scheint die *verbale* Differenzierung von zehn verschiedenen Farben für Vorschulkinder jedoch noch relativ schwierig zu sein. Während der Mittelwert für die optische Differenzierung mit 9,6 Farben nahezu das Maximum von zehn Farben erreicht, konnten im Durchschnitt nur 6,9 Farben differenziert benannt werden, und es gelang nur etwa 9% der Kinder, zutreffende differenzierte Bezeichnungen für zehn verschiedene Farben zu finden [11].

Das Spektrum der Varianten zur "richtigen" Bezeichnung der Farben ist erstaunlich groß. Wie zu erwarten, stimmen die Kinder bei der Bezeichnung der Grundfarben gelb, rot, blau und grün weitgehend überein, hier wurden nur drei bis fünf abweichende, aber

11 Da bei etwa 4% der Untersuchungsgruppe Vater und/oder Mutter Ausländer sind, ist bei den Kindern, die extreme Schwierigkeiten bei der Farbbezeichnung haben (die keine bzw. nur ein oder zwei Farben benennen können), anzunehmen, daß es sich hier um Kinder mit sehr geringen deutschen Sprachkenntnissen handelt. Diese Extremwerte werden daher bei der Interpretation vernachlässigt.

durchaus zutreffende Bezeichnungen festgestellt (z.B. für "rot" hellrot, orange, dunkelrot, feuerrot. Vgl. die vollständige Liste der Farbbezeichnungen im Anhang Tab. 18).

Hingegen sind die Farbbezeichnungen für Mischtöne wie orange, lila (violett) offenbar weniger geläufig, die Kinder versuchten hier, den jeweiligen Farbton sowohl durch Angaben über seine Helligkeit wie über seine Nähe zu anderen Farbtönen zu beschreiben. Dies wird besonders deutlich bei den Farben "türkis" und "grüngelb" - für türkis wurden insgesamt 17 verschiedene Farbbezeichnungen gefunden, die als "richtig" bewertet wurden, für grüngelb wurden 35 verschiedene Versuche, den Farbton zu beschreiben, als richtig eingestuft. Insgesamt zeigen gerade die von den Kindern gefundenen Varianten zur Farbbezeichnung, daß bereits ein sehr breites Potential zur verbalen Differenzierung der differenziert wahrgenommenen Farben vorhanden ist (vgl. Anhang Tab. 18).

Die Diskrepanz zwischen optischer und verbaler Farbunterscheidungsfähigkeit wird in der folgenden Übersicht verschiedener Fehlermöglichkeiten verdeutlicht.

Fehler bei der Farbunterscheidung

	Kinder, die eine entsprechende Anzahl von Farben					
Anzahl d. Farben	richtig zeigen/ falsch benennen		falsch zeigen/ richtig benennen		falsch zeigen/ richtig benennen	
1	52	23,1%	41	18,2%	11	4,9%
2	9	4,0%	11	4,9%	4	1,8%
3	8	3,6%	3	1,3%	-	
4	6	2,7%	-		-	
5	8	3,6%	-		-	
6	3	1,3%	-		-	
7	2	0,9%	-		-	
8	1	0,4%	-		-	
9	3	1,3%	-		-	
gesamt	92	40,9%	55	24,4%	15	6,7%

Insgesamt 40,9% der Kinder haben also *richtig* erkannte Farben *falsch* benannt - für diese Gruppe trifft die in der Fragestellung formulierte Vermutung zu, daß bei Kindern im Vorschulalter zwar die Wahrnehmungskompetenz gegeben ist, die Fähigkeit zur entsprechenden sprachlichen Differenzierung jedoch noch nicht entwickelt ist.

Irritierenderweise zeigt jedoch immerhin ein Viertel der Untersuchungsgruppe gerade die entgegengesetzte Tendenz: Sie ordnen Farben fehlerhaft zu, können sie aber richtig bezeichnen! Da die optische Unterscheidungsfähigkeit als *Voraussetzung* für die richtige sprachliche Differenzierung angesehen werden muß, ist dieses Ergebnis logisch nicht zu erklären. Ob motivationale Faktoren, fehlerhaftes Aufgabenverständnis oder ganz andere Faktoren dieses Verhalten verursacht haben, könnte nur in einer Zusatzuntersuchung aufgedeckt werden.

Der Anteil der Kinder, die weder die Wahrnehmungskompetenz noch die verbale Performanz besitzen, ist mit 6,7% erstaunlich gering. Möglicherweise handelt es sich in diesen Fällen auch zum Teil um Kinder mit partiellen Störungen der Farbwahrnehmung, die im Einzeltest überprüft werden müßte. Einige Hinweise ergibt jedoch bereits die Analyse der *falschen* Farbbezeichnungen. Insbesondere bei den Grundfarben handelt es sich hier offensichtlich weitgehend nicht um sprachliche Schwierigkeiten wie etwa bei der Bezeichnung unbekannter Mischfarben, sondern um Wahrnehmungsschwierigkeiten.

Falsche Bezeichnungen der Grundfarben[12]

gelb	rot	blau	grün
blau (4)	grün (4)	gelb (5)	rot (3)
grünblau (1)	blau (5)	grün (7)	gelb (5)
grün (3)	lila (1)	hellgrün (2)	blau (4)
weiß (2)	gelb (1)	rot (4)	hellgrün (2)
hell (1)	weiß (1)	orange (1)	weiß (1)
rosa (1)			orange (3)
			dunkellila (1)
			schwarz (1)

Insbesondere die Verwechslungen von Komplementärfarben verweisen auf partielle Wahrnehmungsstörungen wie "Rot-Grün-Blindheit". Um solche perzeptuellen Ausfälle möglichst frühzeitig zu erkennen, sollte bereits bei der Aufnahmeuntersuchung von Vorschulkindern das Farbensehen überprüft werden.

Entsprechend der Fragestellung sollen nun die Beziehungen zwischen Wahrnehmungskompetenz, verbaler Differenzierungsfähigkeit und zeichnerischem Verhal-

12 In Klammern die Häufigkeit der jeweiligen Farbbezeichnung

ten untersucht werden. Ausgehend von der eingangs formulierten Hypothese, daß erst die differenzierte Bezeichnung verschiedener Farben und nicht allein die optische Unterscheidung Voraussetzung für differenzierte zeichnerische Produktion sei, wird zwischen der Fähigkeit zur *Farbbezeichnung* und dem Differenzierungsgrad der Bildzeichen sowie der Verwendung von mehreren Farben ein *positiver* Zusammenhang vermutet, hingegen *keine* Korrelation zwischen *optischer Farbunterscheidung* und Artikulationsgrad und Farbverwendung.

Wie Tabelle 18 im Anhang zeigt, konnte in der Tat zwischen der optischen Unterscheidungsfähigkeit und dem *Artikulationsgrad keine* signifikante Beziehung festgestellt werden, hingegen besteht entsprechend der Hypothese ein - wenn auch schwacher - signifikanter negativer Zusammenhang zwischen der niedrigsten Differenzierungsstufe und der Fähigkeit, Farben differenziert zu benennen und ein entsprechend positiver Zusammenhang zwischen der differenzierteren Darstellung "Grundform mit Attributen" und der verbalen Farbdifferenzierung.

Hingegen ist für die *Farbverwendung* bei allen drei Impulstypen eine sehr signifikante *negative* Beziehung zwischen der *optischen* Farbunterscheidung und der Verwendung nur einer Farbe beim Zeichnen festzustellen. D.h. Kinder, die nur eine Farbe verwenden, können im Durchschnitt weniger Farben richtig zeigen als Kinder, die mehr Farben beim Zeichnen verwenden.

Entsprechend besteht ein schwacher positiver Zusammenhang zwischen der Verwendung von mehr als drei Farben in der Zeichnung und der optischen Farbwahrnehmung. Damit ist die Hypothese, daß zwischen optischer Wahrnehmungskompetenz und Farbverwendung *kein* Zusammenhang besteht, *nicht* bestätigt.

Der Zusammenhang zwischen der Fähigkeit zur differenzierten *Farbbezeichnung* und der *Farbverwendung* ist zwar gleichsinnig, jedoch noch schwächer ausgeprägt. Damit ist die Vermutung, daß die verbale Farbdifferenzierung auch für die Farbverwendung bedeutsamer sei als die optische Unterscheidung der Farben, *nicht* bestätigt.

Während also in bezug auf die Differenziertheit der Bildzeichen die Hypothesen bestätigt werden konnten, trifft dies für die Farbverwendung in keinem Falle zu. Offenbar ist der Gebrauch verschiedener Farben beim Zeichnen stärker von der optischen Farbwahrnehmung abhängig, während die differenzierte Farbbezeichnung eher positiv mit dem Differenzierungsgrad der Bildzeichen korreliert.

4.2.1.2 Formdifferenzierung

In Untersuchungen zur Gliederungsfähigkeit im Vorschulalter werden häufig die visuelle Wahrnehmungsfähigkeit und die zeichnerische Darstellung wahrgenommener Formen gleichgesetzt. Entsprechend der These, daß auch hier die Wahrnehmungskompetenz größer ist als die Performanz, die sich in der zeichnerischen Gliederungsfähigkeit zeigt, wird nur ein relativ schwacher Zusammenhang zwischen den visuellen Wahrnehmungsleistungen und dem zeichnerischen Differenzierungsgrad vermutet (vgl. S. 62).

Zur Erfassung der Fähigkeit zur *optischen* Differenzierung wurden vier Subtests des visuellen Wahrnehmungstests von FROSTIG verwendet (vgl. S. 96 ff.). Die Gliederungsfähigkeit bei spontaner zeichnerischer *Produktion* ist bereits bei der Beurteilung des Artikulationsgrades der Bildzeichen erfaßt worden, zusätzlich wurde die Fähigkeit zur zeichnerischen *Reproduktion* vorgegebener Zeichen mit einem Untertest des Frankfurter Schulreifetests erhoben (vgl. S. 98 ff.). Die folgende Tabelle zeigt die Testergebnisse der Untersuchungsgruppe sowie zum Vergleich Werte aus der ebenfalls in Hamburg durchgeführten Nachuntersuchung zum FROSTIG-Test von VALTIN für die jüngste Altersgruppe (VALTIN 1972, S. 117, Altersgruppe 5;10 bis 6;6, n = 67).

Testergebnisse zur Formdifferenzierung

	Vorschulkinder		1.Schulj.VALTIN		Signifikanz d. Mittelwerts-differenzen
	Mittel-wert	Streu-ung	Mittel-wert	Streu-ung	
FST	1,1	1,0			
Figur-Grund	14,0	4,8	13,7	4,8	ns
Formkonstanz	8,0	3,8	8,2	3,6	ns
Räuml. Lage	5,2	1,8	6,2	1,4	ss
Räuml. Beziehg.	3,8	2,1	5,5	1,7	ss

Der Vergleich mit den Ergebnissen von VALTIN zeigt, daß in den Untertests "Figur-Grund-Unterscheidung" und "Formkonstanz" die Vorschulkinder bereits die gleiche Leistungsfähigkeit erreichen wie die untersuchte Stichprobe aus dem ersten Schuljahr. Nur in den beiden Subtests "Räumliche Lage" und "Räumliche Beziehungen" sind die Ergebnisse der Vorschulkinder sehr signifikant niedriger als die des ersten Schuljahres.

Da der verwendete Untertest des FST nur insgesamt drei Aufgaben enthält - drei vorgegebene Zeichen werden abgezeichnet -, differenziert dieser Test nur sehr grob, die Meßwerte müssen unter diesem Vorbehalt interpretiert werden. Zusammenhänge zwischen den einzelnen FROSTIG-Tests und dem FST sind in der folgenden Interkorrelationsmatrix zusammengefaßt.

Zusammenhänge zwischen den verschiedenen Tests zur Formdifferenzierung (Korrelationskoeffizienten)[13]

	FST	Fig.Grund	Formk.	r. Lage
Figur-Grund	0,42			
Formkonstanz	0,31	0,45		
räuml. Lage	0,24	0,45	0,38	
räuml. Beziehung	0,47	0,51	0,40	0,47

Die Korrelationskoeffizienten zwischen den FROSTIG-Untertests entsprechen den von den Testautoren angegebenen Werten und den Ergebnissen der Hamburg Nachuntersuchung (VALTIN 1972, S. 116). Aufgrund der relativ geringen Höhe der Korrelationen ist anzunehmen, daß die einzelnen Subtests relativ verschiedenartige Aspekte der visuellen Wahrnehmung erfassen. So ergibt der Vergleich mit den Ergebnissen des FST für zwei Untertests ebenso hohe Werte wie die Interkorrelation der Subtests untereinander. Da für die Lösung der Aufgaben zur Figur-Grund-Wahrnehmung und zum Erkennen räumlicher Beziehungen ebenso wie beim FST das Nachzeichnen vorgegebener Zeichen erforderlich ist, ist zu vermuten, daß alle drei Tests zum Teil die Fähigkeit zur zeichnerischen Reproduktion erfassen und dies der sie bestimmende gemeinsame Faktor ist. Entsprechend geringer ist der Zusammenhang zwischen dem FST und den beiden FROSTIG-Tests, die durch Umranden bzw. Ankreuzen gelöst werden.

Dies kann als Bestätigung der eingangs formulierten Hypothese interpretiert werden, daß die Fähigkeit der zeichnerischen Wiedergabe differenziert wahrgenommener Formen nicht mit der Fähigkeit zur differenzierten Formwahrnehmung gleichzusetzen ist. Wenn diese Deutung der Ergebnisse richtig ist, müßte auch der Zusammenhang zwischen den Untertests, die zeichnerische Reproduktion verlangen, und dem Artikulations-

13 Produkt-Moment-Korrelationen, alle Koeffizienten sind signifikant auf dem 1%-Niveau

grad der Bildzeichen höher sein als zwischen den "reinen" Wahrnehmungstests und dem zeichnerischen Verhalten.

Die folgende Tabelle bestätigt diese Interpretation sehr eindeutig:

Zusammenhänge zwischen den Tests zur Formdifferenzierung und der Differenzierung bei zeichnerischer Produktion
(Punktbiseriale Korrelationskoeffizienten)

Artikulationsgrad	FST	Figur-Grund	Formkonst.	räuml. Lage	räuml. Beziehung
keine Grundform					
bei Impuls 1	-0,28 ss	-0,30 ss	-0,11 s	-0,13 s	-0,27 ss
Impuls 2	-0,18 ss	-0,23 ss	ns	ns	-0,12 s
Impuls 3	-0,21 ss	-0,19 ss	ns	-0,16 ss	-0,27 ss
Grundform					
bei Impuls 1	-0,13 s	ns	ns	ns	ns
Impuls 2	ns	ns	ns	ns	ns
Impuls 3	ns	ns	ns	ns	ns
Grundf.+ Attrib.					
bei Impuls 1	0,22 ss	0,24 ss	ns	0,16 ss	0,28 ss
Impuls 2	0,17 ss	0,27 ss	ns	0,14 s	0,31 ss
Impuls 3	0,22 ss	0,20 ss	ns	0,17 ss	0,29 ss
höchste Diff.					
bei Impuls 1	0,21 ss	0,14 s	ns	0,11 s	0,12 s
Impuls 2	0,15 s	0,14 s	0,13 s	0,16 ss	0,17 ss
Impuls 3	ns	0,14 s	ns	ns	ns

Sowohl die negative Beziehung zwischen Testleistungen und der niedrigeren Differenzierungsstufe bei der zeichnerischen Produktion als auch die entsprechend positive Beziehung zwischen differenziertem zeichnerischen Verhalten und den Wahrnehmungstests, ist bei den Tests, die zeichnerische Reproduktion verlangen, wesentlich deutlicher ausgeprägt als bei den "reinen" Wahrnehmungstests. Zusammenfassend gilt sowohl für die verschiedenen Farbunterscheidungsleistungen wie für die Formwahrnehmung, daß zwischen differenzierter Wahrnehmungsfähigkeit und differenzierter zeichnerischer Darstellung deutlich positive Zusammenhänge bestehen und entsprechend bei wenig differenzierter optischer Unterscheidung auch der zeichnerische Artikulationsgrad geringer ist.

Aufgrund der Korrelationskoeffizienten kann jedoch kein *ursächlicher* Zusammenhang festgestellt werden, es ist also nicht geklärt, ob mangelnde Wahrnehmungsdifferenzierung die niedrigere zeichnerische Differenzierung bedingt oder umgekehrt. Immerhin ist zu vermuten, daß Förderung in einem Aspekt auch eine Leistungssteigerung im anderen bewirkt, d.h. daß sowohl eine Entwicklung der zeichnerischen Differenzierung positive Effekte für die - auch für andere Bereiche wichtige - differenzierte Wahrnehmung hat, als auch umgekehrt die Förderung der differenzierten Wahrnehmung die zeichnerische Differenzierung positiv beeinflußt.

4.2.2 Kognitives Verhalten im optischen Bereich (Visuelle Intelligenz)

Zur Erfassung der Denkfähigkeit im optischen Bereich als einer speziellen Form sinnlicher Erkenntnis wurden zwei nicht-verbale - oder genauer -, zwei visuelle Intelligenztests verwendet, der farbige Matritzentest von RAVEN (CPM) und die Columbia Mental Maturity Scale (CMM) (vgl. die Testbeschreibungen S. 99 ff.).

Für beide Verfahren liegen bisher keine für die BRD gültigen Vergleichsnormen vor (vgl. S. 100 ff.). Um dennoch den Leistungsstand der untersuchten Vorschulkinder wenigstens tendenziell einschätzen zu können, wurden für den CPM vergleichbare Werte der Untersuchung zum Hamburger Eingangsstufenversuch[14] und für den CMM die Altersnormen der amerikanischen Untersuchung herangezogen.

Testergebnisse im CPM

	N	Mittelwert	Streuung
eigene Untersuchung	225	18,1	4,1
Eingangsstufenversuch			
Hamburg Horn	62	16,1	4,3
Hamburg-Finkenwerder	75	14,9	3,5

14 Ergebnisse der Untersuchung des gleichen Schülerjahrgangs (1972) zu Beginn der Eingangsstufe in den Stadteilen Horn und Finkenwerder.

Ergebnisse im CMM

	Alter in Monaten	Mittelwert	Streuung
eigene Untersuchung	70,6	59,3	9,7
Normwerte CMM[15]	71 75	55 59	

Sowohl im CPM wie im CMM zeigen die Vorschulkinder unserer Untersuchung höhere Werte als die Vergleichsgruppen - der Mittelwert im CPM liegt bei etwa gleicher Streuung erheblich über den Werten der Eingangsstufenuntersuchung (die Differenz ist in beiden Fällen sehr signifikant) und der Mittelwert im CMM entspricht dem Normwert für Kinder, die vier Monate älter sind als unsere Untersuchungsgruppe.

Da jedoch weder diese amerikanischen Altersnormen von 1959 noch die Ergebnisse aus dem Hamburger Eingangsstufenversuch als repräsentative Normen gelten können, erscheint ein Schluß auf überdurchschnittliche visuelle Intelligenz unserer Untersuchungsgruppe unzulässig. Immerhin ist jedoch tendenziell, bis weitere Vergleichswerte vorliegen, ein durchaus mittleres bis gutes Leistungsniveau unserer Stichprobe anzunehmen.

Da beide Verfahren zur Intelligenzmessung konzipiert sind, war eine relativ hohe Übereinstimmung der Testergebnisse zu erwarten. Tatsächlich ist die *Interkorrelation* der beiden Tests bei der untersuchten Stichprobe mit r=0,17 erstaunlich *gering*. Da beide Tests in jeder Klasse von den jeweils gleichen Versuchsleitern im gleichen Zeitraum durchgeführt wurden, müssen die Versuchsbedingungen als durchaus vergleichbar angesehen werden. Zwar muß bei Kindern im Vorschulalter im allgemeinen mit geringerer Zuverlässigkeit bei Testerhebungen gerechnet werden, da dies jedoch für alle verwandten Verfahren gilt, ist das Ergebnis damit allein nicht erklärbar. Es bleibt letztlich nur der Schluß, daß die beiden visuellen Intelligenztests offenbar weitgehend unabhängige Dimensionen von kognitivem Verhalten im optischen Bereich messen. Näheren Aufschluß über die Art der Unterschiede gibt möglicherweise der Vergleich mit den anderen Tests zur Erfassung der Farb- und Formwahrnehmung.

15 Normtabelle der Columbia Mental Maturity Scale 1959 Revision

Zusammenhänge zwischen den visuellen Intelligenztests und den Tests zur Farb- und Formwahrnehmung
(Korrelationskoeffizienten[16])

	CPM	CMM
Farbunterscheidung		
Farben zeigen	ns	0,18 ss
Farben benennen	ns	0,26 ss
Formdifferenzierung		
FST	0,28 ss	0,40 ss
Figur-Grund	0,34 ss	0,36 ss
Formkonstanz	0,23 ss	0,34 ss
Räuml. Lage	0,22 ss	0,37 ss
Räuml. Beziehung	0,41 ss	0,36 ss

Auffällig ist zunächst die *unterschiedliche* Beziehung der beiden Intelligenztests zum *Farbtest*. Während zum CPM keine signifikante Korrelation besteht, korreliert der CMM sowohl mit der optischen Farbunterscheidung wie mit der verbalen Bezeichnung der Farben positiv. Zumindest zwischen dem Erkennen verschiedener Farben und dem CPM wäre ein positiver Zusammenhang zu erwarten gewesen, da die farbigen Matrizen ebenfalls differenzierte Farbwahrnehmung erfordern.

Um die Zusammenhänge zum CMM besser interpretieren zu können, erscheint es notwendig, sich die besondere Aufgabenstellung dieses Tests noch einmal zu vergegenwärtigen: mehrere abstrakte Zeichen (z.B. Dreiekke, Quadrate) bzw. gegenständliche Abbildungen (Tiere, Handwerkszeug u.ä.) sind in Reihen nebeneinander abgebildet, und es müssen diejenigen, die nicht in die Reihe "passen", herausgesucht werden. Da sich die Zeichen häufig durch verschiedene Farben voneinander unterscheiden, ist verständlich, warum die Fähigkeit zur optischen Farbunterscheidung für diesen Test relevant ist. Obgleich der CMM als sprachfreier Test gilt, verlangt er jedoch zudem gewisse Vorkenntnisse. So ist bei den gegenständlichen Aufgaben häufig die Diskriminierung des "nicht Passenden" nur dann möglich, wenn die abgebildeten Gegenstände bekannt sind. Offenbar wird die Lösung der Aufgaben erleichtert, wenn dem Kind die Bezeichnung der abgebildeten Gegenstände gegenwärtig ist - und ein Kind, das mehr Farben differenziert benennen kann, verfügt vermutlich

16 Produkt-Moment-Korrelation

auch über ein größeres Repertoire an begrifflichen Bezeichnungen für andere Gegenstände. Diese Interpretation klingt zwar sehr plausibel, sie müßte jedoch in einer Zusatzuntersuchung etwa mit einem Wortschatztest geprüft werden.

Nicht aus der Art der Aufgabenstellung erklärbar ist die relativ hohe Korrelation zwischen CMM und *FST*, da ja der CMM keinerlei zeichnerische Fähigkeiten erfordert und der FST ausschließlich das Nachzeichnen vorgegebener Zeichen prüft. Zwar ist für beide Tests differenzierte einzelheitliche Wahrnehmung zur Lösung der Aufgaben notwendig, dies gilt jedoch auch in gleichem Maße für die Subtests des visuellen Wahrnehmungstests von FROSTIG. Allerdings ist, wie bereits ausgeführt, die Zuverlässigkeit aller Aussagen zum FST durch die geringe Spannbreite dieses Tests reduziert, so daß auch ein relativ hoher Wert hier weniger aussagt als bei anderen Verfahren. Immerhin ist ein deutlich positiver Zusammenhang zwischen der Fähigkeit zur genauen zeichnerischen Reproduktion und den beiden visuellen Intelligenztests festzuhalten.

Der Zusammenhang zwischen dem CMM und den vier FROSTIG-Untertests ist in allen Fällen nahezu gleich stark ausgeprägt. Beim CPM hingegen zeigt sich das gleiche Bild wie beim Vergleich der FROSTIG-Tests mit den FST - die Korrelationen zu den Subtests "Figur-Grund" und "räumliche Beziehungen", die beide zeichnerisches Verhalten erfordern, sind höher als zu den beiden Subtests "Formkonstanz" und "räumliche Lage", die nur durch Ankreuzen bzw. Umranden gelöst werden.

Nun erfaßt der CPM zweifellos *nicht* die Fähigkeit zur zeichnerischen Artikulation, denn zur Lösung seiner Aufgaben brauchte hier das Kind nur auf das richtige Element zu *zeigen*. Wahrscheinlicher erscheint hier die Interpretation, daß sowohl FST als auch der CPM die Fähigkeiten zur Figur-Grund-Wahrnehmung und zum Erfassen räumlicher Beziehungen stärker benötigen als die Wahrnehmung von Formkonstanz und räumlicher Lage der Zeichen.

Für die Beziehung zwischen visueller Intelligenz und *ästhetischer Produktion* war in der Fragestellung die Hypothese aufgestellt worden, daß diese logisch-schlußfolgernden Wahrnehmungsleistungen noch niedriger mit dem ästhetischen Verhalten korrelieren als die "einfachen" Wahrnehmungsleistungen Farb- und Formdifferenzierung. Diese Annahme wird mit den in der folgenden Tabelle zusammengefaßten Ergebnissen bestätigt:

Zusammenhänge zwischen den visuellen Intelligenztests und dem Artikulationsgrad der zeichnerischen Produktion
(Punktbiseriale Korrelationskoeffizienten)

Artikulationsgrad	CPM	CMM
keine Grundform		
bei Impuls 1	-0,18 ss	- 0,15 s
Impuls 2	-0,17 ss	ns
Impuls 3	-0,18 ss	ns
Grundform		
bei Impuls 1	ns	-0,11 s
Impuls 2	ns	ns
Impuls 3	ns	ns
Grundform + Attribute		
bei Impuls 1	ns	0,23 ss
Impuls 2	0,14 s	0,15 ss
Impuls 3	0,14 s	0,23 ss
höchster Differenzierungsgrad		
bei Impuls 1	0,11 s	ns
Impuls 2	0,15 s	ns
Impuls 3	ns	ns

Zwischen der "Qualität" der Zeichnungen und der visuellen Intelligenz bestehen, wenn überhaupt, nur sehr schwache Zusammenhänge. Der bei WIDLÖCHER dargestellten Auffassung, man könne sich "bei jeder beliebigen Kinderzeichnung eine Meinung über den intellektuellen Reifegrad bilden" (WIDLÖCHER 1974, S. 166) ist damit keinesfalls zuzustimmen.

Ein Vergleich mit den kreativen Aspekten zeichnerischer Produktion, die sich in der Verarbeitung der Problemstellung durch die optischen Impulse zeigen konnten, erbrachte überhaupt keine über alle drei Impulstypen stabilen signifikanten Zusammenhänge. Nur für den Aspekt der Flexibilität besteht, wie bereits dargestellt (vgl. S. 163), ein signifikanter Zusammenhang. Die Gruppe der Kinder mit besonders hoher zeichnerischer Flexibilität zeigt auch sehr signifikant höhere Testergebnisse im CMM. Es wurde vermutet, daß dieser Zusammenhang eventuell darauf zurückzuführen sei, daß sowohl für hohe zeichnerische Flexibilität wie für hohe Testergebnisse im CMM insbesondere Ausdauer und Konzentration erforderlich sind. Da jedoch weder für den CMM noch für den CPM signifikante Zusammenhänge mit den quantitativen Aspekten zeichnerischen Verhaltens nachgewiesen werden konnten, ist diese Vermutung nicht bestätigt. Kinder, die besonders viele Aufgaben im CMM lösen, zeichneten in der Untersuchung nicht mehr und nicht länger als andere Kinder.

4.3 Determinanten des ästhetischen Verhaltens

4.3.1 Sensumotorische Voraussetzungen

Bei fünf- bis sechsjährigen Kindern ist - wie eingangs aufgrund entwicklungspsychologischer Befunde dargestellt - die Fähigkeit zur Kontrolle der feinmotorischen Bewegungsabläufe vermutlich noch nicht voll ausgebildet (vgl. S. 65 f.). Schwierigkeiten, die sich aus der noch mangelhaften Bewegungskoordination ergeben, werden insbesondere beim Schreibenlernen evident, aber auch für die relativ kleinformativen Zeichnungen unserer Erhebung ist wahrscheinlich die sensumotorische Leistungsfähigkeit der Kinder sehr bedeutsam.

Zur Erfassung der sensumotorischen Voraussetzungen für das ästhetische Verhalten wurde der Untertest "Augen-Hand-Koordination" aus dem visuellen Wahrnehmungstest von FROSTIG verwendet, der gezielt gerade diese Fähigkeit prüfen soll (vgl. Testbeschreibung S. 97).

Der Mittelwert der Untersuchungsgruppe wird wieder dem der vergleichbaren Altersgruppe der Hamburger Untersuchung von VALTIN gegenübergestellt (vgl. VALTIN 1972, S. 117).

Stichprobe	N	*Augen-Hand-Koordination* Mittelwert	Streuung
Vorschulkinder	225	23,1	5,9
1. Schuljahr (VALTIN)	67	14,4	3,4

Der Vergleich ergibt für die Vorschulkinder bei größerer Streuung der Testwerte einen sehr signifikant *höheren* Mittelwert. Da in beiden Untersuchungen nach der gleichen Durchführungsanleitung gearbeitet wurde und zur Auswertung Schablonen verwendet werden, ist ein so erheblicher Meßfehler nicht wahrscheinlich. Eine vergleichbare Tendenz zeigte sich auch bereits bei der Untersuchung zur Flexibilität: auch hier hatte wider Erwarten die Gruppe der Kinder mit besonders flexiblem zeichnerischen Verhalten *niedrigere* Werte als die Restgruppe. Zunächst ist also im Vergleich mit der Untersuchung von VALTIN von einer überdurchschnittlich hohen sensumotorischen Steuerungsfähigkeit bei den untersuchten Vorschulkindern auszugehen.

Zur Prüfung der Frage, inwieweit das *zeichnerische Verhalten* von der Fähigkeit zur feinmotorischen Koordination abhängt, wurde der Zusammenhang zwischen dem Differenzierungsgrad der Bildzeichen und dem Testergebnis untersucht.

Zusammenhang zwischen Testergebnis und sensumotorischer Koordination (Punktbiseriale Korrelationskoeffizienten)

Artikulationsgrad	Augen-Hand-Koordination
keine Grundform	
bei Impuls 1	ns
Impuls 2	-0,15 s
Impuls 3	-0,13 s
Grundform	
bei Impuls 1, 2, 3	ns
Grundform + Attribute	
bei Impuls 1, 2, 3	ns
höchster Differenzierungsgrad	
bei Impuls 1, 2, 3	ns

Nur für die Zeichnungen zum zweiten und dritten Impuls ist ein signifikanter Zusammenhang zwischen den Testleistungen und dem Differenzierungsgrad festzustellen. Offenbar ist also die mit dem Test erhobene Fähigkeit für das zeichnerische Verhalten in der von uns operationalisierten Form weitgehend irrelevant. Nur bei Kindern, die so undifferenziert zeichnen, daß in ihren Zeichnungen keine Grundform erkennbar ist, sind die Testleistungen signifikant niedriger, und es besteht ein schwacher negativer Zusammenhang zwischen guter Augen-Hand-Koordination und wenig differenziertem zeichnerischen Verhalten.

Dieses Ergebnis ist angesichts der hohen Beachtung, die die Übung feinmotorischer Geschicklichkeit im Anfangsunterricht findet, überraschend. Da offenbar für die zeichnerische Produktion bei Vorschulkindern die Fähigkeit der feinmotorischen Steuerung beim Zeichenprozeß weitgehend gegeben ist, erscheint ein partielles Training, wie es etwa von FROSTIG angeboten wird (FROSTIG 1972) nicht erforderlich.

Auch die Notwendigkeit isolierter feinmotorischer Bewegungsübungen für den Schreibunterricht muß vor diesem Hintergrund in Frage gestellt werden, denn wenn zwischen komplexen Verhaltensbereichen wie dem zeichnerischen Verhalten und der Augen-Hand-Koordination so geringe Zusammenhänge bestehen, ist zu vermuten, daß diese Fähigkeit auch für das Schreibenlernen nur untergeordnete Bedeutung hat und fünf- bis sechsjährige Kinder die erforderlichen sensumotorischen Voraussetzungen in der Regel bereits erworben haben.

Da das Nachzeichnen der vorgegebenen Zeichen beim FST den ersten Schreibübungen strukturell sehr ähnlich ist, kann die Prüfung des Zusammenhanges zwischen den beiden Testergebnissen hier weitere Hinweise geben. In der Tat ist hier überhaupt *kein* signifikanter Zusammenhang zwischen dem Ergebnis im FST und der Augen-Hand-Koordination festzustellen - die Hypothese, daß bei Vorschulkindern die für das Schreibenlernen erforderlichen sensumotorischen Voraussetzungen bereits gegeben sind, konnte damit nicht widerlegt werden.

Nach diesem Exkurs über den Bereich des ästhetischen Verhaltens hinaus soll nun die These vom Zusammenhang zwischen der *visuellen Wahrnehmung* und der sensumotorischen Koordinationsfähigkeit überprüft werden (vgl. Fragestellung S. 66 f.). Da auch Zusammenhänge zwischen sensumotorischem Leistungsvermögen und kognitiven Leistungen im optischen Bereich vermutet werden, sind auch die visuellen Intelligenztests in diesen Vergleich einbezogen.

Zusammenhänge zwischen den visuellen Wahrnehmungs- und Intelligenzleistungen und der sensumotorischen Koordination
(Korrelationskoeffizienten)

	Augen-Hand-Koordination
Farbunterscheidung	
Farben zeigen	0,19 ss
Farben benennen	0,14 s
Formdifferenzierung	
FST	ns
Figur-Grund	0,35 ss
Formkonstanz	0,34 ss
Räuml. Lage	0,16 s
Räuml. Beziehungen	0,20 ss
Visuelle Intelligenz	
CPM	0,13 s
CMM	ns

Während, wie bereits dargestellt, zwischen sensumotorischem Leistungsstand und zeichnerischem Verhalten sowie dem FST, der gerade sehr genaue zeichnerische Reproduktion verlangt, kaum signifikante Zusammenhänge bestehen, konnten sowohl für den CPM wie für den Farbtest signifikante Beziehungen nachgewiesen werden, obgleich hier direkt überhaupt keine zeichnerische Artikulation verlangt wird. Damit bleibt eigentlich nur der Schluß, daß der Test nicht gültig ist, d.h. daß er im wesentlichen nicht das mißt, was er zu messen vorgibt. Auch der höhere Zusammenhang zwischen der Augen-Hand-Koordination und den anderen FROSTIG-Subtests verweist darauf, daß hier eher eine spezifische *optische* Diskriminationsleistung gemessen wird, wie sie bei den Tests zur Figur-Grund-Unterscheidung, zur Formkonstanz und auch - in geringerem Maße - beim CPM enthalten ist.

Die für die Lösung der Testaufgaben erforderliche motorische Steuerung hingegen scheint bei Vorschulkindern bereits so weitgehend gegeben zu sein, daß eine besondere isolierte Förderung dieser Fertigkeit nicht gerechtfertigt erscheint.

4.3.2 Altersbedingter Entwicklungsstand

Zweifellos vollzieht sich die Entwicklung des ästhetischen Verhaltens - wie die gesamte psychische und physische Entwicklung - in Abhängigkeit zum Lebensalter. Die allgemeine Überbewertung *ausschließlich reifebedingter* Entwicklungsschritte noch bis Ende der sechziger Jahre führte, wie im Abschnitt über die Entwicklung des zeichnerischen Verhaltens dargestellt wurde (vgl. S. 28 ff.), zur Annahme zeitlich genau begrenzter Entwicklungsstufen des zeichnerischen Verhaltens.

Im folgenden wird sowohl für die verschiedenen Aspekte der ästhetischen Produktion wie auch für alle anderen erhobenen Variablen, die für das ästhetische Verhalten relevant sind, die Abhängigkeit des Leistungsstandes vom Lebensalter untersucht. Dabei gehe ich entsprechend den bereits dargestellten Begründungen (vgl. S. 28 ff. und S. 67) von der Hypothese aus, daß innerhalb des Altersjahrgangs der Fünf- bis Sechsjährigen zwischen unterschiedlichem Alter und dem Leistungsstand in den verschiedenen Bereichen des ästhetischen Verhaltens ein positiver Zusammenhang besteht.

Bei einer Spannbreite von insgesamt 15 Monaten unterscheidet sich die Altersverteilung der gesamten Stichprobe nicht signifikant von der Normalverteilung; der Mittelwert für die Gesamtgruppe beträgt 5 Jahre und 10,6 Monate bei einer Standardabweichung von 4,3 Monaten.

Da insbesondere der Differenzierungsgrad der Bildzeichen sowie der Bildaufbau zur Beschreibung von Entwicklungsstufen des zeichnerischen Verhaltens verwendet wurde, wird der Zusammenhang zwischen diesen Kategorien und dem Lebensalter untersucht (vgl. Anhang Tab. 9).

Das Ergebnis ist eindeutig: weder für die verschiedenen Differenzierungsstufen noch für verschiedene Formen der Bildordnung konnte ein für alle drei Impulstypen konsistenter Zusammenhang festgestellt werden. Ebensowenig ließ sich ein signifikanter Zusammenhang zwischen den Kreativitätsaspekten (Verarbeitung der optischen Impulse, Flexibilität) und dem Alter der Kinder nachweisen.

Für die in der Untersuchung erfaßten Bereiche ästhetischer Produktion liegt damit eindeutig *keine* reifebedingte Varianz der Ergebnisse vor, weder das zeichnerische Verhalten noch die erfaßte Kreativität bei zeichnerischer Produktion ist innerhalb des Jahrgangs der Fünf- bis Sechsjährigen abhängig vom unterschiedlichen Alter der Kinder.

Die Überprüfung möglicher Zusammenhänge zwischen den verschiedenen Testwerten zur Wahrnehmung zur visuomotorischen Koordination ergibt ebenfalls *keine* signifikanten Korrelationen (vgl. Anhang Tab. 5). Weder der verwendete Untertest aus dem Frankfurter Schul-"reife"test noch die Wahrnehmungs- und Farbunterscheidungstests ergeben signifikante Werte. Auch zwischen Alter und visueller Intelligenz (CPM, CMM) sind *keine* signifikanten Zusammenhänge feststellbar.

Damit muß insgesamt die Hypothese, daß innerhalb des Altersjahrgangs Zusammenhänge zwischen ästhetischem Verhalten und Lebensalter bestehen, abgelehnt werden. Eine ausschließlich reifebedingte Entwicklung der für ästhetisches Verhalten relevanten Faktoren konnte nicht bestätigt werden. Das Ergebnis unterstützt vielmehr die Befunde von KORTE (1971, S. 73 und 78), der zwischen den beiden verschieden alten Gruppen keine Unterschiede in der zeichnerischen Leistung und auch keine signifikanten Unterschiede in der Differenziertheit des ästhetischen Urteils feststellen konnte.

Da bereits vom Beginn der Vorschule an ausschließlich Jahrgangsklassen eingerichtet werden, ist innerhalb dieses organisatorischen Rahmens die Variable Lebensalter offensichtlich bedeutungslos für Ästhetische Erziehung. Aufgrund dieser Testergebnisse ist zudem zu vermuten, daß auch für andere Lernbereiche das unterschiedliche Alter der Kinder innerhalb der relativ homogenen Jahrgangsgruppen wenig Relevanz hat.

4.3.3 Sozialisationsbedingter Entwicklungsstand

Die folgende Darstellung *geschlechtsspezifischer* und *schichtspezifischer* Unterschiede des ästhetischen Verhaltens von Vorschulkindern erfolgt unter der Prämisse, daß es sich in beiden Fällen nicht um anlagebedingte Unterschiede handelt, sondern um Folgen differenter Verhaltensmuster und Verhaltenserwartungen der Erzieher. Auch für das sogenannte *"Anregungsmilieu"* wird entsprechend angenommen, daß hier neben unterschiedlichen objektiven Bedingungen wie z.B. der Möglichkeit außerfamilialer Förderung in einem Kindergarten, besonders das Interesse und die Wertschätzung der Eltern das ästhetische Verhalten beeinflussen.

Der Entwicklungsstand wird hier also im wesentlichen als Ergebnis sozialen Lernens verstanden (OERTER 1972, S. 64). Während bisher unterschiedliche Dimensionen des Verhaltenskomplexes "ästhetisches Verhalten" *beschrieben* wurden, steht damit jetzt eher die Frage der *Beeinflußbarkeit* und *Steuerung* ästhetischen Verhaltens im Vordergrund.

4.3.3.1 Geschlecht

Wie bereits dargestellt, muß aufgrund der geschlechtsspezifisch unterschiedlichen Rollenerwartungen für das ästhetische Verhalten von Jungen und Mädchen angenommen werden, daß die Zugehörigkeit zu einer bestimmten Geschlechtsgruppe als eine Determinante ästhetischen Verhaltens anzusehen ist (vgl. S. 68 ff.). Inwieweit bei Vorschulkindern bereits die Übernahme der Geschlechtsrollenstereotype sich in unterschiedlichem ästhetischen Verhalten nachweisen läßt, wird im folgenden zunächst für den Bereich der ästhetischen Produktion untersucht.

Tabelle 10 (Anhang) gibt eine Übersicht, bei welchen Aspekten zeichnerischer Produktion überhaupt signifikante Zusammenhänge zur Geschlechtszugehörigkeit nachweisbar sind. Da bei Vorliegen signifikanter Kontingenzkoeffizienten jeweils im Einzelfall die Art des Zusammenhangs untersucht werden muß, werden zunächst Aspekte dargestellt, bei denen *entgegen* den Hypothesen *keine* geschlechtsspezifischen Unterschiede nachgewiesen werden können. Da dies für die Mehrzahl der *kreativen* Aspekte ästhetischer Produktion gilt, beginnt in diesem Fall die Darstellung nicht mit dem zeichnerischen Verhalten, sondern mit eben diesen Kreativitätsfaktoren (vgl. Fragestellung S. 55 ff.).

Ganz eindeutig konnte die Annahme, daß Mädchen *elaborierter* und *differenzierter* zeichnen als Jungen, *nicht* bestätigt werden. Bei den fünf- bis sechsjährigen Kindern unserer Stichprobe finden sich bei keiner der verschiedenen Kategorien zur Beschreibung des Artikulationsgrades der Bildzeichen signifikante geschlechtsspezifische Zusammenhänge. Ebensowenig unterscheiden sich Jungen und Mädchen in der Art der Verarbeitung der optischen Impulse. Damit ist für den Aspekt der *Problemsensitivität* widerlegt, daß sich Jungen bei ästhetischer Produktion kreativer verhalten als Mädchen.

Wie bereits dargestellt (vgl. S. 161), gilt dies nicht für den Aspekt der zeichnerischen *Flexibilität*. Im Gegensatz zu der Hypothese von der Überlegenheit der Jungen für diesen Bereich des Umdenkens und Umstrukturierens befinden sich in der Gruppe der Kinder mit hoher zeichnerischer Flexibilität signifikant *mehr Mädchen* als Jungen.

Als vierter, für kreatives Verhalten relevanter Faktor wurde der Aspekt der *Flüssigkeit* untersucht. Entgegen der Annahme, daß es eher dem weiblichen Geschlechtsrollenstereotyp entsprechen würde, wenn Mädchen mehr Ideen produzieren als Jungen, unterscheiden sich die Geschlechtsgruppen *nicht* signifikant hinsichtlich der Anzahl der angefertigten Zeichnungen (vgl. Anhang Tab. 11).

Für die untersuchten kreativen Aspekte zeichnerischer Produktion ergibt sich damit insgesamt folgendes Bild: Weder hinsichtlich der Elaboration, der Ideenflüssigkeit und der Problemsensitivität konnten geschlechtsspezifische Unterschiede festgestellt werden, einzig für den - allerdings für sehr bedeutsam erachteten - Faktor der zeichnerischen Flexibilität verweist der höhere Anteil von Mädchen in der Spitzengruppe hier auf eine Überlegenheit der Mädchen.

Im folgenden werden nun zunächst geschlechtsspezifische Zusammenhänge für den Bereich des *zeichnerischen*

Verhaltens und abschließend für den Komplex der Wahrnehmungsleistungen untersucht.

Nachdem, wie bereits bei den kreativen Aspekten dargestellt, geschlechtsspezifische Unterschiede hinsichtlich der Differenziertheit der Zeichnungen im Gegensatz zu den Befunden von RABENSTEIN (1962) und KORTE (1971) nicht nachgewiesen werden konnten, ist nun zu prüfen, ob die von RABENSTEIN festgestellten Unterschiede in der Farbverwendung möglicherweise bereits bei Vorschulkindern ausgeprägt sind. Da die Anzahl der zum Zeichnen verwendeten Farben in engem Zusammenhang zu der Art der grafischen Darstellung zu sehen ist (vgl. S. 128 f.), werden auch diese Kategorien hier in die Auswertung einbezogen. Es werden im folgenden jedoch nur die Kategorien aufgeführt, für die überhaupt signifikante Zusammenhänge zur Geschlechtszugehörigkeit bestehen (vgl. vollständige Tabelle im Anhang, Tab. 10).

Geschlechtsspezifische Unterschiede in der Verwendung bildnerischer Mittel
(Prozentuale Anteile bezogen auf die Geschlechtsgruppe)

	Jungen (n=120)	Mädchen (n=105)
1 Farbe		
bei Impuls 1	36,7%	19,0%
Impuls 2	38,3%	24,8%
Impuls 3	40,8%	20,0%
mehr als 3 Farben		
bei Impuls 1	60,8%	77,1%
Impuls 2	47,5%	73,3%
Impuls 3	47,5%	75,2%
Strichzeichnung		
bei Impuls 2	49,2%	32,4%
Impuls 3	45,8%	32,4%
Mischtyp		
bei Impuls 2	54,2%	68,6%
Impuls 3	52,5%	70,5%

Die von RABENSTEIN für Schulkinder festgestellte "Tendenz zur Buntheit" (RABENSTEIN 1962, S. 37) bei den Mädchen läßt sich auch im zeichnerischen Verhalten von Vorschulkindern nachweisen. Bei den Zeichnungen zu allen drei Impulstypen verwenden Jungen häufiger nur eine Farbe, entsprechend höher ist bei ihnen auch der Anteil ausschließlich linearer Zeichnungen. Die Mädchen verwenden hingegen seltener nur eine Farbe, häufiger drei und mehr verschiedene Farben zum Zeichnen, ihre Zeichnungen wurden entsprechend häufiger der Kategorie "Mischtyp" zugeordnet, da sie neben linearen auch fleckhafte Anteile enthalten. In diesem Zusammenhang ist auch zu beachten, daß Mädchen signifikant häufiger nicht-gegenständlich zeichnen, wie die folgende Übersicht zeigt:

Geschlechtsspezifische Unterschiede bei nicht-gegenständlicher Darstellung
(Prozentuale Anteile bezogen auf die Geschlechtsgruppe)

	Jungen (n=120)	Mädchen (n=105)
"Muster"		
bei Impuls 1	4,2%	12,4%
Impuls 2	4,2%	16,2%
Impuls 3	7,5%	19,0%

Während im Mittel nur etwa 5% der Jungen "Muster" zeichnen, konnten bei durchschnittlich 15% der Mädchen überwiegend nicht-gegenständliche Zeichnungen festgestellt werden. Da diese "Muster" generell eher mehrfarbig und mit fleckhaften Elementen gezeichnet werden (vgl. S. 132), verweisen die für diese Kategorien festgestellten geschlechtsspezifischen Unterschiede auf eine verstärkt gleichsinnige Tendenz des zeichnerischen Verhaltens bei den Mädchen.

Auch für die Bildordnung wurden signifikante Beziehungen zur Geschlechtszugehörigkeit nachgewiesen:

Geschlechtsspezifische Unterschiede in der Bildordnung

	Jungen (n=120)	Mädchen (n=105)
1 Bildzeichen		
bei Impuls 1	60,8%	45,7%
Impuls 2	59,2%	45,7%
Impuls 3	58,3%	44,8%
mehr als 3 Bildzeichen		
bei Impuls 3	17,5%	34,3%
Streuung		
bei Impuls 1	25,8%	39,0%
Impuls 3	16,7%	36,2%

Jungen zeichnen also signifikant häufiger nur *ein* Bildzeichen, entsprechend häufiger ist bei Mädchen die einfachste Form der Bildordnung für *mehrere* Bildzeichen, die Streuung. Für die differenzierteren Formen des Bildaufbaus bestehen hingegen keine signifikanten geschlechtsspezifischen Zusammenhänge (vgl. Anhang Tab. 10).

Wie bereits unter dem Kreativitätsaspekt der Flüssigkeit dargestellt, unterscheiden sich Jungen und Mädchen nicht signifikant in der Anzahl der gezeichneten Blätter, allerdings arbeiten beim zweiten und dritten Impuls die Mädchen sehr signifikant längere Zeit als die Jungen (vgl. Anhang Tab. 11). Damit ergibt sich jetzt zusammenfassend für das zeichnerische Verhalten von Jungen und Mädchen im Vorschulalter folgendes Bild:

Während entgegen der Hypothesen weder für den Artikulationsgrad der Bildzeichen noch für die differenzierteren Formen des Bildaufbaus geschlechtsspezifische Unterschiede bestehen, sind dennoch charakteristische Differenzen in der Art der Darstellung feststellbar: Mädchen neigen tendenziell zu "bunteren", z.T. nicht-gegenständlichen Zeichnungen. Während Jungen häufiger *ein* Bildzeichen ausführen, fügen Mädchen eher mehrere Bildzeichen additiv zu einem "Streubild" zusammen. Für diese eher dekorative Ausgestaltung der Zeichenblätter zeichnen sie häufiger länger als die Jungen.

Diese Zusammenfassung der geschlechtsspezifischen Unterschiede zeichnerischen Verhaltens entspricht zwar nicht in allen Punkten den eingangs dargestellten, an Geschlechtsrollenstereotypen orientierten Erwartungen einiger Autoren (vgl. S. 69 ff.), dennoch "passen" die Befunde zu den allgemeinen geschlechtsspezifischen Erwartungen. Tendenziell erscheinen die Mädchen eher bemüht, "schöne" Zeichnungen mit vielen Einzelheiten dekorativ auszufüllen und damit der allgemeinen Vorstellung vom angepaßteren, braven und fleißigen Mädchen zu entsprechen. Wenn dies im Vorschulalter auch noch nicht mit einer größeren Differenziertheit der Zeichnungen verbunden ist, ist doch eine entsprechende Entwicklung bei zunehmender Geschlechtsrollenidentifikation vorstellbar.

Das Ausmaß geschlechtsspezifisch unterschiedlicher *Verhaltenserwartungen* versucht die folgende Darstellung der *Elternbefragung* zum zeichnerischen Verhalten der Kinder aufzuzeigen.

Für die mit den ersten zwölf Fragen des Fragebogens erfaßte sozio-ökonomische Situation (vgl. Tab. 16 im Anhang) konnten keine geschlechtsspezifischen Unterschiede festgestellt werden. Im folgenden können also geschlechtsspezifische Unterschiede *unabhängig* von schichtspezifischen Differenzen interpretiert werden.

Da die Darstellung der Fragen zum Anregungsmilieu noch folgt (vgl. S. 198 ff.), werden hier die Ergebnisse der Elternbefragung ausschließlich unter dem Gesichtspunkt geschlechtsspezifischer Unterschiede ausgewertet, um so die unterschiedlichen Verhaltenserwartungen möglichst prägnant zu erfassen (vgl. Anhang Tab. 16). Die Darstellung folgt im wesentlichen der Reihenfolge der Fragen im Fragebogen.

Zwischen Jungen und Mädchen besteht kein Unterschied hinsichtlich des Kindergartenbesuchs, der vorschulischen Förderung im Lesen, Schreiben, Rechnen im Elternhaus und dem Besitz von Bilderbüchern, Kalendern, Fotos usw. Die Feststellung "Mein Kind spielt lieber draußen oder mit seinen Spielsachen, mit Zeichnen und Malen beschäftigt es sich fast nie" wurde von den Eltern für 19,2% der Jungen für zutreffend gehalten, aber nur für 6,7% der Mädchen. "Mein Kind malt und zeichnet gern und viel" glauben entsprechend nur 25,8% der Eltern der Jungen, aber 45,7% der Eltern von Mädchen. Die geschlechtsspezifischen Unterschiede bei der Beantwortung dieser Frage sind statistisch sehr signifikant, nach Meinung der Eltern unterschieden sich Jungen und Mädchen also eindeutig hinsichtlich der Vorliebe für Zeichnen und Malen.

Obgleich also Mädchen lieber und häufiger zeichnen als Jungen, unterscheiden sich die beiden Geschlechtsgruppen nicht hinsichtlich der verwendeten Materialien, vermutlich weil einerseits nahezu alle Kinder Buntstifte und Filzschreiber zur Verfügung haben, Fingermalfarben und Tuschkasten andererseits insgesamt relativ ungebräuchlich scheinen (vgl. S. 126). Ebenso finden sich keine Unterschiede hinsichtlich der durchschnittlichen Dauer des Zeichnens bei Jungen und Mädchen.

Die Frage nach der Toleranz der Eltern, wenn Zeichnen und Malen mit Unordnung und Schmutz verbunden sind, wurde von nahezu allen Eltern in der "erwünschten" Richtung beantwortet, so daß eventuell bestehende Differenzen nicht erkennbar wurden.

Obgleich nach Meinung der Eltern Mädchen lieber und häufiger zeichnen als Jungen, besteht bei den Eltern weder ein Unterschied im Umgang mit den fertigen

"Produkten" noch in bezug auf das "Vormalen" und die verschiedenen zum Zeichnen verwendeten Vorlagen.

Eine sehr eindeutige Konkretisierung der geschlechtsspezifischen Verhaltenserwartungen ergibt sich bei der Frage nach den *Inhalten* zeichnerischer Produktion.

"Welche der genannten Gegenstände malt Ihr Kind besonders häufig?"

	Jungen (n=120)	Mädchen (n=105)	Kontingenzkoeffizienten
Autos	46,7%	8,6%	0,55 ss
Häuser	70,8%	89,5%	0,32 ss
andere Menschen	43,3%	68,6%	0,35 ss
sich selbst	13,3%	16,2%	ns
Tiere	31,7%	27,6%	ns

Der geschlechtsspezifischen Rollenerwartung, daß Jungen sich stärker für Technik ("Auto") interessieren, Mädchen hingegen für die soziale häusliche Umwelt ("andere Menschen", "Häuser"), entsprechen die Angaben der Eltern zu den häufigsten Bildthemen mit großer Eindeutigkeit. Ganz offensichtlich liegt hier bereits im Vorschulalter ein signifikanter Unterschied im zeichnerischen Verhalten von Jungen und Mädchen vor, der ganz unmittelbar geschlechtsspezifische Verhaltenserwartungen als sozio-kulturelle Normen unserer Gesellschaft widerspiegelt.

Abschließend soll nun überprüft werden, ob sich die beiden Geschlechtsgruppen in ihren *Wahrnehmungsleistungen* unterscheiden. Zwar wird häufig ein "reifebedingter" Vorsprung der Mädchen postuliert (vgl. S. 72), entsprechend der eingangs formulierten Prämisse verstehe ich jedoch geschlechtsspezifische Unterschiede als Resultat des primären Sozialisationsprozesses und folge dementsprechend nicht dem oben angeführten Reifekonzept. Da zudem bereits die Untersuchung des altersbedingten Entwicklungsstandes keine ausschließlich reifebedingten Unterschiede im ästhetischen Verhalten von Vorschulkindern ergeben hat, wird die Nullhypothese aufgestellt, daß sich die beiden Geschlechtsgruppen in ihren Wahrnehmungsleistungen *nicht* unterscheiden.

Wie Tabelle 11 (Anhang) zeigt, kann bis auf eine Ausnahme diese Hypothese nicht widerlegt werden. Einzig bei der optischen Farbunterscheidung erzielen die

Mädchen insgesamt signifikant höhere Werte - für alle anderen Testverfahren können hingegen keine statistisch bedeutsamen Differenzen zwischen den Mittelwerten von Jungen und Mädchen nachgewiesen werden.

Da sich, wie die gleiche Tabelle zeigt, Jungen und Mädchen nicht in bezug auf Alter und Anregungsmilieu unterscheiden und auch keine signifikanten Zusammenhänge zwischen Geschlechtszugehörigkeit und sozialem Status bestehen (vgl. Tab. 6 im Anhang), ergibt sich insgesamt folgendes Ergebnis: Da für Farb- und Formdifferenzierung, visuelle Intelligenz, sensumotorische Leistungsfähigkeit, Alter, Sozialstatus und Anregungsmilieu keine geschlechtsspezifischen Unterschiede bestehen (mit einer Ausnahme für das richtige Zuordnung von Farben, vgl. oben), Jungen und Mädchen in bezug auf diese Variablen also eine *homogene* Gruppe bilden, sind die festgestellten Unterschiede in der ästhetischen *Produktion* nicht auf den Einfluß einer der genannten Variablen zurückzuführen.

Wie die Auswertung der Elternbefragung ergab, sind sie vielmehr mit hoher Wahrscheinlichkeit ausschließlich auf die geschlechtsrollenspezifischen Verhaltenserwartungen der sozialen Umwelt zurückzuführen, wobei vermutlich sowohl allgemeine Geschlechtsrollenstereotypen als auch spezifische Verhaltenserwartungen in bezug auf die ästhetische Produktion dazu führen, daß Mädchen tatsächlich "anders" zeichnen als Jungen: farbiger, detailreicher, dekorativer und mit größerer zeichnerischer Flexibilität zu Motiven, die bereits eine geschlechtsspezifische Interessenbildung widerspiegeln.

Die hier realisierte Übernahme geschlechtsspezifischer Erwartungen macht zugleich deutlich, wie subtil einerseits und wie weitreichend andererseits die Einflußmöglichkeiten auf diesen Verhaltensbereich sind, und verweist damit sowohl auf die Chance wie auf die Verantwortlichkeit planmäßiger, gezielter Förderung der ästhetischen Produktivität im Rahmen der Schule.

4.3.3.2 Sozialstatus

Wie bereits dargestellt, erfolgt die Bestimmung des Sozialstatus der Vorschulkinder ausschließlich nach der Berufsposition des Vaters (vgl. S. 107 f.). Um zu prüfen, ob dieser sehr grobe Indikator geeignet ist, etwa auch schichtenspezifisch unterschiedliche Lebens- und Wohnbedingungen zu polarisieren, werden zunächst Zusammenhänge zwischen Sozialstatus und den in der Elternbefragung erhobenen Daten zur allgemeinen sozio-ökonomischen Situation der Familie untersucht (vgl. Tab. 17 im Anhang).

Da die Zuordnung zur Mittelschicht- bzw. Unterschichtgruppe nach dem Sozialstatus des Berufs des *Vaters* vorgenommen wurde, war der enge Zusammenhang zwischen Sozialstatus und Schulabschluß und Beruf des Vaters erwartbar. Obgleich der Beruf der *Mutter* nicht zur Bestimmung des Sozialstatus herangezogen wurde, bestehen hier ebenfalls entsprechende Bezüge zum Schulabschluß, dem erlernten und - weniger ausgeprägt - zum ausgeübten Beruf der Mutter. In der Regel entsprechen also Berufs- und Schulbildung von Vater *und* Mutter weitgehend dem aufgrund des Berufs des Vaters festgelegten Sozialstatus. Dies ist insofern bedeutsam, als Erziehungsstil und Erziehungspraktiken in der Familie weitgehend von der Mutter bestimmt werden (MOLLENHAUER 1969, S. 28).

Obwohl hinsichtlich der durchschnittlichen Größe der Wohnungen (gemessen nach der Anzahl der Räume) kein signifikanter schichtspezifischer Unterschied feststellbar ist, ist doch anzunehmen, daß die Wohnverhältnisse der Unterschichtgruppe eindeutig schlechter sind, da hier durchschnittlich mehr Personen in einem Haushalt leben. Für die Richtigkeit dieser Annahme spricht auch, daß Mittelschichtkinder signifikant häufiger ein eigenes Kinderzimmer zur Verfügung haben, während Unterschichtkinder ihr Zimmer häufig mit Geschwistern teilen müssen.

Entgegen der in anderen Untersuchungen festgestellten Überrepräsentanz kinderreicher Familien in der Unterschicht unterscheiden sich die beiden Schichtgruppen unserer Stichprobe nicht in der durchschnittlichen Kinderzahl. Dies ist vermutlich aus der bereits dargestellten Zusammensetzung der Stichprobe zu erklären (vgl. S. 107): die Verteilung der Berufe der Väter zeigt keineswegs eine Dichotomisierung in zwei klar abgrenzbare "Klassen", sondern eine eingipflige Verteilung, bei der über 80% der Fälle zu den beiden aneinandergrenzenden Schichtgruppen "untere Mittelschicht" und "obere Unterschicht" gehören. Diese relative Nähe der als Mittelschicht und Unterschicht klassifizierten Gruppen führt dazu, daß soziale Gegensätze wenig deutlich hervortreten und - wie am Beispiel der Kinderzahl sichtbar - zum Teil verwischt werden.

Da sich unsere Schichtgruppen nicht in der durchschnittlichen Kinderzahl unterscheiden, ist auch der signifikante Unterschied hinsichtlich der Stellung des untersuchten Kindes in der Geschwisterreihe wohl kaum als schichtenspezifischer Unterschied zu interpretieren, sondern vermutlich Ergebnis unterschiedlicher Altersstruktur der Eltern in den beiden Schichtgruppen. So sind die sogenannten Unterschichtkinder unserer Stichprobe signifikant häufiger Einzelkind, mittleres oder jüngstes Kind, während die Mittelschichtkindern häufig ältestes Kind sind. Da sowohl Einzelkinder und jüngste Kinder als auch das älteste Kind in der Familie bevorzugte Rollen haben (vgl. NICKEL 1972, S. 230), kommt der Vorteil einer herausgehobenen Position in der Geschwisterreihe hier beiden Schichtgruppen zugute.

Zusammenfassend ist festzustellen, daß mit den beiden sozialen Schichtgruppen vermutlich keine verschiedenen "Klassen" erfaßt wurden. Zwar unterscheiden sich Mittelschicht- und Unterschichtgruppe außer in der beruflichen Position des Vaters auch hinsichtlich der Ausbildung und der beruflichen Position der Mutter, der Größe der Familie und den Wohnbedingungen für das Kind; der Beruf des Vaters kann also durchaus zu recht als Indikator für Unterschiede in der sozialen Situation der Familie verwendet werden - doch insgesamt scheinen die Unterschiede zwischen den beiden Schichtgruppen unserer Stichprobe keineswegs den sozialen Unterschieden zu entsprechen, die etwa bei Stichproben aus unterschiedlichen Wohngebieten möglich gewesen wären. Insofern werden bei der folgenden Untersuchung schichtenspezifische Unterschiede des ästhetischen Verhaltens diese tendenziell *unterschätzt* werden bzw. gar nicht statistisch signifikant erscheinen. Unter dieser Voraussetzung ist der folgende Vergleich des ästhetischen Verhaltens der beiden Schichtgruppen zu interpretieren.

In Analogie zu schichtenspezifischen Formen des Sprachverhaltens wurden bei der Formulierung der Fragestellung schichtenspezifische Unterschiede im ästhetischen Verhalten postuliert (vgl. S. 72). Tatsächlich ergibt auch die Auswertung der Elternbefragung, daß hinsichtlich der für Zeichnen und Malen zur Verfügung stehenden *Materialien* Unterschiede zwischen den beiden Schichtgruppen bestehen (vgl. Anhang Tabelle 17). Zwar besitzen unabhängig vom Sozialstatus nahezu alle Kinder Bilderbücher; eigene Bilder, Kalender usw. finden sich jedoch bei den Mittelschichtkindern sehr signifikant häufiger, ebenso die selteneren Zeichenmaterialien wie Wachskreiden, Tuschkasten und Pinsel.

Schichtenspezifisch unterschiedlich scheint auch die *Vorliebe für Zeichnen und Malen* überhaupt: Zwar zeichnet etwa ein Drittel der Kinder sowohl der Mittelschicht wie der Unterschicht nach Angaben der Eltern gern und viel, aber von den Mittelschichtkindern beschäftigen sich nur 6% "fast nie" mit Zeichnen und Malen (Unterschicht 16%), hingegen malen und zeichnen "öfters" über 60% der Mittelschichtkinder (Unterschicht 44%). Vermutlich spiegeln die Angaben der Eltern einerseits tatsächlich die Aktivitäten der Kinder, insbesondere für die beiden letztgenannten schichtspezifischen Unterschiede ist jedoch zu vermuten, daß sich hier auch unterschiedliche Verhaltensnormen andeuten. Offenbar zögern Mittelschichteltern, für ihr Kind festzustellen, daß es sich fast nie mit Zeichnen und Malen beschäftigt, weil dies den in der Mittelschicht geltenden Verhaltenserwartungen an Vorschulkinder widerspricht.

Insgesamt finden die schichtenspezifischen Unterschiede, die sich in der Elternbefragung für das ästhetische Verhalten und seine materialen Bedingungen ergeben, keine Entsprechung in der ästhetischen Produktion der Kinder. Wie Tabelle 12 (Anhang) zeigt, bestehen überhaupt keine über alle drei Impulse konstanten Zusammenhänge zwischen dem Sozialstatus der Kinder und ihrem zeichnerischen Verhalten. Sieht man davon ab, daß bei den Zeichnungen zum zweiten Impulstyp in keinem Fall Signifikanzen ermittelt werden konnten, so besteht immerhin bei den beiden anderen Impulstypen in der Farbverwendung und im Artikulationsgrad der Bildzeichen ein interpretierbarer Unterschied.

Schichtspezifische Unterschiede im zeichnerischen Verhalten

	Mittelschicht (n=64)	Unterschicht (n=161)	Kontingenzkoeffizienten
1 Farbe			
bei Impuls 1	14,1%	34,2%	0,28 ss
Impuls 3	20,3%	35,4%	0,21 ss
keine Grundform			
bei Impuls 1	9,4%	28,0%	0,28 ss
Impuls 3	17,2%	39,8%	0,30 ss

Daß Unterschichtkinder signifikant häufiger mit nur einer Farbe zeichnen, könnte davon beeinflußt sein, daß diese Kinder zu Hause ein weniger reichhaltiges

Materialangebot zum Zeichnen und Malen vorfinden und "gelernt" haben, mit einem Stift auszukommen.

Das relativ seltene Vorkommen von Zeichnungen, die so undifferenziert sind, daß keine Grundform erkennbar ist bei der Mittelschichtgruppe, spricht dafür, daß hier in der Regel eine gewisse Zeichenfertigkeit bereits erworben werden konnte. Auch das Ergebnis, daß nach Aussage der Eltern sich nahezu alle Kinder zumindest "öfters" mit Zeichnen und Malen beschäftigen, läßt in diesem Zusammenhang den Schluß zu, daß in der Mittelschichtfamilie die Erwartung, daß Kinder zeichnen und malen, stärker ausgeprägt ist und entsprechend ästhetisches Verhalten mehr beachtet und gefördert wird als in der Unterschichtfamilie.

Insgesamt scheinen sich die unterschiedlichen Sozialisationsbedingungen auf die ästhetische Produktivität der Kinder jedoch kaum auszuwirken. Auch für die *kreativen Aspekte* zeichnerischer Produktion finden sich keine signifikanten Unterschiede zwischen den beiden Schichtgruppen.

Damit ist die Hypothese, daß in Parallele zum schichtenspezifischen Sprachverhalten auch schichtenspezifisch unterschiedliche Formen ästhetischen Verhaltens bestehen, für den Bereich der ästhetischen Produktion nicht bestätigt. Offenbar reichen die Anregungen in beiden Schichtgruppen für eine etwa gleiche Entwicklung des zeichnerischen Verhaltens wie der zeichnerischen Kreativität aus, oder zeichnerisches Verhalten und Kreativität in diesem Bereich sind weniger beeinflußbar von schichtenspezifisch unterschiedlichen Sozialisationsbedingungen als andere Bereiche der kognitiven Entwicklung. Daß daraus keineswegs der Schluß gezogen werden darf, ästhetische Produktivität sei überhaupt wenig abhängig von sozialisationsbedingten Einflüssen, zeigt die differente Entwicklung zeichnerischen Verhaltens bei Jungen und Mädchen sehr deutlich.

Alle bisherigen Aussagen betreffen ausschließlich den Bereich der ästhetischen Produktion - für den Bereich der *Wahrnehmung* ergibt sich, wie Tabelle 13 (Anhang) zeigt, ein wesentlich anderes Bild:

So sind die durchschnittlich niedrigeren Mittelwerte der Unterschichtkinder bei der optischen *Farbunterscheidung* statistisch bedeutsam, auch falsches Zeigen der Farbkarten bei richtiger differenzierter Farbbezeichnung und falsches Zeigen verbunden mit undifferenzierter Farbbezeichnung sind in der Unterschichtgruppe signifikant häufiger.

Die mit den Tests erfaßte Fähigkeit zur *Formdifferenzierung* ist für alle untersuchten Aspekte bei den Kindern der Unterschicht weniger gut ausgebildet, alle Mittelwertsdifferenzen sind statistisch signifikant bzw. sehr signifikant.

Wie bereits festgestellt (S. 176) ist die Korrelation zwischen den beiden *visuellen Intelligenztests* sehr niedrig. Es zeigt sich, daß offenbar nur der farbige Matrizentest schichtspezifisch unterschiedliche Intelligenzleistungen erfaßt, während in der Columbia Scale der Mittelwertsunterschied der beiden Schichtgruppen nicht statistisch gesichert ist.

Zusammenfassend zeigen jedoch in nahezu allen erfaßten Aspekten der visuellen Wahrnehmung die Unterschichtkinder signifikant *niedrigere* Leistungen - eine Ausnahme bildet nur der CMM, für den die Signifikanz des niedrigeren Mittelwerts nicht statistisch gesichert ist. Im Gegensatz zu der mit den Kreativitätsaufgaben erfaßten ästhetischen Produktivität sind die Wahrnehmungsleistungen ganz eindeutig abhängig von schichtenspezifischen Sozialisationsbedingungen. Dies ist um so erstaunlicher, als es sich durchgehend um *nicht-verbale* Leistungen handelt (beim differenzierten Benennen von Farben unterscheiden sich die Schichtgruppen *nicht*!), bei denen sich schichtenspezifische Formen des Sprachverhaltens nicht direkt auswirken können.

Während das zeichnerische Verhalten wie auch die erfaßten kreativen Aspekte zeichnerischer Produktion also nahezu unbeeinflußt von schichtenspezifischen Sozialisationseinflüssen erscheinen, muß für den Bereich der visuellen Wahrnehmungsleistungen eine deutliche Benachteiligung der Unterschichtkinder festgestellt werden. Da das Anregungsmilieu für Unterschichtkinder sehr signifikant ungünstiger ist als für Mittelschichtkinder (Tab. 13 im Anhang), ist zu vermuten, daß sich diese anregungsärmeren Umweltbedingungen besonders negativ auf die Entwicklung der visuellen Wahrnehmung auswirken, während die Fähigkeit zu ästhetischer Produktion zumindest im Vorschulalter wenig von den schichtenspezifischen Unterschieden beeinträchtigt wird. Dies ist um so erstaunlicher, als sowohl hinsichtlich der materialen Bedingungen wie der Verhaltenserwartungen schichtspezifische Unterschiede für "Zeichnen und Malen" festgestellt worden waren.

4.3.3.3 Anregungsmilieu

Um das "Anregungsmilieu" für ästhetisches Verhalten in der vorschulischen Sozialisation andeutungsweise zu erfassen, wurden einige Resultate der Elternbefragung zu einem Punktwert zusammengefaßt (vgl. S. 103). Im folgenden werden zunächst diese Fragen im einzelnen dargestellt, im Anschluß daran dann der Punktwert für Anregungsmilieu mit der ästhetischen Produktion der Kinder einerseits und ihren Testergebnissen andererseits verglichen.

Als ein Faktor, der unabhängig von der sozio-ökonomischen Situation in der Familie die Entwicklung des ästhetischen Verhaltens fördernd beeinflussen kann, wird der *Besuch eines Kindergartens* angesehen, da das Kind hier in jedem Fall zusätzliche Anregungen etwa durch neue Spielsituationen, gezielte pädagogische Förderungsmaßnahmen oder die Interaktion mit gleichaltrigen Kindern erhält.

Fast ein Drittel der untersuchten Stichprobe hat vor der Vorschulklasse einen Kindergarten besucht, die Mehrzahl davon länger als ein Jahr (insgesamt 20% der Kinder, vgl. Tab. 15 im Anhang). Obgleich die Dauer des Kindergartenbesuchs für langfristige Förderungswirkungen ohne Zweifel sehr bedeutsam ist, wurde bereits das Faktum, daß das Kind überhaupt in einem Kindergarten war, positiv für das Anregungsmilieu bewertet, ohne eine Gewichtung nach der unterschiedlichen Dauer vorzunehmen. Dies erscheint zulässig, da insgesamt die Zahl der Kinder mit kurzem Kindergartenbesuch gering ist (5,3% der Gesamtgruppe) und zudem auch bei relativ kurzfristiger Konfrontation mit dem Angebot dieser Institution eine zusätzliche Anregungsmöglichkeit außerhalb der Familie in jedem Fall gegeben war.

Um das Ausmaß *gezielter Förderungsmaßnahmen innerhalb der Familie* zu erfassen, wurde nach der Beschäftigung mit den "Kulturtechniken" Rechnen, Schreiben und Lesen gefragt.

Diese Frage wurde mit "ja" beantwortet
für *Schreiben* von 66 Eltern (29,3%)
für *Rechnen* von 56 Eltern (24,9%)
für *Lesen* von 19 Eltern (8,4%)

Eine positive Beantwortung dieser Frage in einem der drei Bereiche wurde als Hinweis auf allgemein intensivere Förderungsbedingungen innerhalb der Familie angesehen und daher ebenfalls in den Punktwert für das Anregungsmilieu einbezogen, obgleich sich die Frage nicht ausdrücklich auf ästhetisches Verhalten bezieht.

Im engeren Sinne relevant für die Entwicklungsmöglichkeiten ästhetischen Verhaltens erscheinen die *Zeichen- und Bildmaterialien*, die das Kind zu Hause zur Verfügung hat.

Bildmaterialien	
eigene Bilderbücher besitzen	190 Kinder (84,4%)
eigene Bilder, Kalender usw. besitzen	136 Kinder (60,4%)
Bilder und Fotos sammeln selbst	109 Kinder (48,4%)
Zeichenmaterialien	
zum Zeichnen und Malen benutzen	
Buntstifte	194 Kinder (86,2%)
Filzstifte	189 Kinder (84,0%)
Bleistifte, Kugelschreiber	142 Kinder (63,1%)
Tuschkasten und Pinsel	78 Kinder (35,3%)
Wachskreiden	67 Kinder (29,8%)
Fingermalfarben	13 Kinder (5,8%)

Wie bereits dargestellt (S. 194 f.) scheint der Besitz von Bilderbüchern für die Mehrzahl der Kinder unabhängig vom Sozialstatus selbstverständlich, während sich die Kinder der beiden Schichtgruppen sehr signifikant darin unterscheiden, ob sie auch eigene Bilder, Kalender usw. besitzen. Da die Unterfragen dieser beiden Fragen sich nicht ausschließen, waren jeweils Mehrfachnennungen möglich. Jede positive Antwort wurde mit einem Punkt bewertet, so daß insgesamt die Kinder, deren materielle Bedingungen besonders vielfältig und reichhaltig erscheinen, die höchste Punktzahl erhalten haben.

Die *Einstellung der Eltern zum ästhetischen Verhalten* ihrer Kinder ist im Rahmen einer schriftlichen Befragung nur sehr indirekt zu erfassen. Da die besondere Vorliebe eines Kindes für Zeichnen und Malen sicher nicht unabhängig von der Wertschätzung dieses Verhaltens durch die Eltern ist, werden Fälle, in denen die Kinder - nach Aussage der Eltern - "gern und viel" zeichnen, positiv im Hinblick auf das Anregungsmilieu bewertet. Ebenso wird die Einstellung der Eltern zu "Begleiterscheinungen" ästhetischer Aktivitäten wie Schmutz und Unordnung als Indikator ihrer Einstellung zum ästhetischen Verhalten allgemein bewertet. Da jedoch nahezu alle Eltern (94,2%) dem Satz zustimmten,

"Damit mein Kind am Malen Spaß hat, darf es ruhig ein wenig Schmutz machen", differenziert diese Frage nicht im erwarteten Sinne im Hinblick auf die tatsächlich das ästhetische Verhalten einschränkenden und disziplinierenden Maßnahmen der Eltern. Ganz offensichtlich wird rigide Erziehung zu Sauberkeit und Ordnung unabhängig vom sozialen Status als unerwünschte Erziehungshaltung eingeschätzt und entsprechend geantwortet.

Da sich Wertschätzung und Aufmerksamkeit für ästhetische Aktivitäten der Kinder auch in der Behandlung der fertigen Zeichnungen ausdrücken kann, wird auch dieser Aspekt als möglicher Hinweis auf die Einstellung der Eltern zum ästhetischen Verhalten in die Bewertung des Anregungsmilieus mit einbezogen.

Auf die Frage "Was geschieht mit den Zeichnungen, die Ihr Kind zu Hause gemacht hat" entschieden sich für die Antwort:

"Ich sammle sie und hänge sie manchmal an die Wand"	119 (52,9%)
"Es kann sie behalten und damit machen, was es will"	95 (42,2%)
"Beim Aufräumen werfe ich sie weg"	9 (4,0%)
"Ich weiß es nicht"	1 (0,4%)

(Mehrfachnennungen waren möglich)

Da die beiden ersten Antworten im Hinblick auf das Anregungsmilieu als positiv bewertet wurde, erhielt auch bei dieser Frage nur ein geringer Teil der Kinder keinen Punkt.

Für die Einstellung der Eltern zum ästhetischen Verhalten sind also kaum differenzierende Werte mit der schriftlichen Befragung erbracht worden. Ein valides Verfahren zur Einstellungsmessung in diesem Bereich wäre wünschenswert, jedoch, wie die Ergebnisse zeigen, als gesondertes Instrument zu entwickeln und zu überprüfen.

Ob dennoch der *Gesamtpunktwert* für "Anregungsmilieu" geeignet ist, unterschiedliche Sozialisationseinflüsse zu erfassen, muß der folgende Vergleich mit der ästhetischen Produktion und den Wahrnehmungs- und Intelligenzleistungen zeigen. Zunächst wird für alle Beschreibungskategorien der ästhetischen Produktion die Abhängigkeit vom Anregungsmilieu untersucht.

Wie Tabelle 14 (Anhang zeigt), bestehen für alle drei Impulstypen positive Zusammenhänge zwischen elaborierten Formen der Zeichendifferenzierung ("Grundform + Attribute", "höchster Differenzierungsgrad", "gegenständliche Zeichnung") und dem Anregungsmilieu bei entsprechend negativer Beziehung zu kaum differenzierenden Darstellungsformen ("keine Grundform", "Unvermögen"). Kinder mit vielseitigen Anregungsmöglichkeiten zeichnen also in der Regel verhältnismäßig gut differenziert, während bei Kindern mit geringem Anregungsmilieu häufig keine artikulierte Grundform in den Zeichnungen erkennbar ist.

Für die anderen erfaßten Aspekte zeichnerischen Verhaltens - Verwendung bildnerischer Mittel und Bildaufbau - konnte kein für alle drei Impulstypen konstanter Zusammenhang zum Anregungsmilieu festgestellt werden. Dies gilt auch, mit einer Ausnahme, für die verschiedenen Formen der Verarbeitung der optischen Impulse: Zwischen dem Anregungsmilieu und der Kategorie "Impuls verwendet" besteht ein schwacher negativer Zusammenhang. Offensichtlich haben die Kinder, die weniger Anregungen für ihr ästhetisches Verhalten bekommen, häufiger als andere Kinder den Ausgangsimpuls nicht *direkt* in ihre Zeichnungen einbezogen, sondern die Kreise, Senkrechten oder Wellenlinie nur in ihrer Zeichnung als Formelement wiederholt.

Reichhaltiges Anregungsmilieu wirkt sich auf die *quantitativen* Aspekte zeichnerischer Produktion offenbar kaum aus. Kinder mit hohen Punktwerten im Anregungsmilieu unterscheiden sich in der Anzahl der gezeichneten Blätter nicht von Kindern mit niedrigerem Anregungspotential, ihre Arbeitszeit liegt nur bei den Zeichnungen zum ersten und zweiten Impulstyp geringfügig höher (Korrelationskoeffizienten $r=0,14$ und $r=0,17$, vgl. Tab. 5 im Anhang).

Faßt man die Ergebnisse unter den Aspekten der zeichnerischen *Kreativität* zusammen, so ist für Ideenflüssigkeit kein Zusammenhang feststellbar, hingegen bestehen sehr bedeutsame und relativ hohe Korrelationen zwischen Anregungsmilieu und Elaboriertheit der Zeichnungen. Auffällig ist die besondere Ausprägung der Problemsensitivität durch Verwenden der Impulse in der Zeichnung ohne direkte Bearbeitung des Ausgangszeichens.

Wie bereits dargestellt (S. 164) weist die Gruppe der Kinder mit besonders großer zeichnerischer Flexibilität kein signifikant günstigeres Anregungsmilieu auf als die übrige Stichprobe.

Insgesamt erscheinen die Zusammenhänge zwischen Anregungsmilieu und verschiedenen kreativen Aspekten zeichnerischer Produktion relativ unbedeutend. Als Ausnahme muß nur der Aspekt der Elaboration angesehen werden, denn wahrscheinlich sind für die Entwicklung der zeichnerischen Artikulationsfähigkeit die materiellen Bedingungen wie Zeichen- und Bildmaterialien besonders bedeutsam.

Abschließend werden nun mögliche Zusammenhänge zwischen den visuellen Wahrnehmungs- und Intelligenzleistungen und dem Anregungsmilieu dargestellt.

Zwar konnte für die Fähigkeit zur *optischen* Farbunterscheidung keine Abhängigkeit vom Anregungsmilieu festgestellt werden, aber zwischen dem Anregungsmilieu und der Fähigkeit, Farben differenziert zu bezeichnen, besteht ein relativ enger positiver Zusammenhang (r_{pbis} = 0,31). Diese beiden Komponenten - richtiges optisches Unterscheiden bei mangelnder sprachlicher Differenzierung - wurden nochmals zusammengefaßt mit dem Anregungsmilieu verglichen. Folgerichtig ergibt sich ein eindeutig negativer Zusammenhang zwischen Anregungsmilieu und richtiger visueller bei mangelnder verbaler Differenzierung (r_{pbis} = 0,31). Kinder mit einem niedrigen Punktwert im Anregungsmilieu können also die Mehrzahl der Farbkarten richtig zuordnen, ohne die Farben entsprechend differenziert bezeichnen zu können.

Das Ergebnis verweist genau wie die entsprechenden Befunde schichtenspezifischer Unterschiede bei der Farbunterscheidung auf eine relative Unabhängigkeit optischer Wahrnehmungsleistungen von fördernden bzw. hemmenden Umweltfaktoren und - im Gegensatz dazu - auf weitgehende Abhängigkeit des Gebrauchs differenzierender Farbbezeichnungen vom Anregungspotential der familialen Sozialisation.

Zwischen dem Anregungsmilieu und den verschiedenen Tests zur Formdifferenzierung bestehen zum Teil signifikante Zusammenhänge (vgl. Tab. 5 im Anhang). Allerdings verweisen die Werte der Korrelationskoeffizienten zwischen r=0,16 und r=0,21 darauf, daß es sich hier nur um relativ schwach ausgeprägte Beziehungen handeln kann.

Das gleiche gilt auch für die beiden visuellen Intelligenztests: bei Koeffizienten von r=0,15 (CPM) und r=0,19 (CMM) ist davon auszugehen, daß nur ein sehr schwacher Einfluß des Anregungspotentials auf die Entwicklung des kognitiven Verhaltens im optischen Bereich wirksam ist.

Zusammenfassend ist festzustellen, daß der Punktwert für "Anregungsmilieu" offensichtlich einige für ästhetisches Verhalten relevante Aspekte der vorschulischen Sozialisationsbedingungen erfaßt. Der im Vergleich etwa zu schichtenspezifischem Sprachverhalten relativ geringe Einfluß dieser Anregungsmöglichkeiten sowohl auf die ästhetische Produktion wie auf die Wahrnehmungsleistungen scheint nicht durch mangelnde Validität des Punktwertes bedingt, da in dem einen Fall, in dem *verbale* Kompetenz geprüft wurde, auch eindeutige Korrelationen bestehen.

Die korrelationsstatistischen Berechnungen vermögen selbst zwar keinen Ursache-Wirkungszusammenhang aufzuzeigen, im Hinblick auf das Anregungsmilieu scheint es jedoch vertretbar, dieses als verursachenden Faktor zu interpretieren:

Offensichtlich ist ästhetisches Verhalten nicht in dem Maße von differenten Sozialisationsbedingungen abhängig wie das Sprachverhalten. Weder Umfang noch Darstellungsweise noch kreative Aspekte ästhetischer Produktion werden durch unterschiedliches Anregungsmilieu generell behindert bzw. gefördert. Eine Ausnahme besteht allerdings im Hinblick auf die Differenzierung der Bildzeichen. Die Qualität der Zeichnungen wird offensichtlich durch anregungsreiche Umwelt gefördert - Kinder, die wenig Anregungen und Gelegenheit zum Zeichnen haben, produzieren häufiger Zeichnungen, die noch der sogenannten "Kritzelstufe" zugerechnet werden können. Gleichzeitig verweist dieses Ergebnis damit auch auf die Beeinflußbarkeit sogenannter "Entwicklungsstufen" der Kinderzeichnungen durch äußere Faktoren wie etwa Sozialstatus und Anregungsmilieu.

5. Einige Prinzipien ästhetischen Verhaltens und erste didaktische Konsequenzen

Wie eingangs dargelegt (vgl. S. 19 ff.) wird "ästhetisches Verhalten" als theoretischer Beschreibungsbegriff für den Verhaltensbereich verwendet, auf den Ästhetische Erziehung in der Schule gerichtet ist. Er umfaßt sowohl produktive als auch wahrnehmende Verhaltensanteile, die in der empirischen Untersuchung mit Hilfe von Zeichenaufgaben und Tests operationalisiert wurden. Die dabei erfolgte Konkretisierung verschiedener Aspekte der zeichnerischen Produktion sowie bestimmter Wahrnehmungsleistungen bedingt zwangsläufig eine reduzierende Auswahl aus dem theoretisch umfassenderen Gesamtkomplex ästhetischen Verhaltens.

Das theoretische Konstrukt wurde zur zusammenfassenden Beschreibung komplexer empirischer Befunde postuliert, seine Gültigkeit muß sich darin erweisen, daß *generalisierbare* Prinzipien und Kategorien ästhetischen Verhaltens erfaßt wurden, die ihrerseits auf ihre Grundlagenfunktion für didaktische Entscheidungen zu überprüfen sind.

Im folgenden wird versucht, einige solcher Prinzipien oder Grundmuster ästhetischen Verhaltens aus den dargestellten Befunden zu extrahieren und auf ihre didaktische Valenz zu überprüfen. Die Angabe didaktischer Konsequenzen hat hier allerdings nur spekulativen und hypothetischen Charakter; eine handlungsorientierte Entwicklung und Erprobung von curricularen Entwürfen auf der Basis der vorliegenden Untersuchungsergebnisse stellt sich dann als notwendiger nächster Arbeitsschritt.

5.1 Bereichsspezifität ästhetischen Verhaltens

Die empirische Untersuchung des ästhetischen Verhaltens bezog sich vor allem auf verschiedene Aspekte zeichnerischer Produktion, einfache und komplexe Wahrnehmungsleistungen sowie einige kreative Aspekte zeichnerischer Produktion. Dabei erbrachte die Analyse der Ergebnisse, daß kein einheitlicher Leistungsstand in jeweils allen diesen Bereichen besteht; ästhetisches Verhalten ist vielmehr dadurch charakterisiert, daß in den verschiedenen Verhaltensbereichen sehr *unterschiedliche* Leistungen erbracht werden.

So zeigte sich *Problemsensitivität* weitgehend unabhängig von den anderen Aspekten des zeichnerischen Verhaltens (vgl. S. 148), während größere *Flexibilität* sowohl mit quantitativ wie qualitativ überdurchschnittlicher zeichnerischer Leistungsfähigkeit als auch mit besseren Wahrnehmungsleistungen verbunden ist (vgl. S. 163 und 166). Obgleich die Interkorrelation der verschiedenen Wahrnehmungsleistungen untereinander relativ gering ist (vgl. S. 173), konnten doch deutliche positive Zusammenhänge zwischen differenzierter *Wahrnehmung* und differenzierter zeichnerischer *Darstellung* nachgewiesen werden (vgl. S. 174). Entsprechend erwies sich bei wenig differenzierter optischer Unterscheidungsfähigkeit der zeichnerische Artikulationsgrad als geringer. Allerdings gelten diese Zusammenhänge nur für die sogenannten "einfachen" Wahrnehmungsleistungen und kaum für die Wahrnehmungsaufgaben, die logisch-schlußfolgerndes Denken erfordern. Zwischen der visuellen *Intelligenz* und der Differenziertheit zeichnerischer *Darstellung* bestehen, wenn überhaupt, nur sehr schwache Beziehungen (vgl. S. 179).

Mit Ausnahme des Aspekts der Flexibilität bestehen keine Zusammenhänge zwischen der visuellen *Intelligenz* und der *Kreativität*, die sich in der Verarbeitung der optischen Impulse zeigen konnte (Sensitivität) (vgl. S. 179).

Der kurze Überblick macht deutlich, daß zwar einerseits bestimmte Zusammenhänge zwischen einzelnen Bereichen des ästhetischen Verhaltens bestehen, daß aber andererseits keine generelle Disposition in bezug auf den Gesamtkomplex vorliegt. Geht man nun zunächst von diesem Faktum der bereichsspezifisch unterschiedlichen Kompetenz aus, so liegen Überlegungen nahe, diese vorhandenen Unterschiede unter einer primär kompensatorischen Zielsetzung aufzugreifen, zumal die aufgezeigten Interdependenzen bereits mögliche Ansatzpunkte für gezielte ausgleichende Förderung erkennen lassen.

Unter den vorliegenden Beiträgen zur Ästhetischen Erziehung in Vor- und Grundschule verfolgt insbesondere das Programm von SEITZ zur ästhetischen Elementarbildung (SEITZ 1974) dieses Konzept einer bereichsspezifischen Förderung. Für genau umschriebene Funktionsbereiche wie Wahrnehmung, Feinmotorik und "Bildsprache" werden orientiert an Feinzielkatalogen einzelne Aufgaben und Übungen vorgestellt. So werden etwa zur "Sensibilisierung der Wahrnehmung" die drei Bereiche "Sehen", "Tasten" und "Riechen" in Feinziele untergliedert, die je für sich in gesonderten Übungen kultiviert werden.

Die Problematik einer derart elementarisierten Funktionsschulung ist offensichtlich: die in einzelnen Übungsteilen vermittelten Erfahrungen tragen vermutlich zur *Differenzierung* der sinnlichen Wahrnehmung bei, eine sinnvolle *Integration* der einzelnen Teilaspekte bleibt jedoch ausgeklammert. Mit dieser Ausbildung isolierter und voneinander unabhängigen Fähigkeiten ist damit auch nicht mehr gesichert, daß ästhetisches Verhalten als ein komplexes, einander ergänzendes und unterstützendes "Bündel" von Fähigkeiten entwickelt werden kann.

Im Gegensatz zu SEITZ kommt daher ULMANN, im Zusammenhang einer *bedürfnisorientierten* Erziehung zur Kreativität argumentierend, zu der Forderung, daß die im Erziehungsprozeß problematisierten Inhalte grundsätzlich "vielschichtig" sein müssen. "Das heißt, sie müssen es ermöglichen, integrierte und inhaltlich gefüllte Fähigkeiten zu entwickeln, indem sie sinnliche, motorische, verbale *und* geistige Tätigkeiten herausfordern, und sie müssen den objektiven (elementaren, erkenntnisorientierten *und* sozialen) Bedürfnissen der zu Erziehenden entsprechen" (ULMANN 1974, S. 627).

Vordergründig besteht über die Art dieser möglichen Inhalte relative Übereinstimmung. So werden nach STAGUHN die auszuwählenden Themen durch die natürlichen Lebensbezüge des Vorschulkindes bestimmt. "Sie sollten in den kindlichen Erfahrungsbereich eingebettet sein" (STAGUHN 1970, S. 162). "Jedes angebotene Thema soll zur Bewußtseinserweiterung beitragen, auffordern, den Alltag, die Umwelt bewußter, intensiver, engagierter zu beobachten" (KAMPMANN 1974, S. 40). Auch nach KAISER sind die Motive der "phantastischen, mittelbaren, der naturhaft gewachsenen und der technisch zivilisatorischen Umwelt" (KAISER 1973, S. 13) der Kinder zu entnehmen, wobei er zu letzterer auch die durch Massenmedien vermittelte Realität zählt.

Verfolgt man die jeweiligen didaktischen Konzeptionen, die die Umwelt des Kindes zum Inhalt Ästhetischer Erziehung machen, bis in die konkreten Arbeitsvorschläge, so erweist sich jedoch, daß in Korrespondenz zur Zielsetzung der Autoren die Vielschichtigkeit der Probleme ganz wesentlich reduziert wird. Sowohl bei STAGUHN wie bei KAISER und KAMPMANN bleiben die sozialen Implikationen ausgeklammert, der Problemgehalt wird eingeschränkt auf die sogenannte "bildnerische Problemstellung" (KAISER 1973, S. 12; ebenso bei BURKHARDT 1971, S. 15), die Lösung des Problems erfolgt ausschließlich durch die individuelle *Darstellung* des angesprochenen Inhaltes. Damit wird unter einem einseitig interpretierten Fachverständnis die bereits von STAGUHN formulierte Forderung vernachlässigt, die Interessen und Bedürfnisse der Kinder zum Kriterium der Inhaltsentscheidungen zu machen, für die etwa das häufig genannte Thema "Familie" nicht allein durch die Darstellung der Familienmitglieder adäquat problematisiert wird, wenn dabei soziale und emotionale Abhängigkeiten, Konkurrenzen und Konflikte nicht thematisiert werden können.

Wenn, wie eingangs gezeigt, prinzipiell *vielschichtige* Inhalte zur Entwicklung ästhetischen Verhaltens geeignet erscheinen, müssen reale Probleme aus der unmittelbaren bzw. der durch Medien vermittelten Umwelt der Kinder thematisiert werden. Diese sollten die Chance enthalten, auf möglichst vielen Ebenen mit unterschiedlichen Bearbeitungsverfahren zu korrespondieren, auch wenn sie dann nicht in jedem Fall auf ästhetisches Verhalten im engeren Sinne zu begrenzen sind (vgl. dazu das Beispiel "Wohnen" in STAUDTE 1975, S. 54 ff.).

5.2 Situations- und Materialabhängigkeit ästhetischen Verhaltens

Da ästhetisches Verhalten sich grundsätzlich in Auseinandersetzung mit sinnlich wahrnehmbaren Objekten und Phänomenen vollzieht, ist der Einfluß situativer Momente für diesen Verhaltensbereich konstitutiv immer gegeben.

Bei der Anlage der vorliegenden empirischen Untersuchung wurde im Interesse der Vergleichbarkeit der Ergebnisse versucht, sowohl die Untersuchungssituation als auch das Materialangebot weitgehend zu standardisieren. Obgleich dennoch etwa durch die verschiedenen als Testleiter arbeitenden Bezugspersonen und die je unterschiedliche individuelle psychische und soziale Situation des einzelnen Kindes der in der Testsituation aktualisierte Leistungsstand mit beeinflußt worden ist, können hier nur die durch die Untersuchungsverfahren selbst determinierten Bedingungen als situative Faktoren im engeren Sinne berücksichtigt werden.

So konnte sich ästhetisches Verhalten in der dargestellten Untersuchung nur in dem durch die einzelnen Untersuchungsverfahren bereits vorbestimmten Rahmen aktualisieren - sowohl die Aufgabenstellung wie die zur Lösung möglichen Mittel waren eng begrenzt. Die relativ geringe Interkorrelation der verschiedenen Aspekte ästhetischen Verhaltens untereinander ist vermutlich zum Teil auf diese ausgesprochen testspezifische Leistungserfassung zurückzuführen.

Da diese Situation kaum mit sonstigen schulischen oder außerschulischen Bedingungen für ästhetisches Verhalten vergleichbar und auch kaum als sinnvolles Lernarrangement unter pädagogischer Zielsetzung wünschenswert ist, soll versucht werden, nun in Abgrenzung zur dargestellten Untersuchungssituation einige didaktisch nutzbare situative Momente zu charakterisieren.

Als konträres Gegenmodell wäre zunächst ein möglichst wenig vorstrukturierendes, anregungs- und materialreiches Lernagebot denkbar; ein "Freiraum", in dem sich jedes Kind nach seinen Möglichkeiten und Interessen individuell oder zusammen mit anderen seine Tätigkeiten frei wählt.

Dieser gerade unter dem Gesichtspunkt der Kreativitätserziehung vorgeschlagene Weg, dem Kind grundsätzlich alle Freiheit und Sicherheit zu geben und ebenso grundsätzlich alles, was vom üblichen abweicht, zu belohnen, kann nach ULLMANNs jüngster Analyse der notwendigen Bedingungen kreativer Problemlösungen so allgemein nicht empfohlen werden, weil dabei "Freiheit" lediglich "Beliebigkeit" bedeutet (ULMANN 1974, S. 626). Zudem besteht bei einem derart offenen Lernarrangement die Gefahr, daß jedes Kind nur seine bereits verfügbaren Verhaltensweisen (Problemlösungsstrategien) aktualisieren, üben und bis zu einer gewissen "Sättigung" festigen kann, neue, weiterführende Probleme jedoch nicht oder nur zufällig so weit präzisiert werden, daß daran neue Lösungsmöglichkeiten erprobt werden können.

"Je geringer der Ausschnitt gesellschaftlicher Realität ist, den sich ein Individuum angeeignet hat, um so größer wird die Unfähigkeit des Individuums sein, seine Tätigkeit - die von seinen entsprechend noch unentwickelten Bedürfnissen ausgeht - auf dem Niveau gesellschaftlicher Erkenntnisse und den gesellschaftlichen Normen entsprechend auszuführen. Deshalb kann es unter bestimmten Bedingungen eher zynisch denn erzieherisch sein, wenn die zu Erziehenden sich selbst überlassen werden, damit sie sich nach ihren Bedürfnissen verhalten mögen" (ULMANN 1974, S. 626).

Zusammen mit den unter dem Gesichtspunkt der Bereichsspezifität ästhetischen Verhaltens angestellten Überlegungen führt dieser Einwand zu der Folgerung, daß zur Förderung ästhetischen Verhaltens Lernsituationen geschaffen werden müssen, die einerseits komplex und vielschichtig sind, andererseits aber durch abgrenzende und präzisierende Planung so vorstrukturiert sind, daß das Problemfeld für Kinder im Vorschulalter überschaubar und entsprechend ihren Bedürfnissen lösbar wird. Diese strukturierende Hilfe des Lehrenden kann sich vor allem in der vorbereitenden Auswahl des Materials konkretisieren. Da es nicht beliebig ist, mit welchen Mitteln bestimmte Inhalte vorgestellt, verändert oder dargestellt werden, ist diese problemorientierte Begrenzung aus der jeweiligen Ziel-Inhalts-Relation zu begründen. Eine schematische Kultivierung bestimmter Arbeitsverfahren oder bestimmter Formenrepertoires, wie sie häufig verallgemeinernd als Grundlehre oder "Grundkurs" (KAMPMANN 1974) angeboten werden, ist nicht zu rechtfertigen. Wie die Untersuchung ergeben hat, ist jedoch insbesondere der Artikulationsgrad der Bildzeichen abhängig von einem reichhaltigen Anregungsmilieu (vgl. S. 201), so daß bei den in einer Vorschulklasse generell vergleichsweise günstigen Bedingungen an Lern- und Spielmaterialien grundsätzlich die materiellen Voraussetzungen für die Entwicklung differenzierter Darstellungsformen gegeben sind.

Die notwendige Konkretisierung dieser allgemeinen Vorschläge kann jedoch nur in einzelnen, problembezogenen Projekten erprobt und variiert werden, die die spezifischen Voraussetzungen einer bestimmten Kindergruppe in den verschiedenen Bereichen ästhetischen Verhaltens ebenso berücksichtigen wie aktuelle Bedingungen und Bedürfnisse der Lerngruppe.

5.3 Entwicklungsverlauf und Entwicklungsabhängigkeit ästhetischen Verhaltens

Der Entwicklungsverlauf einzelner Aspekte des ästhetischen Verhaltens wurde weitgehend als Prozeß zunehmender *Differenzierung* gekennzeichnet. Dies gilt sowohl für den Bereich der zeichnerischen Produktion wie für die untersuchten Wahrnehmungsleistungen: So wurden bei der Analyse der Kinderzeichnungen insbesondere die differenzierte Verwendung mehrerer Farben und verschiedener grafischer Mittel untersucht (vgl. S. 126 ff.), verschiedene kompositorische Differenzierungstendenzen unterschieden (vgl. S. 137 ff.) und die "Qualität" der Zeichnungen nach dem Differenzierungsgrad der einzelnen Bildzeichen eingeschätzt (vgl. S. 141 ff.).

Für den Bereich der sogenannten einfacheren Wahrnehmungsleistungen wurde die Fähigkeit zur optischen wie verbalen Farbunterscheidung sowie die Formdifferenzierung festgestellt (vgl. S. 167 ff.), und auch die visuellen Intelligenztests setzen in nicht unerheblichem Maße die Fähigkeit zur differenzierten einzelheitlichen Wahrnehmung voraus (vgl. S. 99 ff.). Gerade die kognitiven Leistungen im optischen Bereich sind jedoch ohne ergänzende strukturierende und integrierende Wahrnehmungsleistungen nicht lösbar, und auch die verschiedenen Formen der Bildordnung wie der Artikulation einzelner Bildzeichen verweisen auf die notwendig mit dem Differenzierungsprozeß zu verbindende *Integration* des jeweiligen Formenbestandes.

Wiederum verbietet sich unter diesem Gesichtspunkt eine ausschließlich auf Differenzierung des ästhetischen Verhaltens gerichtete Funktionsschulung, wie sie am Beispiel der "Ästhetischen Elementarbildung" von SEITZ (1974) kurz dargestellt wurde. Die Integration und Anwendung differenzierter Verhaltensweisen ist wiederum optimal nur in einem problemorientierten, komplexen Inhaltsgefüge erreichbar, für das die Kriterien projektorientierten Lernens wenigstens annähernd zutreffen (vgl. OTTO 1974, S. 218 ff.).

Die *Entwicklungsabhängigkeit* ästhetischen Verhaltens scheint vordergründig durch das Fehlen von ausschließlich altersbedingten Leistungsunterschieden in allen untersuchten Aspekten des ästhetischen Verhaltens innerhalb der Jahrgangsgruppe der Fünf- bis Sechsjährigen stark relativiert (vgl. S. 183 f.). Eine ausschließlich "reifebedingte" Entwicklung der für ästhetisches Verhalten relevanten Faktoren konnte innerhalb der Spannbreite eines Schülerjahrganges nicht festgestellt werden. Demgegenüber verweisen die Ergebnisse zum sozialisationsbedingten Entwicklungsstamd (vgl. S. 185 ff.) auf eine sehr weitgehende Beeinflußbarkeit der Entwicklung des ästhetischen Verhaltens durch "äußere" Faktoren wie Geschlecht, Sozialstatus und Anregungsmilieu. Im Hinblick auf didaktische Implikationen erscheint diese Ergebnislage jedoch bei genauerer Analyse eher vorteilhaft, da einer Orientierung am "altersgemäßen" Entwicklungsstand pädagogisch häufig eine affirmative Funktion zukommt, die Analyse der die Entwicklung bedingenden "äußeren" Faktoren hingegen Aufschluß über mögliche Variabilität und somit auch Beeinflußbarkeit des ästhetischen Verhaltens geben kann.

Eine kurze Zusammenfassung der sozialisationsbedingten Einflüsse auf den Entwicklungsstand des ästhetischen Verhaltens ergibt folgendes Bild:

Während das zeichnerische Verhalten wie auch die erfaßten kreativen Aspekte zeichnerischer Produktion nahezu unbeeinflußt von Sozialstatus und Anregungsmilieu erscheinen, war für den Bereich der visuellen Wahrnehmungsleistungen eine deutliche Benachteiligung der "Unterschichtkinder" festzustellen (vgl. S. 197 und 202 f.). Offensichtlich ist die Entwicklung des ästhetischen Verhaltens insgesamt nicht in dem Maße von unterschiedlichen Sozialisationsbedingungen abhängig wie die Sprachentwicklung.

Wie weit dennoch auch das ästhetische Verhalten von äußeren Verhaltenserwartungen beeinflußt wird, belegen hingegen die festgestellten geschlechtsspezifischen Unterschiede sehr nachdrücklich. Zwar bestehen entgegen den Hypothesen weder im Differenzierungsgrad der Bildzeichen noch für die differenzierten Formen der Bildordnung geschlechtsspezifische Unterschiede, im übrigen entsprechen jedoch Jungen und Mädchen im Vorschulalter bereits in sehr charakteristischen Punkten sowohl allgemeinen Geschlechtsrollenstereotypen, die die inhaltlichen Interessenschwerpunkte betreffen, als auch den ganz spezifischen, in der Literatur immer wieder tradierten Verhaltenserwartungen, daß Mädchen farbiger, dekorativer, detailreicher zeichnen als Jungen (vgl. S. 192 f.). Die Annahme, daß die festgestellten Unterschiede nicht auf anlagebedingten geschlechtsspezifischen Faktoren beruhen, sondern als Ergebnis bereits erfolgter Übernahme sozialer Verhaltenserwartungen zu interpretieren sind, wird durch die Elternbefragung bestätigt (vgl. S. 189 ff.). Die beobachteten Unterschiede im ästhetischen Verhalten von Jungen und Mädchen können also als Hinweis auf die Möglichkeit sehr weitreichender ganz spezifischer Einflußnahmen gewertet werden.

Welche Konsequenzen angesichts der ebenfalls für nahezu jeden einzelnen Aspekt belegten interindividuellen *Spannbreite* des ästhetischen Verhaltens aus dieser generellen Möglichkeit gezogen werden, ist allerdings nur im Kontext einer dezidierten Zielperspektive der Ästhetischen Erziehung möglich. Entsprechend der in der gesamten Schule vorherrschenden Orientierung an den "Altersnormen" der Jahrgangsklasse erfolgt im gegenwärtigen Unterricht der Vor- und Grundschule wohl eher eine zunehmende Angleichung der ästhetischen Produktion sowohl hinsichtlich der quantitativen wie auch der strukturellen Aspekte an einen gruppenspezifischen "Durchschnittswert". Demgegenüber wäre zu prüfen, ob die aufgezeigte Spannbreite des ästhetischen Verhaltens nicht im Rahmen eines differenzierten und teilweise arbeitsteilig organisierten Gruppenunterrichts erhalten und positiv genutzt werden könnte.

Die am Beispiel der Geschlechtsrollenstereotype nachgewiesene Beeinflußbarkeit sowohl der Interessenbildung wie der Darstellungsformen ist jedoch zumindest ambivalent zu beurteilen, da sie zwar die Chance für eine gezielte Entwicklung des ästhetischen Verhaltens eröffnet, gleichzeitig aber auch die *Manipulierbarkeit* dieses Verhaltenskomplexes belegt. Eine solche "Prägung" der ästhetischen Ausdrucksmöglichkeiten einer Lerngruppe durch die Form- und Darstellungsintentionen des Lehrenden wird etwa aus der Dokumentation der Unterrichtsergebnisse bei DENKER sichtbar (DENKER 1972), und Vertreter der BRITSCH-Schule belegen mit ihren Unterrichtsbeispielen, wie eine bestimmte Theorie den "Stil" der Kinderzeichnungen präformieren kann.

Dies kann bei aller erforderlichen Vorstrukturierung und Planung von Lernprozessen sicher nicht Ziel Ästhetischer Erziehung sein. Tendenziell sollten hier vielmehr Kanalisierungen abgebaut bzw. verhindert werden, um nicht stereotyp erwartbare Lösungen, sondern die jeweils *problembezogen* sinnvollsten Formen der Darstellung zu fördern. Die hier anzuschließenden konkreten curricularen Entscheidungen über Ziele und Teilziele Ästhetischer Erziehung in der Vorschule sind aber wiederum nur in genau definierten Projekten überprüfbar. Wie eingangs bereits akzentuiert (vgl. S. 205), ist dies der notwendige nächste Arbeitsschritt, nachdem mit der vorliegenden Untersuchung über Eingangsvoraussetzungen des ästhetischen Verhaltens von Vorschulkindern einige grundsätzliche Ergebnisse erbracht werden konnten. Darüber hinaus wurden jedoch im Verlauf der Arbeit weitere Defizite und Ansätze für weitere Forschung deutlich, die im folgenden abschließend kurz zusammengestellt werden sollen:

5.4 Offene Fragen – Ansätze für weiterführende Forschung

o *Ästhetisches Verhalten und Sprache*
Die in den Untersuchungsprotokollen stichwortartig festgehaltenen Erläuterungen der Kinder zu ihren Zeichnungen lassen erkennen, daß von der zeichnerischen Produktion häufig eine starke Motivation zur verbalen Kommunikation über diese praktische Tätigkeit ausgelöst wird. Sowohl die erklärende Interpretation des eigenen Verhaltens wie die sich daraus entwickelnde personale Interaktion sind für den Lernprozeß in der Institution "Schule" von entscheidender Bedeutung, zumal hier in der Regel nicht einzeln, sondern in Gruppen gelernt wird.

o *Spezifische Funktionen von individuellem Lernen und dem Lernen in Gruppen im ästhetischen Bereich*
An die vorangehende Überlegung schließt die Frage nach den spezifischen Funktionen von individuellem und kooperativem Lernen direkt an, da gerade im Rahmen Ästhetischer Erziehung bisher die individuelle ästhetische Produktion breiten Raum einnimmt. Hier wäre detailliert zu untersuchen, ob und in welchem Umfang individuelle Leistungsfähigkeit als Voraussetzung für kooperative Arbeitsformen zunächst entwickelt werden muß, und in welchen Bereichen des ästhetischen Verhaltens individuelle Lernprozesse durch kommunikative Lernformen ergänzt oder ersetzt werden können oder sollten.

o *Motivationale Aspekte ästhetischen Verhaltens*
Die häufig angenommene und auch in dieser Untersuchung beobachtete motivierende Funktion insbesondere der ästhetischen *Produktion* ist zu prüfen und auf ihre spezifischen Wirkungszusammenhänge zu untersuchen, um diese innerhalb des Gesamtkomplexes der Ästhetischen Erziehung gezielt und begründet einordnen zu können.

o *Übertragbarkeit der Ergebnisse auf andere Altersstufen*
Die vorliegenden Ergebnisse beruhen auf einer einmaligen Querschnittuntersuchung zu Beginn der Vorschule. Inwieweit die hier aufgezeigten Tendenzen ästhetischen Verhaltens in ihrer Struktur und ihrer Abhängigkeit von bedingenden Faktoren auf andere Altersstufen übertragbar sind, ist in speziellen Zusatzuntersuchungen zu überprüfen.

Anhang

Verzeichnis der Abbildungen

Verzeichnis der Tabellen

Tab. 1: Ästhetische Produktion der gesamten Untersuchungsgruppe (n = 225)

	Anzahl der Kinder, die ein entsprechendes ästhetisches Verhalten zeigen bei					
	Impuls 1		Impuls 2		Impuls 3	
Bildn.Mittel						
1 Farbe	64	28,4%	72	32,0%	70	31,1%
2-3 Farben	80	35,6%	81	36,0%	81	36,0%
+ 3 Farben	154	68,4%	134	59,6%	136	60,4%
Strichzeichnung	79	35,1%	93	41,3%	89	39,6%
Mischtyp	152	67,6%	137	60,9%	137	60,9%
fleckhafte Z.	54	24,0%	47	20,9%	48	21,3%
Inhalte						
gegenständl.Z.	173	76,9%	141	62,7%	128	56,9%
"Muster"	18	8,0%	22	9,8%	29	22,9%
"Unvermögen"	35	15,6%	41	18,2%	47	20,9%
Bildordnung						
1 Bildzeichen	121	53,8%	119	52,9%	117	52,0%
2-3 Bildzeichen	95	42,2%	91	40,4%	95	42,2%
+ 3 Bildzeichen	65	28,9%	57	25,3%	57	25,3%
Streuung	72	32,0%	48	21,3%	58	25,8%
Grundlinie	39	17,3%	44	19,6%	37	16,4%
Steilbild	40	17,8%	34	15,1%	38	16,9%
inhaltl. Zus.	46	20,4%	57	25,3%	51	22,7%
Artikulationsgrad						
keine Grundform	51	22,7%	59	26,2%	75	33,3%
Grundform	123	54,7%	129	57,3%	119	52,9%
Grundf.u.Attribute	90	40,0%	70	31,1%	63	28,0%
höchster Diff.grad	25	11,1%	20	8,9%	17	7,6%
Verarbeitung der optischen Impulse						
Impuls integriert	139	61,8%	115	78,7%	166	73,8%
Impuls beachtet	44	19,6%	9	4,0%	17	7,6%
Impuls verwendet	20	8,9%	14	6,2%	20	8,9%
Blatt gedreht	87	38,7%	69	30,7%	42	18,7%

Tab. 2: Zusammenhänge zwischen quantitativen und qualitativen Aspekten ästhetischer Produktion (Punktbiseriale Korrelationskoeffizienten)

	Anzahl der Zeichnungen bei		
	Impuls 1	Impuls 2	Impuls 3
Bildn.Mittel			
1 Farbe	0,35 ss	0,42 ss	0,38 ss
2-3 Farben	0,40 ss	0,25 ss	0,26 ss
+ 3 Farben	ns	ns	ns
Strichzeichnung	0,36 ss	0,38 ss	0,28 ss
Mischtyp	0,12 s	ns	ns
fleckhafte Z.	0,12 s	0,12 s	ns
Inhalte			
gegenständl.Z.	0,14 s	ns	ns
"Muster"	ns	0,13 s	0,11 s
"Unvermögen"	ns	ns	ns
Bildordnung			
1 Bildzeichen	0,28 ss	0,27 ss	0,36 ss
2-3 Bildzeichen	0,23 ss	0,25 ss	0,17 ss
+ 3 Bildzeichen	ns	ns	0,11 s
Streuung	ns	ns	ns
Grundlinie	ns	0,13 s	ns
Steilbild	0,21 ss	0,15 s	ns
inhaltl. Zus.	0,21 ss	0,12 s	ns
Artikulationsgrad			
keine Grundform	0,21 ss	0,18 ss	0,27 ss
Grundform	0,17 ss	0,16 ss	ns
Grundf.u.Attribute	0,27 ss	0,21 ss	0,15 s
höchster Diff.grad	ns	0,24 ss	ns
Verarbeitung der optischen Impulse			
Impuls integriert	0,16 ss	0,17 ss	ns
Impuls beachtet	0,18 ss	ns	ns
Impuls verwendet	0,12 s	0,30 ss	0,25 ss
Blatt gedreht	0,25 ss	0,36 ss	0,22 ss

Tab. 3: Zusammenhänge zwischen quantitativen und qualitativen Aspekten ästhetischer Produktion (Punktbiseriale Korrelationskoeffizienten)

	Arbeitszeit bei		
	Impuls 1	Impuls 2	Impuls 3
Bildn.Mittel			
1 Farbe	0,11 s	ns	0,18 ss
2-3 Farben	ns	ns	ns
+ 3 Farben	0,28 ss	0,35 ss	0,39 ss
Strichzeichnung	0,12 s	0,11 s	0,20 ss
Mischtyp	ns	0,17 ss	0,24 ss
fleckhafte Z.	0,27 ss	0,29 ss	0,18 ss
Inhalte			
gegenständl.Z.	ns	ns	0,17 ss
"Muster"	0,21 ss	0,14 s	0,23 ss
"Unvermögen"	ns	ns	ns
Bildordnung			
1 Bildzeichen	0,14 s	ns	ns
2-3 Bildzeichen	ns	0,11 s	0,16 s
+ 3 Bildzeichen	0,25 ss	0,30 ss	0,26 ss
Streuung	0,17 ss	0,16 ss	0,13 s
Grundlinie	0,13 s	0,24 ss	ns
Steilbild	0,15 ss	0,11 s	ns
inhaltl. Zus.	0,26 ss	ns	ns
Artikulationsgrad			
keine Grundform	0,11 s	ns	ns
Grundform	ns	ns	ns
Grundf.u.Attribute	ns	0,14 s	0,14 s
höchster Diff.grad	0,23 ss	0,37 ss	0,28 ss
Verarbeitung der optischen Impulse			
Impuls integriert	ns	ns	ns
Impuls beachtet	0,20 ss	ns	ns
Impuls verwendet	0,12 s	0,15 ss	ns
Blatt gedreht	0,20 ss	0,27 ss	ns

Tab. 4: Kennwerte der quantitativen Variablen (n = 225)

Variable	Nr.	Mittelwert	Streuung
Anregungsmilieu	1	8,2	2,2
CMM	2	59,3	9,7
CPM	3	18,1	4,1
FST	4	1,1	1,0
Alter	5	70,6	4,3
Farbtest zeigen	6	9,6	0,7
Farbtest benutzen	7	6,9	2,2
Farbt.r.zeig, f.ben.	8	1,0	1,8
Augen-Hand-Koordination	9	23,1	5,9
Figur-Grund-Untersch.	10	14,0	4,8
Formkonstanz	11	8,0	3,8
Räumliche Lage	12	5,2	1,8
Räumliche Beziehungen	13	3,8	2,1
Anzahl d.Z. 1. Impuls	14	2,2	1,6
Arbeitszeit 1. Impuls	15	19,8	15,1
Anzahl d.Z. 2. Impuls	16	2,0	1,8
Arbeitszeit 2. Impuls	17	14,8	14,0
Anzahl d.Z. 3. Impuls	18	2,0	1,5
Arbeitszeit 3. Impuls	19	13,2	11,1

Tab. 5: Interkorrelationsmatrix der quantitativen Variablen
(Koeffizienten der Produkt-Moment-Korrelation)

Variable Nr.	1	2	3	4	5	6	7	8	9	10	11	12	13	14	15	16	17	18
2	0,19 ss																	
3	0,15 s	0,17 ss																
4	0,21 ss	0,40 ss	0,28 ss															
5	ns	ns	ns	ns														
6	ns	0,18 ss	ns	0,14 s	ns													
7	0,31 ss	0,26 ss	ns	0,24 ss	ns	0,30 ss												
8	-0,31 ss	ns	ns	-0,20 ss	ns	-0,16 ss	-0,77 ss											
9	0,16 s	ns	0,13 s	ns	ns	0,19 ss	0,14 s	-0,14 s										
10	0,17 ss	0,36 ss	0,34 ss	0,42 ss	ns	0,23 ss	0,30 ss	-0,22 ss	0,35 ss									
11	0,16 s	0,34 ss	0,23 ss	0,32 ss	ns	ns	0,18 ss	ns	0,34 ss	0,45 ss								
12	ns	0,37 ss	0,22 ss	0,24 ss	ns	ns	0,22 ss	-0,17 ss	0,16 s	0,45 ss	0,38 ss							
13	ns	0,36 ss	0,41 ss	0,47 ss	ns	0,15 s	0,19 ss	-0,13 s	0,20 ss	0,51 ss	0,40 ss	0,47 ss						
14	ns	ns	ns	ns	ns	0,13 s	ns	ns	ns	ns	ns	ns	ns					
15	0,14 s	ns	ns	ns	ns	ns	ns	ns	ns	ns	ns	ns	ns	0,37 ss				
16	ns	ns	ns	ns	ns	-0,17 ss	ns	ns	ns	ns	ns	ns	0,14 s	0,56 ss	0,29 ss			
17	0,17 ss	ns	ns	ns	ns	ns	ns	ns	-0,16 s	ns	ns	ns	ns	0,15 s	0,49 ss	0,47 ss		
18	ns	ns	ns	-0,15 s	-0,15 s	-0,16 s	ns	ns	ns	ns	ns	ns	ns	0,40 ss	0,11 s	0,52 ss	ns	
19	ns	ns	ns	ns	ns	ns	ns	ns	ns	ns	ns	ns	ns	ns	0,40 ss	0,16 ss	0,44 ss	0,33 ss
Variable Nr.	1	2	3	4	5	6	7	8	9	10	11	12	13	14	15	16	17	18

Tab. 6: Zusammenhänge zwischen Flexibilität und Geschlecht, Sozialstatus und ästhetischer Produktion

	Chi²-Werte	Signifikanzniveau 1)
Geschlecht	3,7	s
Sozialstatus	2,4	ns

	Flexibilität bei					
	Impuls 1		Impuls 2		Impuls 3	
ästhet.Produktion	Chi²-Wert	Signifikanzniveau 1)	Chi²-Wert	Signifikanzniveau	Chi²-Wert	Signifikanzniveau
Bildn.Mittel						
1 Farbe	0,0	ns	9,5	ss	0,1	ns
2-3 Farben	0,5	ns	6,7	ss	4,5	s
+ 3 Farben	3,2	ns	2,7	ns	2,4	ns
Strichzeichnung	0,0	ns	6,1	ss	4,8	s
Mischtyp	0,2	ns	0,3	ns	0,1	ns
fleckhafte Z.	2,5	ns	10,0	ss	3,9	s
Inhalte						
gegenständl.Z.	2,4	ns	3,3	ns	0,9	ns
"Muster"	0,3	ns	0,5	ns	8,6	ss
"Unvermögen"	0,6	ns	1,2	ns	0,0	ns
Bildordnung						
1 Bildzeichen	4,7	s	3,2	ns	0,2	ns
2-3 Bildzeichen	0,0	ns	2,7	ns	3,7	s
+ 3 Bildzeichen	1,1	ns	0,0	ns	0,5	ns
Streuung	0,1	ns	0,1	ns	1,8	ns
Grundlinie	0,0	ns	1,2	ns	0,1	ns
Steilbild	0,0	ns	3,3	ns	4,5	s
inhaltl. Z.	0,5	ns	1,5	ns	0,0	ns
Artikulationsgrad						
keine Grundform	0,2	ns	3,3	ns	0,9	ns
Grundform	6,4	ss	0,2	ns	0,2	ns
Grundf.u.Attribute	6,9	ss	10,2	ss	6,8	ss
höchster Diff.grad	3,8	s	6,4	ss	4,4	s
Verarbeitung der Optischen Impulse						
Impuls integriert	2,0	ns	(alle integriert)		1,7	ns
Impuls beachtet	5,1	s	(keiner beachtet)		0,1	ns
Impuls verwendet	(keiner verwendet)		2,6	ns	0,0	ns
Blatt gedreht	5,3	s	18,1	ss	0,4	ns

----

1) Signifikanzniveau bei 1 Freiheitsgrad

Tab. 7: Mittelwertsvergleich der metrisch skalierten Variablen für Flexibilitäts- und Restgruppe

	Flexibilitätsgruppe n = 21		Restgruppe n = 204		Signifikanz der Mittelwertsunterschiede
	Mittelwert	Streuung	Mittelwert	Streuung	
Anzahl der Zeichnungen					
bei Impuls 1	3,5	2,0	2,0	1,5	ss
Impuls 2	4,8	2,5	1,7	1,4	ss
Impuls 3	3,4	1,8	1,8	1,4	ss
Arbeitszeit					
bei Impuls 1	29,0	22,2	18,8	13,9	ss
Impuls 2	31,0	26,3	13,1	11,0	ss
Impuls 3	20,3	16,2	12,4	10,2	s
Farbtest					
Farben zeigen	9,6	0,7	0,6	0,7	ns
F. benennen	8,0	1,6	6,8	2,2	s
r.zeig.,f.ben.	0,4	0,9	1,1	1,9	ss
f.zeig.,r.ben.	0,0	0,2	0,1	0,3	ns
f.zeig.,f.ben.	0,4	0,7	0,3	0,6	ns
FROSTIG-Test					
Augen-Hand-Ko.	20,3	6,0	23,4	5,8	s
Figur-Grund-U.	16,5	3,4	13,7	4,9	s
Formkonstanz	9,1	3,6	7,9	3,8	ns
räuml.Lage	5,8	1,7	5,2	1,8	ns
räuml.Beziehg.	5,3	1,6	3,6	2,1	ss
FST	1,6	0,7	1,1	1,0	s
CPM	18,6	3,9	18,1	4,1	ns
CMM	64,6	6,1	58,8	9,8	ss
Alter	69,1	4,4	70,8	4,3	ns
Anregungsmilieu	8,8	1,9	8,1	2,2	ns

Tab. 8: Zusammenhänge zwischen Farbunterscheidung und Farbverwendung und Artikulationsgrad beim Zeichnen (Punktbiseriale Korrelationskoeffizienten)

zeichnerisches Verhalten	Farben zeigen	diff. benennen	richtig zeigen falsch benennen
<u>1 Farbe</u>			
bei Impuls 1	-0,22 ss	-0,18 ss	ns
Impuls 2	-0,21 ss	-0,12 s	0,12 s
Impuls 3	-0,29 ss	-0,19 ss	0,17 s
<u>2-3 Farben</u>			
bei Impuls 1	ns	ns	ns
Impuls 2	ns	ns	ns
Impuls 3	ns	ns	ns
<u>+ 3 Farben</u>			
bei Impuls 1	0,15 s	0,16 s	ns
Impuls 2	ns	0,12 s	-0,16 ss
Impuls 3	0,14 s	0,23 ss	-0,20 ss
<u>keine Grundform</u>			
bei Impuls 1	ns	-0,20 ss	0,19 ss
Impuls 2	ns	-0,18 ss	0,17 ss
Impuls 3	ns	-0,14 s	0,20 ss
<u>Grundform</u>			
bei Impuls 1	ns	ns	ns
Impuls 2	ns	ns	ns
Impuls 3	ns	ns	ns
<u>Grundf.u.Attrib.</u>			
bei Impuls 1	ns	0,22 ss	-0,20 ss
Impuls 2	ns	0,18 ss	-0,14 s
Impuls 3	ns	0,21 ss	-0,21 ss
<u>höchste Diff.</u>			
bei Impuls 1	ns	ns	ns
Impuls 2	ns	ns	ns
Impuls 3	ns	ns	ns

Tab. 9: Zusammenhänge zwischen Alter und ästhetischer Produktion (Punktbiseriale Korrelationskoeffizienten)

	Impuls 1	Impuls 2	Impuls 3
Bildn.Mittel			
1 Farbe	ns	ns	ns
2-3 Farben	ns	ns	ns
+ 3 Farben	ns	ns	ns
Strichzeichnung	-0,11 s	ns	ns
Mischtyp	ns	ns	ns
fleckhafte Z.	ns	ns	ns
Inhalte			
gegenständl.Z.	ns	ns	ns
"Muster"	ns	ns	ns
"Unvermögen"	ns	-0,13 s	ns
Bildordnung			
1 Bildzeichen	ns	ns	ns
2-3 Bildzeichen	ns	ns	ns
+ 3 Bildzeichen	ns	ns	ns
Streuung	ns	ns	ns
Grundlinie	ns	ns	ns
Steilbild	ns	ns	ns
inhaltl. Zus.	ns	ns	ns
Artikulationsgrad			
keine Grundform	ns	ns	-0,11 s
Grundform	ns	ns	ns
Grundf.u.Attribute	ns	0,11 s	ns
höchster Diff.grad	0,11 s	ns	ns
Verarbeitung der optischen Impulse			
Impuls integriert	ns	ns	ns
Impuls beachtet	ns	ns	0,11 s
Impuls verwendet	ns	ns	ns
Blatt gedreht	ns	ns	ns

Tab. 10: Zusammenhänge zwischen Geschlecht und ästhetischer Produktion (Kontingenzkoeffizienten)

	Impuls 1	Impuls 2	Impuls 3
Bildn.Mittel			
1 Farbe	0,27 ss	0,20 s	0,31 ss
2-3 Farben	ns	0,20 s	ns
+ 3 Farben	0,24 ss	0,36 ss	0,39 ss
Strichzeichnung	ns	0,24 ss	0,19 s
Mischtyp	ns	0,21 s	0,26 ss
fleckhafte Z.	ns	ns	ns
Inhalte			
gegenständl.Z.	ns	ns	ns
"Muster"	0,21 s	0,19 s	0,19 s
"Unvermögen"	ns	ns	ns
Bildordnung			
1 Bildzeichen	0,21 s	0,19 s	0,19 s
2-3 Bildzeichen	ns	ns	ns
+ 3 Bildzeichen	ns	ns	0,27 ss
Streuung	0,20 s	ns	0,31 ss
Grundlinie	ns	ns	ns
Steilbild	ns	ns	ns
inhaltl. Zus.	ns	ns	ns
Artikulationsgrad			
keine Grundform	ns	ns	ns
Grundform	ns	ns	ns
Grundf.u.Attribute	ns	ns	ns
höchster Diff.grad	ns	ns	ns
Verarbeitung der optischen Impulse			
Impuls integriert	ns	ns	ns
Impuls beachtet	0,20 s	ns	ns
Impuls verwendet	ns	ns	ns
Blatt gedreht	ns	ns	ns

Tab. 11: Mittelwertsvergleich der metrisch skalierten Variablen für die beiden Geschlechtsgruppen

	Jungen n = 120		Mädchen n = 105		Signifikanz der Mittelwerts-unterschiede
	Mittelwert	Streuung	Mittelwert	Streuung	
Anzahl der Zeichnungen					
bei Impuls 1	2,1	1,7	2,2	1,5	ns
Impuls 2	1,9	1,6	2,1	1,9	ns
Impuls 3	2,0	1,6	2,0	1,3	ns
Arbeitszeit					
bei Impuls 1	18,1	15,3	21,7	14,8	ns
Impuls 2	12,6	11,3	17,4	16,3	ss
Impuls 3	11,3	10,0	15,3	11,9	ss
Farbtest					
Farben zeigen	9,5	0,8	9,7	0,6	s
F. benennen	6,8	2,2	7,0	2,1	ns
r.zeig.,f.ben.	1,1	1,9	0,9	1,8	ns
f.zeig.,r.ben.	0,4	0,7	0,2	0,5	s
f.zeig.,f.ben.	0,1	0,4	0,1	0,3	ns
FROSTIG-Test					
Augen-Hand-Ko.	23,1	6,0	23,2	5,8	ns
Figur-Grund-U.	14,0	5,0	14,0	4,7	ns
Formkonstanz	8,0	3,8	8,1	3,8	ns
räuml.Lage	5,3	1,8	5,2	1,8	ns
räuml.Beziehg.	3,7	2,2	3,8	2,1	ns
FST	1,0	1,0	1,2	1,0	ns
CPM	18,4	4,2	17,8	4,0	ns
CMM	58,7	9,8	60,1	9,5	ns
Alter	71,0	3,7	70,1	4,8	ns
Anregungsmilieu	8,1	2,1	8,3	2,3	ns

Tab. 12: Zusammenhang zwischen Sozialstatus und ästhetischer Produktion (Kontingenzkoeffizienten)

	Impuls 1	Impuls 2	Impuls 3
Bildn.Mittel			
1 Farbe	0,28 ss	ns	0,21 s
2-3 Farben	ns	ns	ns
+ 3 Farben	0,18 s	ns	ns
Strichzeichnung	ns	ns	ns
Mischtyp	ns	ns	ns
fleckhafte Z.	ns	ns	ns
Inhalte			
gegenständl.Z.	ns	ns	ns
"Muster"	ns	ns	ns
"Unvermögen"	0,26 ss	ns	ns
Bildordnung			
1 Bildzeichen	ns	ns	ns
2-3 Bildzeichen	ns	ns	ns
+ 3 Bildzeichen	ns	ns	ns
Streuung	ns	ns	ns
Grundlinie	ns	ns	ns
Steilbild	ns	ns	ns
inhaltl. Zus.	ns	ns	ns
Artikulationsgrad			
keine Grundform	0,28 ss	ns	0,30 ss
Grundform	ns	ns	ns
Grundf.u.Attribute	ns	ns	0,22 s
höchster Diff.grad	ns	ns	ns
Verarbeitung der optischen Impulse			
Impuls integriert	ns	ns	ns
Impuls beachtet	ns	ns	ns
Impuls verwendet	0,27 ss	ns	ns
Blatt gedreht	ns	ns	ns

Tab. 13: Mittelwertsvergleich der metrisch skalierten Variablen für die beiden Schichtgruppen

	Mittelschicht n = 64		Unterschicht n = 161		Signif.d. Mittelw.-untersch.	r_{pbis} [1]
	Mittelwert	Streuung	Mittelwert	Streuung		
Anzahl der Zeichnungen						
bei Impuls 1	2,0	1,4	2,2	1,7	ns	ns
Impuls 2	2,0	1,7	2,0	1,8	ns	ns
Impuls 3	1,7	1,0	2,1	1,6	s	-0,13 s
Arbeitszeit						
bei Impuls 1	21,1	17,2	19,3	14,3	ns	ns
Impuls 2	17,0	17,4	13,9	12,4	ns	ns
Impuls 3	13,7	12,9	13,0	10,3	ns	ns
Farbtest						
Farben zeigen	9,8	0,5	9,5	0,8	ss	0,18 ss
F. benennen	7,2	2,1	6,8	2,2	ns	ns
r.zeig.,f.ben.	0,8	1,9	1,1	1,8	ns	ns
f.zeig.,r.ben.	0,2	0,5	0,4	0,7	ss	-0,15 ss
f.zeig.,f.ben.	0,0	0,2	0,1	0,4	s	ns
FROSTIG-Test						
Augen-Hand-Ko.	23,9	5,1	22,9	6,2	ns	ns
Figur-Grund-U.	15,5	4,1	13,4	5,0	ss	0,19 ss
Formkonstanz	9,1	4,1	7,6	3,6	ss	0,17 ss
räuml.Lage	5,6	1,6	5,1	1,9	s	0,14 s
räuml.Beziehg.	4,2	2,0	3,6	2,2	s	0,13 s
FST	1,3	1,1	1,0	0,9	s	0,14 s
CPM	20,2	4,3	17,3	3,7	ss	0,32 ss
CMM	61,0	9,3	58,7	9,8	ns	0,11 s
Alter	71,0	3,5	70,4	4,5	ns	ns
Anregungsmilieu	9,1	1,9	7,8	2,2	ss	0,26 ss

1) r_{pbis} - Punktbiseriale Korrelationskoeffizienten

Tab. 14: Zusammenhänge zwischen Anregungsmilieu und ästhetischer Produktion
(Punktbiseriale Korrelationskoeffizienten)

	Impuls 1	Impuls 2	Impuls 3
Bildn.Mittel			
1 Farbe	ns	ns	ns
2-3 Farben	ns	ns	ns
+ 3 Farben	ns	0,11 s	ns
Strichzeichnung	ns	ns	-0,13 s
Mischtyp	ns	ns	ns
fleckhafte Z.	ns	ns	0,13 s
Inhalte			
gegenständl.Z.	0,16 ss	0,21 ss	0,13 s
"Muster"	ns	ns	ns
"Unvermögen"	-0,23 ss	-0,25 ss	-0,18 ss
Bildordnung			
1 Bildzeichen	ns	ns	ns
2-3 Bildzeichen	ns	ns	ns
+ 3 Bildzeichen	ns	0,13 s	ns
Streuung	ns	ns	-0,15 ss
Grundlinie	ns	0,14 s	ns
Steilbild	0,11 s	ns	0,17 ss
inhaltl. Zus.	ns	ns	ns
Artikulationsgrad			
keine Grundform	-0,24 ss	-0,23 ss	-0,25 ss
Grundform	ns	ns	ns
Grundf.u.Attribute	0,20 ss	0,16 ss	0,19 ss
höchster Diff.grad	0,15 ss	0,12 s	0,14 s
Verarbeitung der optischen Impulse			
Impuls integriert	ns	ns	ns
Impuls beachtet	ns	ns	ns
Impuls verwendet	-0,17 ss	-0,14 s	-0,12 s
Blatt gedreht	ns	ns	ns

Tab. 15: Ergebnisse der Elternbefragung für die gesamte Untersuchungsgruppe (n = 225)

Frage		Anzahl absolut	%
1. Jungen		120	53,3
Mädchen		105	40,7
2. Einzelkinder		56	24,9
Geschwisterzahl	1	103	45,8
	2	38	16,9
	3	12	5,3
	4	8	3,6
	5	2	0,9
	6	2	0,9
	7	1	0,4
	8	-	-
	9 u.mehr	3	1,3
3. Einzelkind		51	22,7
ältestes Kind		52	23,1
mittleres Kind		24	10,7
jüngstes Kind		95	42,2
k.A.		3	1,3
4. Kind lebt zusammen mit			
Mutter u.Vater		204	90,7
nur Mutter		13	5,8
nur Vater		1	0,4
Pflege-,Großeltern, andere		6	2,7
k.A.		1	0,4
5. Vater Ausländer		11	4,9
Mutter Ausländer		7	3,1
6. Schulabschluß d. Vaters			
Volksschule		17	7,6
Volksschule + Berufsschule		158	70,2
Mittlere Reife		28	12,4
Abitur		8	3,6
k.A.		14	6,2
Schulabschluß d. Mutter			
Volksschule		36	16,0
Volksschule + Berufsschule		151	67,1
Mittlere Reife		29	12,9
Abitur		4	1,8
k.A.		5	2,2

Frage		Anzahl absolut	%
7. Beruf d. Vaters			
Index nach	2	5	2,2
KLEINING/	3	12	5,3
MOORE	4	49	21,8
	5	139	61,8
	6	16	7,1
	k.A.	4	1,8
8. Beruf, den die Mutter erlernt hat	2	2	0,9
Index nach	3	-	-
KLEINING/	4	57	25,3
MOORE	5	78	34,7
	6	23	10,2
	k.A.	65	28,9
Beruf, den die Mutter ausübt			
	2	1	0,4
	3	-	-
	4	28	15,6
	5	35	15,6
	6	32	14,2
	k.A.	129	57,3
9. Berufstätigkeit der Mutter			
nicht berufst.		124	55,1
ganztätig		25	11,1
halbtags		46	20,4
gelegentlich		30	13,3
10. Anzahl der Zimmer ohne Küche			
	1	1	0,4
	2	47	20,9
	3	108	48,0
	4	47	20,9
	5	7	3,1
	6	1	0,4
	7	1	0,4
	k.A.	13	5,8
11. Anzahl d. Personen im Haushalt			
	2	3	1,3
	3	41	18,2
	4	103	45,8
	5	43	10,1
	6	10	4,4
	7	7	3,1
	8	3	1,3
	9 u.mehr	3	1,3
	k.A.	12	5,3

Frage	Anzahl absolut	%
12. Kind hat		
eigenes Zimmer	59	26,2
mit Geschwistern	141	62,7
mit Erwachsenen	18	8,0
k.A.	7	3,1
13. Kindergarten-besuch		
ja	71	31,6
1-6 Monate	12	5,3
6-12 Monate	13	5,8
länger als 1 Jahr	45	20,0
14. Vorschulische Förderung in		
Lesen	19	8,4
Schreiben	66	29,3
Rechnen	56	24,9
15. Kind besitzt		
Bilderbücher	190	84,4
Bilder,Kalender	136	60,4
Bilder,Fotos	109	48,4
16. Kind spielt		
lieber draußen	30	13,3
zeichnet öfters	111	49,3
zeichnet gern und viel	79	35,1
k.A.	5	2,2
17. Kind zeichnet mit		
Buntstiften	194	86,2
Wachskreiden	67	29,8
Tuschkasten	78	35,3
Fingermalfarben	13	5,8
Filzstiften	189	84,0
Bleistiften, Kugelschreiber u.ä.	142	63,1
18. Kind darf nicht zu Hause zeichn.	-	-
Mutter muß aufpassen	8	3,6
kann Schmutz machen	212	94,2
k.A.	5	2,2
19. Zeichnungen werden		
gesammelt	119	52,9
Kind behält sie	95	42,2
weggeworfen	9	4,0
weiß nicht	1	0,4

Frage	Anzahl absolut	%
20. Vormalen		
manchmal	128	56,9
öfter	61	27,1
nie	29	12,9
k.A.	7	3,1
21. Kind zeichnet		
nie nach Vorlage	101	44,9
es benutzt als Vorlage		
Bilderbücher	48	21,3
Malbücher	113	50,2
Fotos	2	0,9
Mickey-Maus-Hefte	18	8,0
22. Kind zeichnet häufig		
Autos	65	28,9
Häuser	179	79,6
andere Menschen	124	55,1
sich selbst	33	14,7
Tiere	67	29,8
23. Kind zeichnet		
weniger als 15 Minuten	23	10,2
15 Minuten	69	30,7
30 Minuten	96	42,7
60 Minuten	24	10,7
mehr als 60 Min.	12	5,3
k.A.	1	0,4

Tab. 16: Ergebnisse der Elternbefragung für die beiden Geschlechtsgruppen

Frage	Jungen (n=120) absolut	%	Mädchen (n=105) absolut	%	Kontingenz-Koeffizienten
1. Jungen	120	100,0	-	-	-
Mädchen	-	-	105	100,0	-
2. Einzelkinder	34	28,3	22	21,0	
Geschwisterzahl 1	52	43,3	51	48,6	
2	19	15,8	19	18,1	
3	7	5,8	5	4,8	
4	4	3,3	4	3,8	ns
5	2	1,7	-	-	
6	1	0,8	1	1,0	
7	1	0,8	-	-	
8	-	-	-	-	
9 u.mehr	-	-	3	2,9	
3. Einzelkind	31	25,8	20	19,0	
ältestes Kind	27	22,5	25	23,8	
mittleres Kind	15	12,5	9	8,6	ns
jüngstes Kind	45	37,5	50	47,6	
k.A.	2	1,7	1	1,0	
4. Kind lebt zusammen mit					
Mutter u.Vater	104	86,7	100	95,2	
nur Mutter	11	9,2	2	1,9	
nur Vater	1	0,8	-	-	
Pflege-,Großeltern, andere	4	3,3	2	1,9	ns
k.A.	-	-	1	1,0	
5. Vater Ausländer	5	4,2	6	5,7	ns
Mutter Ausländer	3	2,5	4	3,8	
6. Schulabschluß d. Vaters					
Volksschule	6	5,0	11	10,5	
Volksschule + Berufsschule	84	70,0	74	70,5	
Mittlere Reife	15	12,5	13	12,4	ns
Abitur	3	2,5	1	1,0	
k.A.	1	0,8	4	3,8	
Schulabschluß d Mutter					
Volksschule	20	16,7	16	15,2	
Volksschule + Berufsschule	82	68,3	69	65,7	
Mittlere Reife	14	11,7	15	14,3	ns
Abitur	3	2,5	1	1,0	
k.A.	1	0,8	4	3,8	

Frage	Jungen absolut	%	Mädchen absolut	%	Kontingenz-koeffizienten
7. Beruf d. Vaters					
Index nach 2	4	3,3	1	1,0	
KLEINING/ 3	6	5,0	6	5,7	
MOORE 4	25	20,8	24	22,9	ns
5	77	64,2	62	59,0	
6	5	4,2	11	10,5	
k.A.	3	2,5	1	1,0	
8. Beruf, den die Mutter erlernt hat 2	2	1,7	-	-	
Index nach 3	-	-	-	-	
KLEINING/ 4	29	24,2	28	26,7	ns
MOORE 5	47	39,2	31	29,5	
6	12	10,0	11	10,5	
k.A.	30	25,0	35	33,3	
Beruf, den die Mutter ausübt					
2	-	-	1	0,8	
3	-	-	-	-	
4	17	14,2	11	10,5	ns
5	20	16,7	15	14,3	
6	16	13,3	16	15,2	
k.A.	66	55,0	63	60,0	
9. Berufstätigkeit der Mutter					
nicht berufst.	63	52,5	61	58,1	
ganztätig	17	14,2	8	7,6	ns
halbtags	25	20,8	21	20,0	
gelegentlich	15	12,5	15	14,3	
10. Anzahl der Zimmer ohne Küche					
1	-	-	1	1,0	
2	28	23,3	19	18,1	
3	52	43,3	56	53,3	
4	27	22,5	20	19,0	ns
5	3	2,5	4	3,8	
6	1	0,8	-	-	
7	1	0,8	-	-	
k.A.	8	6,7	5	4,8	
11. Anzahl d. Personen im Haushalt					
2	3	2,5	-	-	
3	21	17,5	20	19,0	
4	53	44,2	50	47,6	
5	23	19,2	20	19,0	
6	7	5,8	3	2,9	ns
7	2	1,7	5	4,8	
8	3	2,5	-	-	
9 u.mehr	-	-	3	2,9	
k.A.	8	6,7	4	3,8	

Frage	Jungen absolut	%	Mädchen absolut	%	Kontingenz-koeffizienten
12. Kind hat					
eigenes Zimmer	34	28,3	25	23,8	
mit Geschwistern	73	60,8	68	64,8	ns
mit Erwachsenen	8	6,7	10	9,5	
k.A.	5	4,2	2	1,9	
13. Kindergarten-besuch					
ja	40	33,3	31	29,5	
1-6 Monate	6	5,0	6	5,7	ns
6-12 Monate	5	4,2	8	7,6	
länger als 1 Jahr	28	23,3	17	16,2	
14. Vorschulische Förderung in					
Lesen	9	7,5	10	9,5	
Schreiben	31	25,8	35	33,3	ns
Rechnen	27	22,5	29	27,6	
15. Kind besitzt					
Bilderbücher	103	85,8	87	82,9	
Bilder,Kalender	72	60,0	64	61,0	ns
Bilder,Fotos	64	53,3	45	42,9	
16. Kind spielt					
lieber draußen	23	19,2	7	6,7	0,30 ss
zeichnet öfters	63	52,5	48	45,7	0,30 ss
zeichnet gern und viel	31	25,8	48	45,7	0,30 ss
k.A.	3	2,5	2	1,9	0,30 ss
17. Kind zeichnet mit					
Buntstiften	102	85,0	92	87,6	
Wachskreiden	32	26,7	35	33,3	
Tuschkasten	78	65,0	69	65,7	ns
Fingermalfarben	8	6,7	5	4,8	
Filzstiften	101	84,2	88	83,8	
Bleistiften, Kugelschreiber u.ä.	71	59,2	71	67,6	
18. Kind darf nicht zu Hause zeichn.	-	-	-	-	
Mutter muß aufpassen	6	5,0	2	1,9	ns
kann Schmutz machen	113	94,2	99	94,3	
k.A.	1	0,8	4	3,8	
19. Zeichnungen werden					
gesammelt	67	55,8	52	49,5	
Kind behält sie	47	39,2	48	45,7	ns
weggeworfen	6	5,0	3	2,9	
weiß nicht	-	-	1	1,0	

Frage	Jungen absolut	%	Mädchen absolut	%	Kontingenz-koeffizienten
20. Vormalen					
manchmal	69	57,5	59	56,2	
öfter	28	23,3	33	31,4	ns
nie	21	17,5	8	7,6	
k.A.	2	1,7	5	4,8	
21. Kind zeichnet					
nie nach Vorlage	55	45,8	46	43,8	ns
es benutzt als Vorlage					
Bilderbücher	24	20,0	24	22,9	
Malbücher	60	50,0	53	50,5	
Fotos	1	0,8	1	1,0	ns
Mickey-Maus-Hefte	8	6,7	10	9,5	
22. Kind zeichnet häufig					
Autos	56	46,7	9	8,6	0,55 ss
Häuser	85	70,8	94	89,5	0,32 ss
andere Menschen	52	43,3	72	68,6	0,35 ss
sich selbst	16	13,3	17	16,2	ns
Tiere	38	31,7	29	27,6	ns
23. Kind zeichnet					
weniger als 15 Minuten	17	1,42	6	5,7	
15 Minuten	38	31,7	31	29,5	
30 Minuten	48	40,0	48	45,7	ns
60 Minuten	10	8,3	14	13,3	
mehr als 6o Min.	7	5,8	5	4,8	
k.A.	-	-	1	1,0	

Tab. 17: Ergebnisse der Elternbefragung für die beiden Schichtgruppen

Frage	Mittelschicht (n=64)		Unterschicht (n=161)		Kontingenzkoeffizienten
	absolut	%	absolut	%	
1. Jungen	33	51,6	87	54,0	ns
Mädchen	31	48,4	74	46,0	
2. Einzelkinder	12	18,8	44	27,3	
Geschwisterzahl 1	42	65,6	61	37,9	
2	7	10,9	31	19,3	
3	1	1,6	11	6,8	
4	2	3,1	6	3,7	
5	-	-	2	1,2	ns
6	-	-	2	1,2	
7	-	-	1	0,6	
8	-	-	-	-	
9 u.mehr	-	-	3	1,9	
3. Einzelkind	11	17,2	40	24,8	
ältestes Kind	25	39,1	27	16,8	
mittleres Kind	4	6,3	20	12,4	0,31 ss
jüngstes Kind	24	37,5	71	44,1	
k.A.	-	-	3	1,9	
4. Kind lebt zusammen mit					
Mutter u.Vater	60	93,8	144	89,4	
nur Mutter	2	3,1	11	6,8	
nur Vater	-	-	1	0,6	ns
Pflege-,Groß-eltern, andere	2	3,1	4	2,5	
k.A.	-	-	1	0,6	
5. Vater Ausländer	2	3,1	9	5,6	ns
Mutter Ausländer	1	1,6	6	3,7	
6. Schulabschluß d. Vaters					
Volksschule	1	1,6	16	9,9	
Volksschule + Berufsschule	40	62,5	118	73,3	0,41 ss
Mittlere Reife	18	28,1	10	6,2	
Abitur	4	6,3	4	2,5	
k.A.	1	1,6	13	8,1	
Schulabschluß d. Mutter					
Volksschule	5	7,8	31	19,3	
Volksschule + Berufsschule	38	59,4	113	70,2	0,39 ss
Mittlere Reife	19	29,7	10	6,2	
Abitur	1	1,6	3	1,9	
k.A.	1	1,6	4	2,5	

Frage	Mittelschicht absolut	%	Unterschicht absolut	%	Kontingenz-Koeffizienten
7. Beruf d. Vaters					
Index nach 2	3	4,7	2	1,2	
KLEINING/ 3	12	18,8	-	-	
MOORE 4	49	76,6	-	-	
5	-	-	139	86,3	0,87 ss
6	-	-	16	9,9	
k.A.	-	-	4	2,5	
8. Beruf,den die Mutter erlernt					
hat 2	1	1,6	1	0,6	
Index nach 3	-	-	-	-	
KLEINING/ 4	31	48,4	26	16,1	
MOORE 5	21	32,8	57	35,4	0,43 ss
6	3	4,7	20	12,4	
k.A.	8	12,5	57	35,4	
Beruf,den die Mutter ausübt					
2	-	-	1	0,6	
3	-	-	-	-	
4	14	21,9	14	8,7	
5	12	18,8	23	14,3	0,28 s
6	4	6,3	28	17,4	
k.A.	34	53,1	95	59,0	
9. Berufstätigkeit der Mutter					
nicht berufst.	37	57,8	87	54,0	
ganztätig	6	9,4	19	11,8	
halbtags	11	17,2	35	21,7	ns
gelegentlich	10	15,6	20	12,4	
10. Anzahl der Zimmer ohne Küche					
1	1	1,6	-	-	
2	12	18,8	35	21,7	
3	27	42,2	81	50,3	
4	18	28,1	29	18,0	
5	4	6,3	3	1,9	ns
6	1	1,6	-	-	
7	-	-	1	0,6	
k.A.	1	1,6	12	7,5	
11. Anzahl d.Personen im Haushalt					
2	1	1,6	2	1,2	
3	9	14,1	32	19,9	
4	44	68,7	59	36,6	
5	7	10,9	36	22,4	
6	1	1,6	9	5,6	0,37 ss
7	2	3,1	5	3,1	
8	-	-	3	1,9	
9 u.mehr	-	-	3	1,9	
k.A.	-	-	12	7,5	

Frage	Mittelschicht absolut	Mittelschicht %	Unterschicht absolut	Unterschicht %	Kontingenz-koeffizienten
12. Kind hat					
eigenes Zimmer	26	40,6	33	20,5	
mit Geschwistern	37	57,8	104	64,6	0,32 ss
mit Erwachsenen	1	1,6	17	10,6	
k.A.	-	-	7	4,3	
13. Kindergarten-besuch					
ja	25	39,1	46	28,6	
1-6 Monate	1	1,6	11	6,8	ns
6-12 Monate	5	7,8	8	5,0	
länger als 1 Jahr	18	28,1	27	16,8	
14. Vorschulische Förderung in					
Lesen	7	10,9	12	7,5	ns
Schreiben	24	37,5	42	26,1	ns
Rechnen	21	32,8	35	21,7	0,22 s
15. Kind besitzt					
Bilderbücher	56	87,5	134	83,2	ns
Bilder, Kalender	50	78,1	86	53,4	0,33 ss
Bilder, Fotos	37	57,8	72	44,7	ns
16. Kind spielt					
lieber draußen	4	6,3	26	16,1	
zeichnet öfters	40	62,5	71	44,1	
zeichnet gern und viel	20	31,3	59	36,6	0,25 s
k.A.	-	-	5	3,1	
17. Kind zeichnet mit					
Buntstiften	57	89,1	137	85,1	ns
Wachskreiden	28	43,8	39	24,2	0,27 ss
Tuschkasten	56	87,5	91	56,5	0,40 ss
Fingermalfarben	4	6,3	9	5,6	ns
Filzstiften	58	90,6	131	81,4	ns
Bleistiften, Kugelschreiber u.ä.	37	57,8	105	65,2	ns
18. Kind darf nicht zu Hause zeichn.	-	-	-	-	
Mutter muß aufpassen	1	1,6	7	4,3	ns
kann Schmutz machen	62	96,9	150	93,2	
k.A.	1	1,6	4	2,5	
19. Zeichnungen werden					
gesammelt	41	64,1	78	48,4	
Kind behält sie	22	34,4	73	45,3	ns
weggeworfen	1	1,6	8	5,0	
weiß nicht	-	-	1	0,6	

Frage	Mittelschicht absolut	%	Unterschicht absolut	%	Kontigenz-koeffizienten
20. Vormalen					
manchmal	36	56,3	92	57,1	
öfter	19	29,7	42	26,1	ns
nie	9	14,1	20	12,4	
k.A.	-	-	7	4,3	
21. Kind zeichnet					
nie nach Vorlage	30	46,9	71	44,1	
es benutzt als Vorlage					
Bilderbücher	10	15,6	38	23,6	
Malbücher	32	50,0	81	50,3	ns
Fotos	1	1,6	1	0,6	
Mickey-Maus-Hefte	6	9,4	12	7,5	
22. Kind zeichnet häufig					
Autos	22	34,4	43	26,7	
Häuser	55	85,9	124	77,0	
andere Menschen	40	62,5	84	52,2	ns
sich selbst	14	21,9	19	11,8	
Tiere	25	39,1	42	26,1	
23. Kind zeichnet weniger					
als 15 Minuten	3	4,7	20	12,4	
15 Minuten	21	32,8	48	29,8	
30 Minuten	30	46,9	66	41,0	
60 Minuten	6	9,4	18	11,2	ns
mehr als 60 Min.	4	6,3	8	5,0	
k.A.	-	-	1	0,6	

Tab. 18: Farbbezeichnungen im Farbtest

Farbbezeichnungen, die als "richtig" bewertet wurden[1]

gelb	orange	rot	lila
dunkelgelb (4) orange (2) hellgelb (2) gelb,hell (1) beige (1)	rot (14) rosa (13) hellrot (8) braun (8) gelb (5) hellbraun (3) beige-braun (1) so wie braun (1) braun mit rosa (1) hellrosa (1)	hellrot (8) dunkelrot (4) orange (3) feuerrot (1)	blau (16) dunkellila (4) rosa (6) rot (3) dunkelrosa (1) ganz lila (1) fliederfarbe (1)

dunkelblau	blau	türkis	grün
blau (130) hellblau (3) lila (3) ganz blau (2) ganz dunkelblau (1) grünblau (1)	hellblau (51) dunkelblau (5)	grün (86) dunkelgrün (34) blau (32) hellblau (18) hellgrün (9) dunkelblau (7) blaugrün (4) grünblau (2) olivgrün (2) mittelgrün (2) grün-dunkel (1) hellblau mit grün (1) ganz dunkelgrün (1) schwarz-blau (1)	dunkelgrün (26) hellgrün (8)

hellgrün	grüngelb
grün (114) dunkelgrün (4) grün,bloß heller (1) bißchen hellgrün (1) grün bißchen gelb (1) grasgrün (1) grün-hell (1)	gelb (49) hellgrün (28) ganz hellgrün (9) grün (25) hellgelb (17) dunkelgelb (8) beige (5) ähnlich wie gelb (2) grün oder gelb (1) grün - nach zögern gelb (1) Pampelmusenfarbe (1) beigelich (1)

---

1) In Klammern Häufigkeit der Nennungen

grüngelb (Forts.)	
grau-gelb (1)	anders gelb oder so (1)
gelb-grün-orange (1)	mit weiß so vermischt (1)
ocker (2)	hell-grau-gelb (1)
hellorange (1)	ein bißchen hellgrün (1)
dunkelorange (1)	so ähnlich wie hellgrün (1)
gelbgrün (1)	so grünlich (1)
komisches gelb (1)	so ähnlich wie grün (1)
richtig gelb (1)	auch grün, ein ganz helles (1)
gelbbraun (1)	so grün + hell (1)
gelb-dunkel (1)	bißchen gelb oder grün (1)
vermischt weiß + gelb (1)	bißchen grün mit gelb (1)

Farbbezeichnungen, die als "falsch" bewertet wurden[1)]

gelb	orange	rot	lila	dunkelblau
blau (4)	grün (4)	blau (5)	orange (12)	gelb (5)
grün (3)	grau (3)	grün (4)	gelb (3)	grün (4)
weiß (2)	blau (3)	lila (1)	grün (2)	rot (2)
hell (1)	lila (2)	gelb (1)	hellblau (1)	ganz hellblau (2)
rosa (1)	weiß (1)	weiß (1)		orange (1)

blau	türkis	grün	hellgrün
grün (7)	rot (5)	gelb (5)	blau (7)
gelb (5)	gelb (4)	blau (5)	orange (4)
rot (4)	orange (1)	orange (3)	gelb (4)
hellgrün (2)	rosa,lila (1)	rot (3)	hellblau (2)
orange (1)	lila (1)	grau (1)	hellrot (1)
	hell lila (1)	schwarz (1)	rot (1)
	braun (1)	weiß (1)	weiß (1)
	grau (1)	dunkel lila (1)	grau (1)
	weiß (1)		

grüngelb
weiß (11)
grau (6)
blau (4)
orange (3)
lila (2)
rot (2)
braun (2)
silber (2)
hellblau (1)
hell (1)
rosa (1)

===================

1) In Klammern Häufigkeit der Nennung

Literaturverzeichnis

ARNHEIM, Rudolf (1972): Anschauliches Denken. Zur Einheit von Bild und Begriff. Köln 1972

BAREIS, Alfred (1972): Vom Kritzeln zum Zeichnen und Malen. Donauwörth 1972

BECKER, Heidede u. K. Dieter KEIM (1972): Wahrnehmung in der städtischen Umwelt - Möglicher Impuls für kollektives Handeln. Berlin 1972

BELSER, Helmut (1974): Der Hamburger Eingangsstufenversuch im Urteil der Eltern. In: Hamburger Lehrerzeitung, 27. (53.) Jahrg. (1974), Heft 7, S. 257-265

BELSER, Helmut u.a. (1973): Curriculum-Materialien für die Vorschule. Weinheim/Basel 1973²

BELSER, Helmut u.a. (1975): Curriculum-Materialien II für Vorschule und Eingangsstufe. Ästhetische Erziehung, Musik und Bewegung. Weinheim/Basel 1975

BENJAMIN, Walter (1963): Das Kunstwerk im Zeitalter seiner technischen Reproduzierbarkeit. Frankfurt 1963

BERNSTEIN, Basil (1959): Soziokulturelle Determinanten des Lernens. In: P. HEINTZ (Hrsg.): Soziologie der Schule. Köln/Opladen 1959

BLOOM, Benjamin S. (1971): Stabilität und Veränderung menschlicher Merkmale. Frankfurt 1971

BONDY, Curt, Rudolf COHEN, Dietrich EGGERT, Gerd LÜER (1969): Testbatterie für geistig behinderte Kinder TBGB. Beiheft mit Anleitung und Normentabellen. Weinheim/Berlin/Basel 1969

DE BONO, Edward (1971): Laterales Denken. Reinbek 1971

BOROWSKI, Günter (1973): Kreativität und Didaktik. Zur Theorie und Praxis allgemeiner und fachspezifischer Strategien der Kreativitätsförderung. In: Die Deutsche Schule, 65. Jahrg. (1973), Heft 7/8, S. 467-480

BRÄUER, Gottfried (1966): Das Finden als Moment des Schöpferischen. Tübingen 1966

BRITSCH, Gustav (1952): Theorie der bildenden Kunst. Ratingen 1952³, 1. Aufl. 1926

BRÖG, Hans (1973): Zum Geniebegriff. Ratingen/Kastellaun/Düsseldorf 1973

BURGEMEISTER, Bessi B., Lucille BLUM, Irving LORGE (1954): Columbia Mental Maturity Scale. Manual. New York 1954

BURKHARDT, Hermann (1971): Grundschul-Praxis des Kunstunterrichts. Ravensburg 1971

BURKHARDT, Hermann (1974): Zur visuellen Kommunikation in der Grundschulpraxis. Ein Erfahrungsbericht aus dem Primarbereich. Ravensburg 1974

CHOMSKY, Noam (1969): Aspekte der Syntax-Theorie. Frankfurt 1969

CLAUSS, Günter u. Heinz EBNER (1972): Grundlagen der Statistik für Psychologen, Pädagogen und Soziologen. Frankfurt 1972

CORELL, Werner (1965): Programmiertes Lernen und schöpferisches Denken. München/Basel 1965

DREVER, James u. Werner D. FRÖHLICH (1968): dtv Wörterbuch zur Psychologie. München 1968

DUHM, Erna (1959): Entwicklung und Differenzierung. In: H. THOMAE (Hrsg.): Handbuch der Psychologie, 3. Band. Göttingen 1959, S. 220-239

EBERT, Wilhelm (1967): Zum bildnerischen Verhalten des Kindes im Vor- und Grundschulalter. Ratingen 1967

EBERT, Wilhelm (1970): Bemerkungen zum Kunstunterricht in der Grundschule. In: E. SCHWARTZ (Hrsg.): Inhalte grundlegender Bildung. Frankfurt 1970

EBERT, Wilhelm (1973): Kreativität und Kunstpädagogik. Ratingen/Kastellaun/Düsseldorf 1973

EBERT, Wilhelm (Hrsg.) (1974): Kunstpädagogik '74. Düsseldorf 1974

EGGERT, Dietrich (Hrsg.) (1972): Zur Diagnose der Minderbegabung. Weinheim 1972

EHMER, Hermann K. (1967): Kunstunterricht und Gegenwart. Frankfurt/Berlin/Bonn/München 1967

EHMER, Hermann K. (Hrsg.) (1971): Visuelle Kommunikation. Beiträge zur Kritik der Bewußtseinsindustrie. Köln 1971

ENG, Helga (1927): Kinderzeichnen. Leipzig 1927

EWERT, Otto M. (1967): Phantasie und Intelligenz bei Jugendlichen. Weinheim/Berlin 1967

FLECHSIG, Karl-Heinz (1966): Erziehen zur Kreativität. In: Die neue Sammlung, 6. Jahrg. (1966), Heft 2, S. 129-141

FROMMLET, Wolfram, Hans MAYRHOFER, Wolfgang ZACHARIAS (1972): Eltern Spielen - Kinder Lernen / Eltern Lernen - Kinder Spielen / Spielen Eltern lernen Kinder / Kinder Eltern lernen Spielen. Handbuch für Spielaktionen. München 1972

FROSTIG, Marianne (1966): Developmental Test of Visual Perception. Testbook, administration and scoring manual. Palo Alto, Calif. Consulting Psychologists Press. California 1966

FROSTIG, Marianne (1972): Programm zum Training der visuellen Wahrnehmung. Deutsche Bearbeitung von Anton REINARTZ. Dortmund 1972

GIBSON, James J. (1973): Die Wahrnehmung der visuellen Welt. Weinheim/Basel 1973

GIFFHORN, Hans (Hrsg.) (1971): Politische Erziehung im ästhetischen Bereich - Unterrichtsbeispiele. Hannover 1971[2]

GIFFHORN, Hans (1972): Kritik der Kunstpädagogik. Köln 1972

GOTTSCHALCH, Wilfried, Marina NEUMANN-SCHÖNWETTER u. Gunter SOUKUP (1970): Sozialisation und Sozialerziehung. Berlin 1970

GRAUMANN, Carl-Friedrich (1966): Nicht-sinnliche Bedingungen des Wahrnehmens. In: W. METZGER (Hrsg.): Handbuch der Psychologie, 1. Band: Allg. Psych. I. Der Aufbau des Erkennens, 1. Halbband: Wahrnehmung und Bewußtsein. Göttingen 1966, S. 1031-1096

GUILFORD, Joy Paul (1970): Kreativität. In: MÜHLE/SCHELL (Hrsg.): Kreativität und Schule. München 1970, S. 13-36

GUILFORD, Joy Paul (1970): Grundlegende Fragen bei kreativitätsorientiertem Lernen. In: MÜHLE/SCHELL (Hrsg.): Kreativität und Schule. München 1970, S. 139-164

GUILFORD, Joy Paul (1970a): Persönlichkeit. Weinheim/Berlin/Basel 1970[4]

HABERMAS, Jürgen (1968): Thesen zur Theorie der Sozialisation. Stichworte und Literatur zur Vorlesung im Sommer-Semester 1968

HAJOS, Anton (1972): Wahrnehmungspsychologie. Psychophysik und Wahrnehmungsforschung. Stuttgart/Berlin/Köln/Mainz 1972

HARTWIG, Helmut (1971): Visuelle Kommunikation. Methodologische Bemerkungen zur Ableitung von Lernzielen aus dem sozialen Bereich 'Freie Zeit'. In: H.K. EHMER (Hrsg.): Visuelle Kommunikation. Köln 1971

HARTWIG, Helmut (1972): Zum Zusammenhang von Sozialisation und Wahrnehmung. In: Gesellschaft und Schule (1972), Heft 3/4. Visuelle Kommunikation (GEW Fachgruppe Gymnasien Dez. 1972)

v.HENTIG, Hartmut (1967): Über die ästhetische Erziehung im politischen Zeitalter. Einige Grundbegriffe aus dem Wörterbuch der Kunsterziehung. In: Die Deutsche Schule, 52. Jahrg. (1967), Heft 19, S. 580-600

v.HENTIG, Hartmut (1972): Lernziele im ästhetischen Bereich. In: O. SCHWENKE (Hrsg.): Ästhetische Erziehung und Kommunikation. Frankfurt 1972

HESSISCHE RAHMENRICHTLINIEN (1972): Primarstufe Kunst/Visuelle Kommunikation. Hrsg.: DER HESSISCHE KULTUSMINISTER. Wiesbaden 1972

HIEBSCH, Hans (Hrsg.) (1969): Ergebnisse der sowjetischen Psychologie. Stuttgart 1969

HONNEF, Klaus (1969): Mythen des Alltags - transzendiert. In: Ausstellungskatalog Robert Stanley. Galerie Gegenverkehr. Aachen 1969

HOLZKAMP, Klaus (1973): Sinnliche Erkenntnis - Historischer Ursprung und gesellschaftliche Funktion der Wahrnehmung. Frankfurt 1973

HOSSBACH, Klaus (1971): Zur Erfassung der bildnerischen Kreativität. In: DIPF Mitteilungen und Nachrichten. Der Hessische Schulversuch zur Früheinschulung. Frankfurt 1971

INHELDER, Bärbel u. Benjamin MATALON (1972): Die Untersuchung des Problemlösens und des Denkens. In: BONN/ROHSMANITH (Hrsg.): Studien zur Entwicklung des Denkens im Kindesalter. Darmstadt 1972

KAISER, Gerold (1973): Kunstunterricht in der Eingangsstufe. Ravensburg 1973

KAMINSKI, Gerhard (1970): Verhaltenstheorie und Verhaltensmodifikation. Stuttgart 1970

KAMPMANN, Lothar (1974): Grundkursus Kunstunterricht. Orientierungshilfe für die ersten Grundschuljahre. Ravensburg 1974

KASTNER, Paul Marquard (1973): Domestizierte Kreativität. Starnberg 1973

KATZ, David (1969): Gestaltpsychologie. Basel/Stuttgart 1969

KEILER, Peter (1970): Ansätze zu einer Ideologiekritik von Wahrnehmungstheorien. In: Zeitschrift für Sozialpsychologie, Band 1 (1970), Heft 3, S. 211-224 und Heft 4, S. 311-355

KERBS, Diethart (1970): Zum Begriff der ästhetischen Erziehung. In: Die Deutsche Schule. 62. Jahrg. (1970), Heft 9, S. 562-570

KERBS, Diethart (1970a): 7 Thesen zur politischen Kritik der Kreativitätstheorie. In: Kunst + Unterricht, Heft 7 (1970), S. 47

KERBS, Diethart (1973): Kreativität und Gesellschaft. In: Kunst + Unterricht, Heft 19 (1973), S. 55-56

KERN, Arthur (1954): Sitzenbleiberelend und Schulreife. Freiburg 1954

KERSCHENSTEINER, Georg (1905): Die Entwicklung der zeichnerischen Begabung. München 1905

KLÄGER, Max (1974): Das Bild und die Welt des Kindes. Ein monografischer Bericht über die Bilder zweier Kinder vom 2. bis zum 14. Lebensjahr. München 1974

KLAFKI, Wolfgang (1966): Diskussionsbetriag. In: H. RONGE: Kunst und Erziehung. Köln 1966

KLAFKI, Wolfgang (1967): Probleme der Kunsterziehung in der Sicht der allgemeinen Didaktik. In: H. EHMER (Hrsg.): Kunstunterricht und Gegenwart. Frankfurt/Berlin/Bonn/München 1967

KLEIN, Friedhelm, Hans MAYRHOFER, Michael POPP, Wolfgang ZACHARIAS (Hrsg.) (1971): Wahrnehmungstheorien und Ästhetische Erziehung. Nürnberg 1971

KLEINING, Gerhard u. Harriett MOORE: Soziale Selbsteinstufung (SSE). Ein Instrument zur Messung sozialer Schichten. In: Kölner Zeitschrift für Soziologie und Sozialpsychologie, 20. Jahrg. (1968), Heft 3, S. 502 ff.

KIENZLE, Richard (1951): Die Schülerzeichnung als Ausdruck des Charakters. Eßlingen 1951[2]

KOPPITZ, Elizabeth M. (1972): Die Menschendarstellung in Kinderzeichnungen und ihre psychologische Auswertung. Stuttgart 1972

KORTE, Manfred (1971): Ästhetisches Verhalten in Vorklassen. In: Schriftenreihe der Landesregierung Schleswig-Holstein: Vorklasse im Versuch. Berichte wissenschaftlicher Begleitung. Heft 10, Kiel 1971

KOWALSKI, Klaus (1972): ... fertig ist das Mondgesicht. Stuttgart 1972

KRAMP, Wolfgang (1964): Hinweise zur Unterrichtsvorbereitung für Anfänger. In: Auswahl Reihe A: Didaktische Analyse. Hannover 1964[8]

KRAUSE, Rainer (1972): Kreativität. München 1972

KRECH, David u. Richard S. CRUTCHFIELD (1969): Grundlagen der Psychologie, Band 1. Weinheim/Berlin/Basel 1969[2]

KRECH, David u. Richard S. CRUTCHFIELD (1971): Grundlagen der Psychologie, Band 2. Weinheim/Berlin/Basel 1971

KURTH, E. (1969): Erhöhung der Leistungsnormen bei den Farbigen Progressiven Matrizen. In: Zeitschrift für Psychologie, Band 177 (1969), Heft 1/2, S. 85-90

LANDAU, Erika (1969): Psychologie der Kreativität. München/Basel 1969

LENNEBERG, Eric H. (1967): Biological Foundation of Language. Wiley, New York 1967

LINNEWEH, Klaus (1973): Kreatives Denken. Techniken und Organisation innovativer Prozesse. Karlsruhe 1973

LODGE, A., J.C. ARMINGTON, A.B. BARNET, B.L. SHANKS and C.N. NEWCOMB (1969): Newborn Infants Electroretinigrams and evoked Electroecephalographic Response to Orange and White Light. In: Child Development, Vol. 40 (1969), S. 267-293

LOWENFELD, Viktor (1960): Vom Wesen schöpferischen Gestaltens. Frankfurt 1960

LOWENFELD, Viktor u. K.R. BEITTEL (1959): An interdisciplinary study of creativity in the arts and the sciences. In: Research Yearbook, The National Art Education Association. Washington D.C. 1959

MATTHIES, Klaus (1972): Erkenntnis und Interesse in der Kunstdidaktik. Köln 1972

MEYERS, Hans (1960): Stilkunde der naiven Kunst. Frankfurt 1960

MEYERS, Hans (1963): Die Welt der kindlichen Bildnerei. Witten 1963[2]

MEYERS, Hans (1968): Kind und bildnerisches Gestalten. München 1968

MOLLENHAUER, Klaus (1969): Sozialisation und Schulerfolg. In: H. ROTH (Hrsg.): Begabung und Lernen. Stuttgart 1969[3]

MÜHLE, Günther (1967): Entwicklungspsychologie des zeichnerischen Gestaltens. München 1967[2]

MÜHLE, Günther u. Christa SCHELL (Hrsg.) (1970): Kreativität und Schule. München 1970

MUTSCHLER, Dieter (1969): Intelligenz und Kreativität. In: Zeitschrift für Pädagogik, 15. Jahrg. (1969), Heft 2, S. 118-133

NAGEL-WESTHÄUSER, Christa u. Gunter OTTO (1970): Haus, Gebäude, Palast - Differenzierung eines Zeichens. In: Kunst und Unterricht (1970), Heft 8, S. 35-38
NICKEL, Horst (1967): Die visuelle Wahrnehmung im Kindergarten- und Einschulungsalter. Bern/Stuttgart 1967
NICKEL, Horst (1972): Entwicklungspsychologie des Kindes- und Jugendalters. Band 1. Bern/Stuttgart/Wien 1972
NIEPOLD, Wulf (1971): Sprache und soziale Schicht. Berlin 1971
OERTER, Rolf (1972): Moderne Entwicklungspsychologie. Donauwörth 1971[11]
OERTER, Rolf (1975): Der entwicklungspsychologische Beitrag zur Kunstdidaktik. In: G. OTTO u. H.-P. ZEINERT (Hrsg.): Handbuch der Kunst- und Werkerziehung. Bd. 1. Berlin 1975
OTTO, Gunter (1967): Prolegomena zu künftigen Lehr- und Bildungsplänen für den Kunstunterricht. In: H.K. EHMER (Hrsg.): Kunstunterricht und Gegenwart. Frankfurt/Berlin/Bonn/München 1967
OTTO, Gunter (1969): Kunst als Prozeß im Unterricht. Braunschweig 1969[2]
OTTO, Gunter (1974): Didaktik der Ästhetischen Erziehung. Braunschweig 1974
OTTO, Gunter u. Adelheid STAUDTE (1972): 2 Ringe und 28 Ideen. In: Spielen und Lernen (1972), Heft 11, S. 20-23
OTTO, Gunter u. Günter WIENECKE (1974): Prinzip Umgestaltung - Grundriß einer Problemstellung als Material für die Weiterentwicklung der Kunstdidaktik. In: Wilhelm EBERT (Hrsg.): Kunstpädagogik '74. Düsseldorf 1974
PAWLIK, Kurt (1971): Dimensionen des Verhaltens. Bern/Stuttgart/Wien 1971[2]
PFAFFENBERGER, Hans (1960): Untersuchungen über die visuelle Gestaltwahrnehmung vorschulpflichtiger Kinder. Weinheim 1960
PFENNIG, Reinhard (1969): Gegenwart der bildenden Kunst. Erziehung zum bildnerischen Denken. Oldenburg 1969[2]
PIAGET, Jean (1936): La naissance de l'intelligence chez l'enfant. Neuchâtel 1936
PIAGET, Jean (1946): Psychologie der Intelligenz. Zürich 1946[2]
PIAGET, Jean u. Bärbel INHELDER (1972): Die Intellektuellen Operationen und ihre Entwicklung. In: BONN/ROHSMANITH (Hrsg.): Studien zur Entwicklung des Denkens im Kindesalter. Darmstadt 1972
PORTTNER, Ingrid u. Wolfgang LIEGLE (1973): Vorschulische Erziehung in der Bundesrepublik. Ansätze - Modelle - Initiativen. In: J. ZIMMER (Hrsg.): Curriculumentwicklung im Vorschulbereich. Bd. 2. München 1973
RABENSTEIN, Rainer (1962): Kinderzeichnung, Schulleistung und seelische Entwicklung. Bonn 1962
RAVEN, J.C. (1965): Guide to using The Coloured Progressive Matrices. Sets A, A_B, B. London 1965

REINARTZ, Erika (1973): Förderung visueller Wahrnehmung und Motorik. In: Die Grundschule. 5. Jahrg. (1973), Heft 4, S. 275-281

RENNER, Maria (1953): Der Wartegg-Zeichentest im Dienste der Erziehungsberatung. München/Basel 1953

RICCI, Corrado (1906): L'arte dei bambini. Bologna 1887. Übersetzt von RONCALI: Kinderkunst. Leipzig 1906

RÖTTGER, Ernst (1960): Das Spiel mit den bildnerischen Mitteln. Ravensburg 1960 ff.

RONGE, Hans (1966): Kunst und Erziehung. Köln 1966

ROTH, E., W.D. OSWALD u. K. DAUMENLANG (1972): Intelligenz. Stuttgart/Berlin/Köln/Mainz 1972

ROTH, Heinrich (Hrsg.) (1969): Begabung und Lernen. Stuttgart 1969[3]

ROTH, Heinrich (1969): Einleitung und Überblick. In: H. ROTH (Hrsg.): Begabung und Lernen. Stuttgart 1969[3]

ROTH, Heinrich, Gerhard SCHLEVOIGT, Fritz SÜLLWOLD, Gerhard WICHT (1970): Frankfurter Schulreifetest FST. Weinheim 1970[5]

RUBINSTEIN, Sergej L. (1970): Sein und Bewußtsein. Berlin 1970[5]

RUBINSTEIN, Sergej L. (1971): Grundlagen der allgemeinen Psychologie. Berlin 1971[7]

SCHETTY, Sylvia (1974): Kinderzeichnungen - Eine entwicklungspsychologische Untersuchung. Zürich 1974

SCHIFFLER, Horst (1973): Fragen zur Kreativität. Ravensburg 1973

SCHMALOHR, Emil (1969): Zur ganzheitlichen und einzelheitlichen Auffassung in der visuellen Wahrnehmung bei 4- bis 6jährigen Kindern. In: Bericht 26. Kongress DGfPs, Göttingen 1969

SCHÜLKE, Gerolf (1976): Wir brauchen kunstpädagogische Forschung! Entwurf eines Diskussionspapiers für den Kunstpädagogischen Kongress. Berlin 1976

SCHWERDTFEGER, Kurt (1957): Bildende Kunst und Schule. Hannover 1957

SEILER, Bernhard (Hrsg.) (1973): Kognitive Strukturiertheit. Stuttgart/Berlin/Köln/Mainz 1973

SEITZ, Rudolf (1972): Zeichnen und Malen mit Kindern. Vom Kritzelalter bis zum 7. Lebensjahr. Ravensburg 1972

SEITZ, Rudolf (1974): Ästhetische Elementarbildung. Ein Beitrag zur Kreativitätserziehung. Donauwörth 1974

SENAT der Freien und Hansestadt Hamburg (1970): Bildungsbericht. Hamburg 1970

STAGUHN, Kurt (1970): Kunsterziehung im Vorschulalter. In: W. CORRELL (Hrsg.): Lernen und Lehren im Vorschulalter. Donauwörth 1970

STAGUHN, Kurt (1972): Didaktik der Kunsterziehung. Frankfurt/Berlin/München 1972[2]

STAUDTE, Adelheid (1973): Ästhetische Erziehung. In: H. BELSER u.a.: Curriculum-Materialien für die Vorschule. Weinheim/Basel 1973[2]

STAUDTE, Adelheid (1975): Ästhetische Erziehung. In: H. BELSER u.a.: Curriculum-Materialien II für Vorschule und Eingangsstufe. Weinheim/Basel 1975

STAUDTE, Axel (1974): Analyse ökonomischer Bedingungen der Verteilung und Produktion von Kunstobjekten. In: G. OTTO: Didaktik der Ästhetischen Erziehung. Braunschweig 1974, S. 360-436

STERN, Clara u. William (1910): Die zeichnerische Entwicklung eines Knaben vom 4. bis zum 7. Jahre (1910). In: H. GROSSER u. W. STERN: Das freie Zeichnen und Formen des Kindes. Leipzig 1913

SULLY, James (1897): Studies of Childhood. London 1895. Übersetzt und mit Anmerkungen versehen von J. STIMPFLI: Untersuchungen über die Kindheit. Leipzig 1897

TORRANCE, Paul E. (1970): Die Pflege der schöpferischen Begabung. In: MÜHLE/SCHELL (Hrsg.): Kreativität und Schule. München 1970

ULMANN, Gisela (1968): Kreativität. Weinheim 1968

ULMANN, Gisela (Hrsg.) (1973): Kreativitätsforschung. Köln 1973

ULMANN, Gisela (1974): Bedürfnisorientierte Erziehung zur Kreativität. In: Die Grundschule, 6. Jahrg. (1974), Heft 12, S. 624-632

VALTIN, Renate (1972): Empirische Untersuchungen zur Legasthenie. Hannover 1972

VOLKELT, Hans (1929): Neue Untersuchungen über die kindliche Auffassung und Wiedergabe von Formen. In: Bericht über den IV. Kongreß f. Heilpädagogik. Berlin 1927

WALLACH, Michael A. u. Nathan KOGAN (1966): Modes of thinking in young children. New York/Chicago/San Francisco/Toronto/London 1966

WENDT, Wolf Rainer (1970): Das Problem und der philosophische Begriff des ästhetischen Verhaltens, dargestellt an Marcel Duchamp. Meisenheim 1970

WERNER, Heinz (1959): Einführung in die Entwicklungspsychologie. München 1959

WESTRICH, Edmund (1968): Die Entwicklung des Zeichnens während der Pubertät. Frankfurt 1968

WHORF, Benjamin Lee (1971): Sprache, Denken, Wirklichkeit. Reinbek 1971[8]

WIDLÖCHER, Daniel (1974): Was eine Kinderzeichnung verrät. Methode und Beispiele psychoanalytischer Deutung. München 1974

WITKIN, Herman A. (1972): Ursprünge kognitiver Stile. In: BONN/ROHSMANITH (Hrsg.): Studien zur Entwicklung des Denkens im Kindesalter. Darmstadt 1972

WITT, Margrit (1973): Allgemeine Ziele und Prinzipien. In: H. BELSER u.a.: Curriculum-Materialien für die Vorschule. Weinheim 1973[2]

WULFF, Oskar (1927): Die Kunst des Kindes. Stuttgart 1927

ZIMMER, Jürgen (Hrsg.) (1973): Curriculumentwicklung im Vorschulbereich. Band 1 und 2. München 1973